KB023901

임원경제지
권43-44

정조지 鼎俎志 2

임원경제지
권43-44

정조지 鼎俎志 2

음식요리 백과사전

권3 · 음료 (음청지류)
　　　과줄 (과정지류)
권4 · 채소음식 (교여지류)

풍석 서유구 지음　추담 서우보 교정
임원경제연구소 정정기, 최시남 외 옮김

풍석문화재단

이 책은 ㈜DYB교육 송오현 대표 외 수많은 개인의 기부 및 문화체육관광부의 지원으로
완역 출판되었습니다.

임원경제지 정조지2

지은이   풍석 서유구
교   정   추담 서우보
옮기고 쓴 이   ⚘**임원경제연구소** [정정기, 최시남, 정명현, 민철기, 김현진,
                                김수연, 강민우, 김광명, 김용미]
               원문 및 번역 전체 정리 : 정명현
               자료정리 : 고윤주
               감수 : 권정순(원광대)(권제3 음료)
펴낸 곳   🌸 **풍석문화재단**
               펴낸 이 : 신정수
               진행 : 진병춘, 박정진   진행지원 : 박소해
               전화 : 02)6959-9921   E-mail : pungseok@naver.com
일러스트   이함렬
편집디자인   아트퍼블리케이션 디자인 고흐
인   쇄   상지사피앤비
펴낸 날   초판 1쇄 2020년 6월 15일
               초판 2쇄 2020년 9월 7일
ISBN   979-11-89801-26-7

이 도서의 국립중앙도서관 출판예정도서목록(CIP)은 서지정보유통지원시스템 홈페이지
(http://seoji.nl.go.kr)와 국가자료종합목록 구축시스템(http://kolis-net.nl.go.kr)에서 이용하실 수 있습니다.
(CIP제어번호 : CIP2020022014)

＊ 표지그림 : 화조도, 문방도 병풍, 국립중앙박물관, 국립고궁박물관 소장
＊ 사진 사용을 허락해주신 국립중앙박물관, 국립국악원, 국립민속박물관, 국립수목원, 풍석문화재단
   음식연구소, 권정순(원광대), 문성희(평화가 깃든 밥상) 여러분께 감사드립니다.

차례

정조지 권제4 鼎俎志 卷第四   임원십육지 44 林園十六志 四十四

채소음식(교여지류) 咬茹之類

1. 채소 절이기(엄장채) 醃藏菜

2. 채소 말리기(건채) 乾菜

5. 제채(虀菜, 절임채소) 虀菜

6. 김치[葅菜, 저채] 葅菜

7. 자잡채(煮煠菜, 삶거나 데친 채소) 煮煠菜

일러두기

- 이 책은 풍석 서유구의《임원경제지》를 표점, 교감, 번역, 주석, 도해한 것이다.

- 저본은 정사(正寫) 상태, 내용의 완성도, 전질의 구성 등을 고려하여 연세대학교 도서관 소장본으로 했다.

- 현재 남아 있는 이본 가운데 서울대학교 규장각한국학연구원, 일본 오사카 나카노시마부립도서관본, 고려대학교도서관 소장본을 교감하고, 교감 사항은 각주로 처리했으며, 각각 규장각본, 오사카본, 고려대본으로 약칭했다.

- 교감은 본교(本校) 및 대교(對校)와 타교(他校)를 중심으로 하고, 필요에 따라서는 이교(理校)를 반영했으며 교감 사항은 각주로 밝혔다.

- 번역주석의 번호는 일반 숫자(9)로, 교감주석의 번호는 네모 숫자(⑨)로 구별했다.

- 원문에 네모 칸이 쳐진 注, 法 등과 서유구의 의견을 나타내는 案, 又案 등은 원문의 표기와 유사하게 네모를 둘렀다.

- 원문의 주석은【 】로 표기했다.

- 서명과 편명은 번역문에만 각각《 》및〈 〉로 표시했다.

- 표점 부호는 마침표(.), 쉼표(,), 물음표(?), 느낌표(!), 쌍점(:), 쌍반점(;), 인용부호(" ", ' '), 가운뎃점(·), 모점(、), 괄호(( )), 서명 부호(《 》)를 사용했고 인명, 지명 등 고유명사에는 밑줄을 그었다.

- 字, 號, 諡號 등으로 표기된 인명은 성명으로 바꿔서 옮겼다.

- 그림 및 사진의 출처는 해당 자료와 함께 표기하였다. 별도표기가 없는 경우, 바이두(Baidu.com)와 구글(Google.com) 이미지를 활용하였다.

- 자료사진을 제공한 기관이나 개인의 표기는 책 말미에 차례로 정리해두었다.

정조지 권제 3

鼎俎志 卷第三

I. 음료(음청지류)
II. 과줄(과정지류)

우리나라 사람들은 유독 사탕수수를 재배할 줄 모르고 반드시 멀리 연경(燕京)의
가게에서 구매하니, 호귀(豪貴)한 사람이 아니면 구입할 수가 없다. 그러나 영남과
호남의 바닷가에 있는 고을들에서는 기후의 따뜻한 정도가 중국의 사탕수수가
나는 지방과 비교하여 서로 크게 차이나지 않는다. 만일 종자를 전하고 농법대로
재배하기를 권장한다면, 결코 이루지 못하지는 않을 것이다. 다만 문익점(文益漸)
과 같이 일을 좋아하는, 적당한 사람[其人]이 없는 것이 근심일 뿐이다.

음료(음청지류)

飮淸之類

1. 탕(湯)

湯

1) 총론

탕(湯)은, 《석명(釋名)》에서 "열탕(熱湯)이라 할 때의 탕이다."[1]라 했다. 대개 《주례(周禮)》의 육음(六飮)[2]이나 육청(六淸)[3]이 곧 탕과 장(漿)의 시초이다. 후세에 일반적으로 향약(香藥, 향기가 나는 약재)으로 탕을 끓여서 마시는 음료를 모두 '탕'이라 불렀다. 《옹치잡지(饔饎雜志)[4]》[5]

總論

湯, 《釋名》云 : "熱湯湯也." 蓋《周禮》六飮, 六淸, 卽湯、漿之權輿也. 後世凡用香藥點湯而飮者, 皆謂之"湯". 《饔饎雜志》

2) 암향탕(暗香湯, 매화탕) 만들기(암향탕방)

탕탄매방(湯綻梅方, 뜨거운 물에 매화를 피우는 방법) : 10월이 지난 뒤에 막 피려고 하는 매화꽃송이를 대나무칼로 딴 다음 위를 밀랍에 담가 적신다. 이를 술장군 안에 넣어 두었다가 여름에 잔에 담아내 끓인

暗香湯方

湯綻梅方 : 十月後, 用竹刀取欲開梅蕊, 上蘸①以蠟. 投②尊缶中, 夏月以熱湯就盞泡之, 花卽綻, 清香可

---

1 열탕의 탕이다 : 《釋名》卷4〈釋飲食〉(《文淵閣四庫全書》221, 402쪽).
2 육음(六飮) : 《주례(周禮)》에 나오는 6가지 음료. 물[水], 장수[漿, 좁쌀죽 웃물], 단술[醴], 양(涼, 미숫가루), 의(醫, 죽으로 빚은 단술), 이(酏, 묽은 죽). 《周禮》卷5〈天官冢宰下〉"漿人"(《十三經注疏整理本》7, 137쪽).
3 육청(六淸) : 《주례》에 나오는 6가지 음료. 종류는 위 육음과 같다. 《周禮》卷4〈天官冢宰上〉"膳夫"(《十三經注疏整理本》7, 94~95쪽).
4 옹치잡지(饔饎雜志) : 서유구(徐有榘, 1764~1845)가 지은 조리서. 《정조지(鼎俎志)》로 흡수되어 있고, 독립된 원본은 현재 전해지지 않는다. 《정조지》각 분야의 총론 대부분을 여기서 가져왔으며, 《정조지》전체의 12%가 이 책을 반영했을 정도로 《정조지》에서 가장 큰 비중을 차지하는 저술이다.
5 출전 확인 안 됨.
① 蘸 : 저본에는 "醮". 《廣群芳譜·花譜·梅花三》에 근거하여 수정.
② 蠟投 : 저본에는 "香湯". 오사카본·《廣群芳譜·花譜·梅花三》에 근거하여 수정.

사진 1 암향탕

물을 부어주면 꽃이 바로 피어서 맑은 향기가 사랑스럽다.《산가청공(山家淸供)6)7

愛.《山家淸供》

다른 방법 : 매화가 피려고 할 때 맑은 아침에 반쯤 핀 꽃봉오리를 따다가 꽃받침이 있는 채로 병 속에 둔다. 매화꽃 1냥마다 볶은 소금 1냥을 뿌리는데, 이때 손으로 건드려서 무르게 하면 안 된다. 두꺼운 종이로 여러 겹 밀봉하여 음지에 둔다. 다음해에 쓸 때 먼저 잔 속에 꿀을 담고 나서 꽃을 2~3송이 가져다 놓은 뒤 끓는 물을 한번 끼얹어 꽃봉오리가 저절로 피면 향과 맛이 뛰어나 평소보다 더 좋다.《다능비사(多能鄙事)8)9

一法 : 梅將開時, 淸朝摘半開花頭, 帶蔕置瓶中. 每一兩, 用炒鹽一兩灑之, 不可用手觸壞. 以厚紙數重③密封, 置陰處. 次年取時, 先置蜜於盞內, 然後取花二三朶, 滾湯一泡, 花頭自開, 香美異常.《多能鄙事》

---

6   산가청공(山家淸供) : 중국 남송(南宋)의 임홍(林洪, 1369~1434)이 쓴 조리서. 산야에서 흔히 볼 수 있는 채소·과일·동물들을 재료로 명칭과 조리법 및 관련 고사를 수록하였다.
7   《山家淸供》卷下〈湯綻梅〉(《叢書集成初編》1473, 14쪽) ;《廣群芳譜》卷24〈花譜〉"梅花三" '山家淸供', 583쪽 ;《說郛》卷74上〈山家淸供〉"湯綻梅".
8   다능비사(多能鄙事) : 중국 명(明)나라 재상 유기(劉基, 1311~1375)가 지은 생활상식서. 그 중 1권~3권이 음식관련 내용이고 권4부터는 노인들이 양생하는 법을 다루었다. 명나라 초기의 유서(類書)이다.
9   《廣群芳譜》卷24〈花譜〉"梅花三", 583~584쪽.
③   重 : 저본에는 없음. 오사카본·《廣群芳譜·花譜·梅花三》에 근거하여 보충.

3) 숙매탕(熟梅湯, 매실탕) 만들기(숙매탕방)

황매실【10근】·산초【4냥】·소금【1근】·감초가루【6냥】·생강즙【1작은사발】을 고루 섞은 뒤, 15일간 햇볕에 말려 자기에 저장한다.《거가필용(居家必用)10》11

熟梅湯方④

黃梅【十斤】、靑椒【四兩】、鹽【一斤】、粉草末【六兩】、薑汁【一小碗】, 拌均, 日曬半月, 磁器收貯.《居家必用》

4) 수문탕(須問湯) 만들기(수문탕방)

소식(蘇軾)12의 가괄(歌括)13에서 "0.5냥 생강【말려 쓴다】에 1승 대추【말려 쓰는데 씨를 제거한 것】, 3냥 흰소금【누렇게 볶은 것】에 2냥 감초【구워서 껍질을 벗긴 것】. 정향(丁香)·목향(木香)은 각 0.05냥으로, 적당량의 진피(陳皮)【흰 부분을 제거한다】와 한 곳에서 찧는다네."14라 했다. 수문탕은 달여도 좋고 타도 좋으니, 이 탕을 오래도록 마시면 붉고 흰 얼굴이 늙을 때까지 간다.《거가필용》15

須問湯方

東坡居士歌括云："半兩生薑【乾用】、一升棗【乾用, 去核】, 三兩白鹽【炒黃】、二兩草【炙去皮】. 丁香·木香各半錢, 約量陳皮一處搗【去白】." 煎也好, 點也好, 紅白容顏直到老.《居家必用》

---

10 거가필용(居家必用) : 중국 원(元)나라 때에 편찬된 저자 미상의 가정백과전서로, 원 제목은《거가필용사류전집(居家必用事類全集)》이다. 갑집(甲集)에서 계집(癸集)까지 10집으로 구성되며, 건축·식품·의류·주거 생활 등 각 가정에서 필수적으로 활용할 수 있는 사항을 수록하고 있다. 고려 말 우리나라에 도입되어 조선 후기까지 널리 활용되고 읽혔으며,《정조지》뿐만 아니라《임원경제지》관련 지(志) 곳곳에 인용되었다.
11 《居家必用事類全集》己集〈諸品湯〉"熟梅湯"(《居家必用事類全集》, 226쪽).
12 소식(蘇軾) : 1037~1101. 중국 송(宋)나라의 문인. 자는 동파(東坡). 당송팔대가(唐宋八大家) 중 한 명으로,《적벽부(赤壁賦)》등 다양한 작품을 남겼으며 미식가로 이름이 높았다. 저서로는《동파전집(東坡全集)》이 있다.
13 가괄(歌括) : 한의학이나 산학(算學) 등에서 처방이나 수학 공식을 암송하기에 편리하도록 시(詩) 형식으로 요점을 정리하여 만든 노래. 4·3조 7언으로 구성되며, 가결(歌訣)이라고도 한다.
14 0.5냥……찧는다네:《遵生八牋》卷11〈飮饌服食牋〉上"須問湯", 401쪽.
15 《居家必用》己集〈諸品湯〉"須問湯"(《居家必用事類全集》, 224쪽).
④ 方 : 저본에는 없음. 앞뒤의 용례에 근거하여 보충.

5) 행락탕(杏酪湯, 살구탕) 만들기(행락탕방)

판행인(板杏仁)[16] 3.5냥을 팔팔 끓인 맹물 2승에 담갔다가 뚜껑을 열어둔다. 물이 식었으면 곧 끓인 물로 바꾸어 넣는다. 이와 같이 5번 반복한 다음 살구 속씨를 하나하나 두드려 피첨(皮尖, 껍질과 씨알 한쪽 끝의 뾰족한 부분)을 제거하고 작은 사기동이 안에 넣어 곱게 간다. 다음으로는 좋은 꿀 1근을 냄비 안에서 졸이다가 2~3번 끓은 뒤 솟구쳐 끓어오르는 것을 보고 불을 물린다. 꿀이 반쯤 식으면 곧 앞에서 갈아놓은 살구속씨를 붓고 또 간다. 이와 같이 그때그때 갈아놓은 살구속씨를 첨가해 넣고 다시 갈면서 고루 섞는다. 《거가필용》[17]

6) 봉수탕(鳳髓湯, 잣호두탕) 만들기(봉수탕방)

잣【껍질 벗긴 것 1냥】·호두【끓는 물에 담가 껍질 벗긴 것 2냥】를 갈아서 고(膏)를 만든 뒤, 숙밀(熟蜜, 달구어 익힌 꿀)【0.5냥】과 섞어 거두어 둔다. 이를 0.2냥씩 식후에 끓인 물에 타서 복용하면 폐를 적셔주어 기침병을 치료한다. 《외대비요방(外臺秘要方)[18]》[19]

杏酪湯方

板杏仁用三兩半, 百沸湯二升浸, 蓋却候冷, 即便換沸湯⑤, 如是五度了, 逐箇搯去皮尖, 入小砂盆子內細研. 次用好蜜一斤, 於銚子內鍊, 三兩沸, 看涌掇退, 候半冷, 旋傾入杏泥, 又研. 如是旋添入, 研和均. 《居家必用》

鳳髓湯方

松子仁【去皮一兩】、胡桃仁【湯浸去皮二⑥兩】, 研膏, 和熟蜜【半兩】收之. 每服二錢, 食後沸湯點服, 潤肺療咳嗽. 《外臺秘要》

---

16 판행인(板杏仁) : 살구의 단단한 씨 안에 있는 말랑한 씨.

17 《居家必用》己集〈諸品湯〉"杏酪湯"(《居家必用事類全集》, 224쪽).

18 외대비요방(外臺秘要方) : 중국 당(唐)나라 왕도(王燾 670~755)가 752년에 지은 의학서. 총 40권으로, 당나라 초기 및 당나라 이전의 의학책을 널리 찾아 모아, 1,104문(門)을 세우고 그에 대한 논(論)과 방(方)을 실었는데, 수록한 의방(醫方)은 6천 여 방이다.

19 《居家必用》己集〈諸品湯〉"鳳髓湯"(《居家必用》, 224쪽).

⑤ 湯 : 저본에는 없음. 오사카본·《居家必用事類全集·諸品湯·杏酪湯》에 근거하여 보충.

⑥ 二 : 저본에는 "三". 오사카본·《本草綱目·果部·海松子》에 근거하여 수정. 《居家必用·諸品湯·杏酪湯》에는 "一".

7) 수지탕(水芝湯, 연밥탕) 만들기(수지탕방)

말린 연밥【1근을 껍질채 볶아서 바싹 말린 뒤, 빻고 체로 쳐서 고운 가루로 만든 것】·감초【1냥을 살짝 볶은 것】. 이상의 재료들을 함께 곱게 가루 낸 뒤, 0.2냥마다 소금을 약간 넣고 끓인 물에 타서 복용하면 심기(心氣)를 통하게 하고 정수(精髓)를 보태준다.

세상 사람들이 연밥을 쓸 때 검은 껍질 및 떫은 껍질과 함께 심까지 모두 버리는데, 이것은 매우 불편한 방법이다. 검은 껍질은 기를 견고하게 하고, 떫은 껍질은 정(精)을 보존하지만 사람들이 대부분 이를 알지 못하기 때문이다. 이 탕은 밤에 앉아 있을 때 배가 고프고 기운이 빠졌지만 밥을 먹고 싶지 않으면 1잔을 마셔도 허한 몸을 크게 보하여 기운을 북돋을 수 있다.《거가필용》[20]

8) 건모과탕(乾木瓜湯, 말린 모과탕) 만들기(건모과탕방)

말린 모과【껍질을 벗기고 깨끗한 것 4냥】·감초【구운 것 2.5냥】·축사인(縮砂仁)[21]【1냥】·침향【0.5냥】·백단【1냥】·말린 생강【2냥】·백두구(白豆蔲)[22]【0.5냥】·회향【볶은 것 1냥】.

이상의 재료들을 매우 곱게 가루 낸 뒤, 0.05냥

水芝湯方

乾蓮實【一斤帶皮炒極燥, 搗羅爲細末】、粉草【一兩微炒】. 右同作細末, 每二錢, 入鹽少許, 沸湯點服, 通心氣, 益精髓.

世人用蓮實, 去黑皮及澁皮并心, 大爲不便. 黑皮堅氣, 澁皮住精, 世人多不知也. 此湯夜坐過飢氣乏, 不欲取食則飮一杯, 大能補虛助氣.《居家必用》

乾木瓜湯方

乾木瓜【去皮淨四兩】、粉草【炙二兩半】、縮砂仁【一兩】、沈香【半兩】、白檀【一兩】、乾生薑【二兩】、白豆蔲【半兩】、茴香【炒一兩】. 右爲極細末, 每用半錢, 加

---

20 《本草綱目》〈果部〉卷31 "海松子", 1829쪽 ; 《居家必用》己集〈諸品湯〉 "水芝湯"(居家必用事類全集, 224~225쪽).

21 축사인(縮砂仁) : 생강과에 속한 여러해살이 초본식물인 양춘사(陽春砂)의 과실로 만든 약재. 맛이 강하고 따뜻한 성질을 가지고 있다.

22 백두구(白豆蔲) : 파초목 생강과 두구속 식물. 따뜻하고 다습한 지역에서 잘 자란다. 맛은 시고, 성질이 따뜻하여, 폐·비장·위장의 탈을 치료하는 효과가 있다.

씩 소금을 더하고 끓인 물에 타서 복용한다. 몸속의 습기를 제거하고 갈증을 멎게 하며 기운을 상쾌하게 한다. 《이씨방(李氏方)[23]》[24]

鹽, 沸湯點服. 除濕止渴快氣. 《李氏方》

9) 무진탕(無塵湯) 만들기(무진탕방)

수정당상(水晶糖霜)[25]【2냥】을 고운체에 친 뒤, 매화편뇌(梅花片腦)[26]【0.02냥】를 넣고 다시 고루 간다. 0.1냥씩 끓는 물에 타서 복용한다.

향기로운 탕이나 차를 탈 때는 반드시 탕이나 차를 마실 당사자의 면전에서 끓이거나 타야 한다. 또 많이 준비하면 안 되는데, 많이 하면 사람들이 이 탕에 물리게 되고 적으면 여유가 부족하다. 보이지 않는 곳에 떨어져서 끓이거나 타서 윗사람 상에 올리지 않도록 주의해야 한다. 떨어져서 탕이나 차를 끓이거나 타면 향기가 이미 흩어져버린다. 《이씨방》[27]

無塵湯方

水晶糖霜【二兩】細羅過, 入梅花片腦【二分】, 再研均. 每用一錢, 沸湯點服. 如點帶香湯茶, 必須當面烹點, 不可多, 多則令人厭, 少則有餘不足存焉. 愼勿背地烹點供上, 如背處烹點, 則香氣已散矣. 《李氏方》

10) 선출탕(仙朮湯, 창출탕) 만들기(선출탕방)

창출【껍질 벗긴 것 12근을 쌀뜨물에 담갔다가 불에 쬐어 말린 것】·대추【씨를 제거한 것 6승】·감초【구운 것 3.5근】·말린 생강【5냥을 통째로 구운 것】, 소금【6근 4냥】.

仙朮湯方

蒼朮【去皮十二斤, 米泔水浸焙】、棗【去核六升】、粉草【炙三斤半】、乾薑【五兩炮】、鹽【六斤四兩】.

---

23 이씨방(李氏方) : 중국 삼국 시대 이당지(李當之, ?~?)의 처방을 가리키는 것으로 추정된다. 이당지는 전설적인 명의인 화타(華佗, ?~208?)의 제자로, 조조를 치료하기도 했다. 《이당지약록(李當之藥錄)》·《이당지약방(李當之藥方)》·《이당지본초경(李當之本草經)》등의 책을 남겼으나 모두 일실되고 《설부(說郛)》 등에 약간씩 흩어져 있다.
24 《居家必用》己集〈諸品湯〉 "乾木瓜湯"(居家必用事類全集, 226쪽).
25 수정당상(水晶糖霜) : 서리처럼 가볍고 흰 고운 설탕.
26 매화편뇌 : 용뇌향(龍腦香). 빙편(氷片)이라고도 한다.
27 《居家必用》己集〈諸品湯〉 "無塵湯"(居家必用事類全集, 226쪽).

이상의 재료들을 곱게 가루 낸다. 여기에 살구속씨【피첨을 제거하고 볶은 것 1.5근】를 넣고 고루 섞은 뒤, 0.1냥씩 끓인 물에 타서 복용한다.

온역(瘟疫, 전염병)을 물리치고, 한습(寒濕)을 제거하며, 비위(脾胃)를 따뜻하게 하여 소화가 잘 되게 한다. 상시 복용하면 장수하게 되고, 눈이 밝아지며, 얼굴이 젊어지고, 몸이 가벼워져서 늙지 않는다. 《태평혜민화제국방(太平惠民和劑局方)[28]》[29]

右爲細末, 入杏仁【去皮尖, 炒斤半】和均, 每一錢, 沸湯點服.

辟瘟疾, 除寒濕, 溫脾胃, 進飮食. 常服, 延年益壽, 明目駐顔, 輕身不老.《和劑局方》

11) 여지탕(荔枝湯, 오매탕) 만들기(여지탕방)

오매【0.5근을 깨끗이 씻고 볶아서 씨를 제거한 뒤, 물에 걸러서 찌꺼기를 제거한 것】·설탕【2근을 끓인 물에 녹여 즙을 만든 뒤, 걸러서 찌꺼기를 제거한 것】을 합하여 섞는다. 은기(銀器)나 석기(石器) 안에서 이를 졸이다가 반으로 줄어든 뒤에 계핏가루【0.3냥】·말린 생강가루【0.5냥】·정향가루【0.1냥】를 넣고 다시 졸이다가 고(膏)가 되면 깨끗한 그릇에 저장한다. 《이씨방》[30]

荔枝湯方

烏梅【半斤洗淨熬去核, 漉去滓】、沙糖【二斤熟水化作汁, 漉去滓】, 合和了, 銀石器內, 熬耗一半, 然後入桂末【三錢】、乾生薑末【半兩】、丁香末【一錢】, 再熬成膏, 入淨器收貯.《李氏方》

12) 온조탕(溫棗湯, 대추탕) 만들기(온조탕방)

대추【1근에서 씨를 제거하고 물 5승으로 달여 즙을 낸 것】에 생강즙과 꿀 같은 양을 섞는데, 3가

溫棗湯方

大棗【一斤[8]去核, 用水五升熬汁】、生薑汁和蜜同,

---

28 태평혜민화제국방(太平惠民和劑局方) : 중국 송(宋)나라 태의국(太醫局)에서 편찬한 방제서(方劑書). 전 10권. 민간에서 흔히 쓰이는 효과 좋은 방제를 모으고 주석을 달아 제풍(諸風)·상한(傷寒)·일체기(一切氣)·담음(痰飮) 등 14문(門) 788방으로 구성하였다.

29 《太平惠民和劑局方》卷10〈治小兒諸疾〉"仙朮湯";《居家必用》己集〈諸品湯〉"仙朮湯"(《居家必用事類全集》, 227쪽).

30 《居家必用》己集〈諸品湯〉"荔枝湯"(《居家必用事類全集》, 227쪽).

⑧ 斤 : 저본에는 "升".《居家必用·諸品湯·溫棗湯》에 근거하여 수정.

지 재료를 고루 섞는다. 이것을 은기 안에 넣고 휘저어 묽기가 적당하게 되면 사향(麝香)을 조금 넣는다. 먹을 때는 잔마다 1큰술을 떠 넣은 뒤 끓인 물을 타서 복용한다.《이씨방》31

將三味調均. 入銀器內, 攪令稀稠得所, 入麝香少許, 每盞抄一大匙, 沸湯點服.《李氏方》

13) 향소탕(香蘇湯, 차조기탕) 만들기(향소탕방)

말린 대추【10승에서 씨를 제거하고 쪼개어 잘게 부순 것】·차조기잎【0.5근】·모과【5개에서 껍질과 속을 제거하고 잘게 빻은 것】를 한곳에서 다시 고루 빻는다. 이를 5등분으로 만들고 그 중에 1등분을 대광주리 안에 고르게 편다. 여기에 끓는 물을 끼얹으면 즙이 스며 내려가는데, 맛을 보며 모과와 대추의 맛이 빠지면 제거하고 다른 좋은 것 1등분으로 바꾼다. 이어서 위와 같은 방법으로 스며 내려오게 하는데, 맛이 다할 때까지 한다. 스며 내려온 즙을 뭉근한 불로 은기나 석기에 고아 고[膏子]가 되면 차갑게 또는 뜨겁게 임의대로 쓴다.《이씨방》32

香蘇湯方

乾棗【一斗去核擘碎】、紫蘇葉【半斤】、木瓜【五箇去皮、穰、搗碎】, 同一處再搗均, 分作五分內, 將一分均攤在竹籬內. 澆滾湯, 瀝淋下汁, 嘗瓜、棗無味了, 去却別換好者一分, 依上瀝之, 以味盡爲度. 將淋下汁, 慢火銀石器熬成膏子, 冷熱任用.《李氏方》

14) 금분탕(金粉湯) 만들기(금분탕방)

살지고 어린 지황을 0.1~0.2척 길이로 잘라 낸 뒤, 얇은 종이로 양쪽 끝을 싼다. 생 돼지뇌수를 그 껍질에 빙 둘러 바르고 소반 가운데에 둔다. 이를 바람이 잘 통하는 곳에 10여 일 간 걸어두고 하얗게 말려서 떨어 내면 곱고 누런 가루가 나온다. 그 껍질

金粉湯方

肥嫩地黃一二寸截去, 薄紙裹兩頭. 以生猪腦, 塗其膚周匝, 置小盤中. 掛通風處十餘日, 白9乾抖擻之, 出細黃粉, 其膚獨一一

---

31 《居家必用》己集〈諸品湯〉"溫棗湯"(《居家必用事類全集》, 227쪽).
32 《居家必用》己集〈諸品湯〉"香蘇湯"(《居家必用事類全集》, 227쪽).
⑨ 白:《廣群芳譜·藥譜·地黃》에는 "自".

만은 하나하나 아관석(鵝管石)[33] 모양이 된다. 이 가루를 끓인 물에 타서 마신다. 어떤 사람들은 이를 '금분탕(金粉湯)'이라 한다. 《동파잡기(東坡雜記)[34]》[35]

如鵝管狀, 沸湯點. 或謂 "金粉湯".《東坡雜記》

15) 지황고자탕(地黃膏子湯, 지황탕) 만들기(지황고자탕방)

살지고 큰 생지황을 늦가을에서 초겨울까지 채취한 뒤, 깨끗이 씻어 잘게 자른다. 이를 돌절구 속에 넣어 나무공이로 흐물흐물하게 찧어 즙을 짠다. 사기(砂器)나 석기(石器) 안에 넣고 거품이 일 때까지 달여 거품을 모두 걷어내서 깨끗하게 한다. 이렇게 하면서 2/3가 줄 때까지 달인다. 따로 작은 은기(銀器)나 석기(石器)에 바꿔넣고 뭉근한 불로 물에 떨어뜨려도 흩어지지 않을 정도까지 달인다.

이 탕을 만들 때는 또한 동기(銅器)나 철기(鐵器)에 닿지 않도록 하고 완성되면 깨끗한 자기 안에 저장한다. 여기에 단향(檀香)가루와 아울러 용뇌(龍腦)와 사향(麝香)을 조금 넣는다. 어떤 이는 "꿀을 넣고 달인 것을 술에 넣어 함께 마시면 맛이 매우 뛰어나다."고 했다. 또 끓인 물에 타서 복용해도 된다. 《이씨방》[36]

地黃膏子湯方

生地黃肥大者, 於秋暮冬初採取, 淨洗折碎, 入石臼中, 以木杵搗爛, 榨取汁. 入砂石器內, 熬至浮沫[10] 起, 皆掠去至淨, 煎至三分去二. 別換銀石小器, 慢火熬至滴入水不散爲度.

造時亦不犯銅鐵器, 於淨磁器內收貯, 入檀香末, 竝腦, 麝少許. 或云:"入蜜熬者, 竝入酒中同飮, 極妙." 亦可沸湯點服.《李氏方》

---

33 아관석(鵝管石) : 석회 동굴의 천장에 달린 속이 텅 빈 돌고드름.
34 동파잡기(東坡雜記) : 중국 북송의 저명한 문학가이며 미식가인 소식(蘇軾, 1037~1101)이 쓴 작품.
35 《廣群芳譜》卷96〈藥譜〉"地黃", 2346쪽.
36 《居家必用》己集〈諸品湯〉"地黃膏子湯"《居家必用事類全集》, 227~228쪽).
[10] 沫:《居家必用·諸品湯·地黃膏子湯》에는 "末".

16) 녹운탕(綠雲湯, 형개수탕) 만들기(녹운탕방)

형개수(荊芥穗)[37]【4냥】·백출【2냥】·감초【2냥】를 가루 낸 뒤, 소금을 넣고 타서 복용한다.《거가필용》[38]

17) 경소탕(輕素湯, 마탕) 만들기(경소탕방)

말린 마【3냥】·감초【1냥】·연자육(연밤)【0.5근을 끓는 물에 담가 붉은 껍질과 아울러 심자(心子, 속씨)를 제거하고 깨끗하게 씻어 하얗게 한 것】을 햇볕에 말려 곱게 가루 낸 뒤, 생용뇌(生龍腦)를 조금 넣고 끓인 물에 타서 복용한다.《거가필용》[39]

18) 옥설탕(沃雪湯) 만들기(옥설탕방)

축사인【1냥】·감초【0.5냥】·계소엽(鷄蘇葉, 계소의 잎)【3냥】·형개수【1.5냥】·천화분(天花粉)[40] 단 것【천화(天花)는 과루근(瓜蔞根)이다. 0.2냥】을 가루 낸 뒤, 끓인 물에 타서 마신다.《거가필용》[41]

19) 백탕(柏湯, 측백탕) 만들기(백탕방)

측백나무잎은 여린 잎을 채취하여 줄에 매달아 큰 독 안에 드리워 걸어둔다. 종이로 풀칠하여 독의

綠雲湯方

荊芥穗【四兩】、白朮【二兩】、粉草【二兩】, 爲末, 入鹽點服.《居家必用》

輕素湯方

乾山藥【三兩】、甘草【一兩】、蓮子肉【半斤湯浸, 去紫皮并心子, 洗淨白】, 日乾爲細末, 入生龍腦少許, 沸湯點服.《居家必用》

沃雪湯方

縮砂仁【一兩】、甘草【半兩】、鷄蘇葉【三兩】、荊芥穗【一兩半】、天花粉甜者【瓜蔞根也. 二錢】, 爲末, 湯點.《居家必用》

柏湯方

側柏葉採取嫩者, 線繫垂掛大甕中. 紙糊其口, 經月

---

37 형개수(荊芥穗) : 전초류에 속하는 약용식물. 가소(假蘇) 또는 정가라고도 한다.
38 《居家必用》己集〈諸品湯〉"綠雲湯"(《居家必用事類全集》, 226쪽).
39 《居家必用》己集〈諸品湯〉"輕素湯"(《居家必用事類全集》, 228쪽).
40 천화분 : 하늘타리뿌리의 가루.
41 《居家必用》己集〈諸品湯〉"沃雪湯"(《居家必用事類全集》, 228쪽).

아가리를 막는다. 1개월이 지나서 살펴보아 아직 마르지 않았으면 다시 막았다가 마르면 꺼내서 가루낸다. 만일 독을 쓰지 않을 경우는 잎을 밀실 속에 두고 말려도 좋으나 다만 독 속에서 말려 푸른빛을 띠는 것에는 미치지 못한다. 이 탕은 차를 대신할 수 있다. 밤에 이야기를 나눌 때 마시면 졸음을 더 잘 쫓아준다.《구선신은서(臞仙神隱書)42》43

視之, 如未乾更閉之, 至乾取出爲末. 如不用甕, 置密室中亦可, 而但不及甕中者之靑翠. 此湯可以代茶, 夜話飮之, 尤醒睡.《臞仙神隱書》

---

42 구선신은서(臞仙神隱書):중국 명(明)나라 태조 주원장의 제17째 아들인 주권(朱權, 1378~1448)이 신선(神仙)·은둔(隱遁)·섭생(攝生) 등을 다룬 의서. 구선(臞仙)은 주권의 호(號)이다.
43 《臞仙神隱書》〈四月〉"修饌"'柏湯'(《四庫全書存目叢書》260, 53쪽);《遵生八牋》卷11〈飮饌服食牋上〉"湯品類"'柏葉湯', 404쪽.

2. 장(漿)

1) 총론

장(漿)은, 《석명》에서 "'돕는다는 것[將]'이다. 차거나 따뜻한 것을 적당히 마시면 몸과 서로 돕고 따르는 것이다."[1]라 했다. 《주례》〈주정(酒正)〉에서는 사음지물(四飲之物, 4가지 음료)[2]을 구분하여 셋째를 '장(漿)'이라 했다. 후세에는 향약(香藥)과 과라(菓蓏)[3]로 담가 빚어서 마시는 것은 모두 '장(漿)'이라 불렀다. 《옹치잡지》[4]

2) 장수(漿水) 만들기(장수방)

조밥을 지어 뜨거운 채로 냉수 속에 붓는다. 이를 항아리에 5~7일간 담가두었다가 시어지면 바로 먹기에 좋다. 여름의 경우는 매일 살펴보아 시어지면 곧바로 쓴다. 만약 너무 시게 되면 쓰기에 적당하지 않다. 《거가필용》[5]

漿

總論

漿, 《釋名》: "將也. 飲之寒溫多少, 與體相將順也." 《周禮·酒正》, 辨四飲之物, 三曰"漿". 後世用香藥、菓蓏, 浸釀而飲者, 皆謂之"漿".《饔饎雜志》

漿水方

熟炊粟飯, 乘熱傾在冷水中, 以缸浸五七日, 酸便好喫. 如夏月逐日看, 纔酸便用. 如過酸卽不中使.《居家必用》

---

1 돕는다는……것이다 : 《釋名》卷4〈釋飲食〉(《文淵閣四庫全書》221, 402쪽).
2 사음지물(四飲之物) : 《주례(周禮)》에 나오는 4가지 음료. "사음지물을 구분하면, 첫째는 청(清), 둘째는 의(醫), 셋째는 장(漿), 넷째는 이(酏)라 한다.(辨四飲之物, 一曰清, 二曰醫, 三曰漿, 四曰酏.)"《周禮》卷5〈天官冢宰下〉"酒正"(《十三經注疏整理本》7, 143쪽).
3 과라(菓蓏) : 나무열매와 풀 열매.
4 출전 확인 안 됨.
5 《居家必用》己集〈漿水類〉"漿水法"(《居家必用事類全集》, 230쪽).

3) 제수(虀水, 배추장) 만들기(제수방)

배추를 깨끗이 씻어 끓는 물에 살짝 데친다. 이를 매우 맑은 면탕(麵湯, 밀가루풀) 안에 넣고 작은 항아리에 담는다. 이때 배추와 면탕의 양이 서로 걸맞은지 보되, 배추가 꼭 많을 필요는 없다. 5~7일이 지나 시어지면 먹어도 된다. 만약 남은 배추장이 작은 사발로 하나만 있으면 단지 하루면 바로 만들어 쓸 수 있다. 겨울에는 불에 약간 가까이하면 더욱 쉽게 익는다. 여러 채소로 모두 만들 수 있다.《거가필용》[6]

虀水方

菘菜淨洗, 略湯中焯過, 入極淸麵湯內, 以小缸盛, 看菜與麵湯多少相稱, 菜不必多. 候五七日酸, 可喫. 如有虀脚一小椀, 只一日便用. 冬日略近火, 尤易熟, 諸菜皆可.《居家必用》

4) 계장(桂漿, 계피장) 만들기(계장방)

여름에 마시면 번갈(煩渴)[7]을 풀어주고, 기운을 보태고, 담을 삭인다. 계핏가루 넉넉하게 1냥, 백밀(白蜜)[8] 1승을 준비한다. 먼저 물 20승을 달여 10승을 취한 다음 달인 물이 식으면 새 오지병 속에 넣는다. 그런 다음 계핏가루와 백밀을 넣고 200~300번을 휘젓는다. 먼저 기름종이로 위를 한 겹 덮고 7겹을 더하여 봉한다. 매일 종이 1겹씩 벗기다가 7일이 되어 개봉하면 향기가 나고 맛이 좋아서 품격과 운치가 매우 높다.《도경본초(圖經本草)[9]》[10]

桂漿①方

夏月飮之, 解煩渴, 益氣消痰. 桂末一大兩, 白蜜一升, 以水二斗, 先煎取一斗, 待冷②, 入新瓷瓶中, 乃下二物, 打③二三百轉. 先以油紙一重覆上, 加七④重封之. 每日去紙一重, 七日開之, 氣香味美, 格韻絶高.《圖經本草》

---

6 《居家必用》己集〈漿水類〉"虀水法"(《居家必用事類全集》, 230~231쪽).

7 번갈(煩渴) : 가슴이 답답하고 목이 마르는 증상.

8 백밀(白蜜) : 꿀의 다른 이름, 또는 흰색으로 결정을 이룬 꿀.

9 도경본초(圖經本草) : 중국 송나라 소송(蘇頌) 등이 편찬하여 1061년에 간행된 의서로, 일명《본초도경(本草圖經)》이라고도 한다. 중국 각 군현(郡縣)에서 나는 약초를 망라하여 기록하고 그림을 수록한 책.

10 《本草綱目》〈木部〉卷34 "桂", 1930~1931쪽.

① 桂漿 :《本草綱目·木部·桂》에는 "桂漿渴水".

② 待冷 : 저본에는 없음.《本草綱目·木部·桂》에 근거하여 보충.

③ 打 :《本草綱目·木部·桂》에는 "攪".

④ 七 : 저본에는 "二".《本草綱目·木部·桂》에 근거하여 수정.

다른 방법 : 관계(官桂)[11][3냥을 가루 낸 것]·적복령(赤茯苓)[껍질을 벗기고 가루 낸 것][안 이것만 유독 무게를 기록하지 않아서, 조사해봐야 한다]·고운 누룩가루[0.5근], 엿기름[0.5냥을 가루 낸 것]·살구속씨[100알을 물에 담가 피첨을 제거하고 곱게 간 것]·생밀[3근].

이상의 재료들에 끓인 물 10승을 식힌 뒤 고루 섞고 사기그릇에 넣어 300~500번 휘젓는다. 기름종이로 아가리를 봉하고 여러 겹 덮어서 땅광에 넣으면 5일이 지나야 익는다. 혹은 밀랍종이로 밀봉하여 우물바닥에 7일 동안 담가두었다가 면포로 걸러서 찌꺼기를 제거하고 물에 타서 마신다. 술과 함께 마시지는 말라.《거가필용》[12]

5) 여지장(荔枝漿) 만들기(여지장방)

계피[3냥]·정향[0.02냥]·오매(烏梅)[0.5근으로 즙을 달인 것]·축사인[3냥을 잘게 썰어 달인 즙 1승]·생강즙[0.5잔].

이상의 재료들을 맑게 가라앉혀 서로 섞는다. 여기에 설탕 2.5근을 넣고 은기나 석기에 달여 걸쭉해지면 걸러서 쓴다.《거가필용》[13]

一法 : 官桂【三兩爲末】、赤茯苓【去皮爲末】【案 此獨不著斤兩, 俟考】、細麴末【半斤】、大麥糵【半兩爲末】、杏仁【百粒浸, 去皮尖研細】、生蜜【三斤】.

右用熟水一斗, 冷定調均, 入磁器內, 攪三五百轉. 用油紙封口, 覆以數重, 入窨五日方熟. 或蠟紙密封, 沈井底七日, 綿濾去滓, 水浸飮之. 勿與酒同飮.《居家必用》

荔枝漿方

桂【三兩】、丁香【二分】、烏梅[5]【半斤煎汁】、縮砂仁【三兩剉碎煎汁一升】、生薑汁【半盞】.

右件澄淸相和, 入糖二[6]斤半, 銀石器熬, 候稠濃, 濾過用之.《居家必用》

---

11 관계(官桂) : 육계의 외피를 약간 제거한 것. 육계는 채취한 해와 가공방법이 다르기 때문에 기변계(企邊桂)·관계(官桂)·판계(板桂)·계심(桂心)·계쇄(桂碎) 등 종류가 매우 많다.

12 《居家必用》己集〈漿水類〉 "桂漿法"(《居家必用事類全集》, 230쪽).

13 《居家必用》己集〈漿水類〉 "荔枝漿"(《居家必用事類全集》, 230쪽).

[5] 梅 : 저본에는 "藥". 오사카본·《居家必用·漿類·荔枝漿》에 근거하여 수정.

[6] 二 : 저본에는 "三". 오사카본·규장각본·고려대본《居家必用·漿類·荔枝漿》에 근거하여 수정.

6) 모과장(木瓜漿) 만들기(모과장방)

모과 1개의 뚜껑을 잘라서 내려두고 속을 파낸 뒤 거기에 꿀을 담고 도로 뚜껑을 덮는다. 뚜껑을 대꼬챙이로 꿰어 고정시킨 뒤 시루에 얹고 무르도록 찐 다음 이 꿀은 덜어내고 쓰지 않는다. 그 껍질을 깎아내고 따로 숙밀(熟蜜, 달구어 익힌 꿀) 0.5잔과 약간의 생강즙을 넣은 다음 찧어서 갈아 진흙처럼 만든다. 이를 끓인 물 3사발과 고루 섞은 다음 찌꺼기를 거르고 병 안에 담아 우물밑에 담가둔다. 《거가필용》[14]

또 다른 방법 : 모과 10냥의 껍질을 벗기고 잘게 썬 다음 끓는 물을 뿌려 담근다. 여기에 생강절편 1냥, 감초 2냥, 차조기(자소) 4냥, 소금 1냥을 더한다. 쓸 때마다 약간씩 끓인 물에 우린 뒤 우물 속에 담가서 매우 차가워지면 마신다. 《군방보(群芳譜)[15]》[16]

모과 달이는 방법 : 놋칼이나 대나무칼로 모과를 썰어 얇은 편으로 만든다. 이를 노구솥이나 질그릇에 넣고 문드러지게 찐 다음, 이어서 성긴 체에 얹고 내려오는 즙을 취한다. 만약 그 즙이 3승인 경우 꿀 1승, 죽력(竹瀝)[17] 0.3승, 생강즙 0.25승과 서로 섞는

木瓜漿方

木瓜一箇切下蓋, 去穰盛蜜, 却蓋了. 用籤籤定, 入甑蒸軟, 去蜜不用. 削去其皮, 別入熟蜜半盞, 生薑汁少許, 搗研如泥. 以熟水三椀攪均, 濾滓盛瓶內, 井底沈之.《居家必用》

又方 : 木瓜十兩, 去皮細切, 以湯淋浸. 加薑片一兩、甘草二兩、紫蘇四兩、鹽一兩. 每用, 些少泡湯, 沈井中, 俟極冷飲之.《群芳譜》

木瓜煎方 : 以鍮刀或竹刀, 切木瓜作薄片. 於鍮[7]鐺或陶缸內, 烝爛, 接置麤篩上, 取其所下汁. 汁若三升, 以蜜一升、竹瀝三合、薑汁

---

15 군방보(群芳譜) : 중국 명(明)나라 때 왕상진(王象晉, 1561~1653)이 편찬한 농서, 전30권. 곡물(穀物)·소과(蔬菓)·화훼(花卉) 등의 종류, 재배법, 효능, 요리법 등을 밝혔으며, 청(淸)나라 강희(康熙) 연간 (1662~1722)에 왕호(汪灝) 등이 왕명을 받아《광군방보(廣群芳譜)》100권으로 증보했다.
16 《廣群芳譜》卷58〈果譜〉"木瓜", 1396쪽.
17 죽력(竹瀝) : 벼과 솜대의 마디줄기를 태울 때 유출되는 즙액. 중풍·열담·번갈 등의 병을 치료한다.
[7] 鍮 :《增補山林經濟·治膳下·補遺》에는 "錫".

다. 이를 질항아리나 사기항아리에 넣고 기름종이로 아가리를 봉한 뒤 중탕하여 뜨거운 물에 타서 마신다. 《증보산림경제(增補山林經濟)18》19

二合半, 相調⑧. 納陶砂缸中, 用油紙封口, 重湯點湯飲之.《增補山林經濟》

7) 유장(柚漿, 유자장) 만들기(유장방)

자기항아리에 눈처럼 흰 아주 좋은 벌꿀 2~3승을 담는다. 생유자 10여 개를 그 안에 던져 넣은 뒤 항아리아가리를 밀봉하여 땅광에 100여 일 동안 넣어둔다. 꺼내 보면 꿀이 명유(明油)20처럼 변해 있다. 유자를 걸러내고 찌꺼기를 거른 뒤 맑게 가라앉혀 자기병에 담는다. 물 한 잔마다 1큰술을 타서 마시면 달고 향긋함이 입을 상쾌하게 하여 여름에 가장 좋다. 《옹치잡지》21

柚漿方

瓷缸貯雪白上好蜂蜜二三升, 投生柚子十數箇于其內, 密封缸口, 入窖百餘日. 出之則蜜化如明油, 漉去柚⑨子濾滓, 澄淸, 盛瓷瓶中. 每水一盞, 調一大匙飲之, 甘香爽口, 最宜夏月.《饔饎雜志》

8) 매장(梅漿, 매실장) 만들기(매장방)

익은 매실 10근을 문드러지게 쪄서 씨를 제거한다. 살점 1근당 소금 0.3냥을 더하여 고루 섞은 뒤 햇볕에 말려 검붉은색이 되면 거둔다. 쓸 때는 백두

梅漿方

熟梅十斤, 爛烝去核, 每肉一斤, 加鹽三錢攪均, 日中曬, 待紅黑色收起. 用時,

---

18 증보산림경제(增補山林經濟) : 유중림(柳重臨, 1705~1771)이 홍만선(洪萬選, 1643~1715)의 《산림경제(山林經濟)》를 증보하여 1766년에 편찬한 유서(類書). 복거(卜居)·치농(治農)·종수(種樹)·양화(養花)·양잠(養蠶)·목양(牧養)·치포(治圃)·섭생(攝生)·치선(治膳)·구황(救荒)·가정(家庭)·구사(救嗣)·구급(救急)·증보사시찬요(增補四時纂要)·사가점후(四家占候)·선택(選擇)·잡방(雜方)·동국산수록(東國山水錄)·남사고십승보신지(南師古十勝保身地)·동국승구록(東國勝區錄) 등 23항목으로 구성되었다. 《임원경제지(林園經濟志)》 편찬의 근간이 되었다.

19 《增補山林經濟》 卷9〈治膳下〉 "補遺" '木瓜煎法'(《農書》4, 191~192쪽).

20 명유(明油) : 법제 들기름을 가리킨다. 서유구 지음, 임원경제연구소 옮김, 《임원경제지 섬용지》2, 풍석문화재단, 2016, 314~316쪽에 만드는 법이 나온다. 최근에 《섬용지》의 이 기사에 의거하여 한국과학기술연구원(KIST) 남기달 박사팀이 재현에 성공했다. 들기름에 무명석(無名石) 등을 넣어 끓인 기름.

21 출전 확인 안 됨.

⑧ 調 : 저본에는 "稠". 고려대본·규장각본에 근거하여 수정.

⑨ 柚 : 저본에는 "油". 오사카본·규장각본·고려대본에 근거하여 수정.

구인과 단향(檀香)22 약간을 더하고 조청에 고루 섞은 다음 찬물에 복용하면 갈증을 말끔히 풀어준다. 《군방보》23

加白荳蔻仁、檀香些少, 飴糖調均, 服涼水, 極解渴. 《群芳譜》

---

22 단향(檀香) : 단향목에서 채취한 향. 열대 및 아열대 지방에서는 자라는 단향목의 껍질 및 심재를 잘게 자른 다음 건조시켜서 만든다. 황색 나무는 황단(黃檀), 자색 나무는 자단(紫檀), 가볍고 연한 나무는 사단(沙檀)이라 한다.
23 《廣群芳譜》卷54〈果譜〉"梅", 1282쪽.

3. 차(茶)

茶

1) 총론

차는 '명(茗, 차싹)'이라는 이름으로, 《신농본초(神農本草)[1]》와 《안자춘추(晏子春秋)[2]》에 이미 보인다.[3] 그러나 그때는 좋아하는 사람이 아직 적어서, 나중에 당나라 때에 흥하고 송나라 때에 성한 데 이르러서야 비로소 세인들에게 중시되었다. 기모민(綦母旻)[4]·사경휴(謝景休)[5]·소식(蘇軾)[6]으로부터 이들이 서로 잇달아 글을 써서 차가 사람을 해친다고 비방하였다. 그러나 세인들은 왕왕 이를 의심하는 이와 믿는 이가 서로

總論

茶, "茗"之名, 已見於《神農本草》、《晏子春秋》. 然好者尚寡, 至後興於唐, 盛於宋, 而遂爲世重矣. 自綦母旻、謝景休、蘇子瞻, 相繼著說, 謗茶之害人, 而世往往疑信相半. 別以杞、菊等益人之物煎飲, 而冒以

---

1 신농본초(神農本草) : 중국의 신화적인 인물 신농(神農)이 지었다고 알려진 최초의 본초서. 《본초(本草)》·《신농본초경(神農本草經)》·《본초경(本草經)》·《본경(本經)》으로도 불린다.

2 안자춘추(晏子春秋) : 중국 춘추시대 말기 제(齊)나라의 명재상 안영(晏嬰, ?~B.C. 500)의 언행록. 안영 자신이 직접 기록한 것이 아니라 후대의 기록으로 보이며, 8권 215장으로 이루어져 있고, 내편(內編)은 간상(諫上)·간하(諫下)·문상(問上)·문하(問下)·잡상(雜上)·잡하(雜下) 6권, 외편(外篇)은 상하 2권으로 되어 있다.

3 차는⋯⋯보인다 : 중국 당나라 육우(陸羽, 733~804)의 《다경(茶經)》에서 《안자춘추(晏子春秋)》를 인용하여 '명채(茗菜)'를 말했으나, 현행본 《안자춘추》에는 명채가 아니라 '태채(苔菜)'를 말하고 있을 뿐이며, 청나라 진원룡(陳元龍)의 《격치경원(格致鏡原)》에서 《신농본초(神農本草)》를 인용하여 '차(茶)'를 이야기하고 있으나 청대의 《격치경원》 이전에는 해당 기사를 찾을 수 없다. 따라서 《신농본초》와 《안자춘추》에서 보인다는 이야기는 근거가 미약하다. 《茶經》 卷下 〈七之事〉 (《中國茶書全集校證》 1, 26쪽) ; 《格致鏡原》 卷21 〈飮食類一〉 "茶".

4 기모민(綦母旻) : ?~? 중국 당나라 말기의 관료이자 문인. 우보궐(右補闕)을 지냈다. 721년에 역대의 책 목록을 집대성한 《군서사부록(群書四部錄)》의 편찬에 참여했다. 기모경(綦母㬅)·기무경(綦母㬅)으로도 알려져 있다. 천성적으로 차를 싫어해서 차 마시기에 대한 비판을 다룬 《대다음서(代茶飮序)》[《벌다음서(伐茶飮序)》·《대다록서(代茶錄序)》로도 알려져 있다]를 썼다.

5 사경휴(謝景休) : 미상.

6 소식(蘇軾) : 1037~1101. 중국 송(宋)나라의 문인. 자는 자첨(子瞻), 호는 동파(東坡). 당송팔대가(唐宋八大家) 중 한 명으로, 《적벽부(赤壁賦)》 등 다양한 작품을 남겼다. 저서로는 《동파전집(東坡全集)》이 있다.

반반이 되었다.[7] 따로 구기자나 국화 등 사람에게 유익한 것을 달여 마시는 음료에 차라는 이름을 덮어씌운다. 하지만 그 실상은 차가 아니라 바로 탕(湯)이나 장(漿) 종류이다.《고사십이집(攷事十二集)[8]》[9]

茶名, 其實非茶也, 乃湯、漿之類也.《攷事十二集》

2) 뇌차(擂茶, 가루차) 만들기(뇌차방)

어린 차를 끓인 물에 담가 연하게 하고, 껍질을 제거하고 볶아서 익힌 참깨와 함께 매우 곱게 간다. 여기에 천촛가루·소금·수유병(酥油餠, 버터)을 넣고 다시 곱게 고루 간다【만약 수유병이 없으면 적당량의 밀가루로 대신한다】. 갈 때 만약 마르면 곧 앞에서 우려낸 찻물을 첨가한다. 뇌차를 노구솥에 넣고 푹 달이는데, 임의대로 생밤 조각·잣·호두를 더한다.《거가필용》[10]

擂茶方

將芽茶湯浸軟, 同去皮炒熟芝麻, 擂極細. 入川椒末、鹽、酥油餅, 再擂均細【如無油餅, 斟酌以乾麪代之】. 如乾, 旋添浸茶湯. 入鍋煎熟, 隨意加生栗子片、松子仁、胡桃仁.《居家必用》

3) 족미차(足味茶) 만들기(족미차방)

몽계(夢溪) 내한(內翰) 심괄(沈括)[11]의 가괄(歌括)에서는 "감초 3에 고삼(苦蔘) 4이면 오묘하여 정신이 통하게 되고【감초 3냥, 고삼 4냥】, 찻잎 5근은 말리고 5근은 찌네【말린 찻잎 5근, 찐 찻잎 5근】. 녹두 4승과 함께 빻아 합하면【녹두는 볶아서 합한다】,

足味茶方

夢溪 沈內翰歌括云："甘三苦四妙通神【甘草三兩、苦蔘四兩】, 五斤乾茶五斤蒸【乾茶葉五斤、蒸過茶五斤】. 綠豆四升同搗合【豆

---

7   차는……되었다 :《本草綱目》卷32〈果部〉"茗", 1872~1873쪽.
8   고사십이집(攷事十二集) : 서유구의 조부 서명응(徐命膺, 1716~1787)이 지은 유서(類書). 총 12권 6책으로, 12집(集) 360제(題)의 체제를 갖췄다. 서명응은 어숙권(魚叔權, ?~?)이 1515년에 편찬한《고사촬요(攷事撮要)》를 영조의 명을 받고 증보하여《고사신서(攷事新書)》를 편찬했고, 이를 사적으로 보완하여 만든 책이《고사십이집》이다.
9 《攷事十二集》卷11〈戌集五六〉"茶茗諸法"(《保晚齋叢書》10, 450~452쪽).
10 《居家必用》己集〈諸品茶〉"擂茶"(《居家必用事類全集》, 222~223쪽).
11 심괄(沈括) : 1031~1095. 중국 송나라의 관료 겸 과학자. 자는 존중(存中), 호는 몽계(夢溪). 내한(內翰, 한림학사)를 역임했다. 저서로《몽계필담(夢溪筆談)》이 있다.

이 방법은 마땅히 이로워서 소은(燒銀)¹²보다 뛰어나리."¹³라고 했다.《거가필용》¹⁴

炒合①】, 此方宜利勝燒銀."《居家必用》

4) 해아향차(孩兒香茶) 만들기(해아향차방)

孩兒香茶方

해아차(孩兒茶)¹⁵【1근을 매우 곱게 간 뒤 체로 쳐서 쓴다】·¹⁶

孩兒茶【一斤研極細羅過用】,

백두구인【0.4냥을 갈아서 곱게 가루 낸다】·

白荳蔻仁【四錢研爲細末】,

감초【0.3냥을 구운 뒤 맷돌에 갈아서 곱게 가루 낸다】·침향【0.5냥을 쪼개서 3정(錠)을 만든 뒤, 아리(鵝梨)배 안에 삽입하여 배를 종이로 감싼다. 이를 물에 적신 뒤 배가 익을 때까지 잿불 안에 묻어서 둔다. 침향을 배에서 꺼내 햇볕에 말린 뒤 곱게 가루 낸다. 침향가루 0.3냥을 섞고 배즙은 남겨뒀다가 사향을 법제하는 데 쓴다】·

粉草【炙三錢, 碾爲細末】, 沈香【半兩劈成三錠子, 插入鵝梨內, 用紙裹了. 水濕過灰火②內煨, 梨③熟爲度. 取出沈香曬乾, 爲細末. 用三錢和之, 留梨汁, 製麝香用】,

한수석(寒水石)¹⁷【0.5근을 숯불 안에서 붉게 굽는다. 먼저 박하잎 4냥을 물에 담가 습기를 스며들게 한 뒤 종이 위에 펴놓는다. 구워낸 한수석을 박하 잎

寒水石【半斤炭火內煅紅. 先將薄荷葉四兩④, 水浸濕透, 鋪在紙⑤上. 將煅

---

12 소은(燒銀) : 불로장생을 위해 도가에서 만드는 연단(鍊丹) 또는 복을 빌기 위해서 돈을 태우는 행위인 소지(燒紙)를 뜻한다.

13 감초……뛰어나다 : 출전 확인 안 됨.

14 《居家必用》己集〈諸品茶〉"合足味茶法"《居家必用事類全集》, 223쪽).

15 해아차(孩兒茶) : 차의 일종. 우전차(雨前茶)를 가루 낸 뒤, 죽통 속에 넣고 죽통의 양 끝을 단단히 막은 다음, 진흙탕 구덩이 속에 오랫동안 묻어 두었다가 꺼내고 찧어 낸 즙을 졸여서 만든 고형의 차.

16 재료의 나열이라 다음 내용과 이어서 써야 하지만, 각 재료에 대한 해설이 길어서 이해의 편의를 위해 줄을 바꿔 썼다. 표점도 이와 마찬가지이다.

17 한수석(寒水石) : 소금의 간수를 굳혀 만든 수정처럼 투명한 것.

① 合 :《居家必用·諸品茶·合足味茶法》에는 "過".

② 火 : 저본에는 없음. 고려대본·규장각본·《居家必用·諸品茶·製孩兒香茶法》에 근거하여 보충.

③ 梨 : 저본에는 "紅". 오사카본·규장각본·고려대본《居家必用·諸品茶·製孩兒香茶法》에 근거하여 수정.

④ 薄……兩 : 底本·오사카본에는 "脫". 고려대본·규장각본·《居家必用·諸品茶·製孩兒香茶法》에 근거하여 수정.

⑤ 紙 : 저본에는 "地". 고려대본·규장각본·《居家必用·諸品茶·製孩兒香茶法》에 근거하여 수정.

위에 놓고 싼다. 식도록 두었다가 0.5냥을 달아서 매화편뇌와 함께 갈고 나머지는 다음 차례를 기다려서 쓴다. 박하잎은 제거하여 버리고 쓰지 않는다. 이것이 매화편뇌를 쓰는 법이다. 이런 공정이 없으면 매화편뇌의 기미는 없어진다】·

필징가(蓽澄茄)[18]【0.3냥을 갈아서 곱게 가루 낸다】·

사향【0.2냥을, 털을 가려서 깨끗이 제거하고 갈아서 쓴다. 먼저 침향을 법제한 배즙을 섞어서 진흙처럼 만들고 자기나 은기 안에 펼친다. 위에는 종이와 풀로 아가리를 막고 침으로 10여 개의 구멍을 뚫는다. 이를 뭉근한 불에 쬐어 말린 뒤 갈아서 가루 내고, 다시 잔 속에서 이 가루를 불에 쬐어 뜨겁게 한 다음 앞의 재료와 합하여 섞으면 그 향이 방 안에 가득 찬다】·

천백약전(川百藥煎)[19]【0.5냥을 가루 내어 이상의 4가지 재료와 고루 섞은 다음 자기에 저장하고 맛이 빠져나가지 않게 한다】·

매화편뇌(梅花片腦)【0.3냥. 미뇌(米腦)[20]로도 만들 수 있다. 한수석과 함께 갈아서 잘 섞은 뒤 재료를 넣는다】.

　이상의 재료들을 이용할 경우, 먼저 정결하고 좋

過寒水石, 放在葉上裹了. 放冷, 取出秤五錢, 與腦子同研, 餘者待後次用之. 葉棄去不用. 此腦子法也, 無此則腦子⑥氣味去矣】.

蓽澄茄【三錢研爲細末】.

麝香【二錢揀去毛令淨, 研開用. 先⑦製沈香梨汁和爲泥⑧, 攤在磁器內或銀器內. 上用紙糊口, 用針透十數孔. 慢火焙乾, 研爲末, 再於盞內焙熱, 合和前料, 其香滿室】.

川百藥煎【半兩爲末, 將已上四件和均, 磁器收貯, 勿泄味】.

梅花片腦【三錢. 米腦亦可用製過. 寒水石同研, 和拌入料】.

右將潔淨好糯米一升, 煮

---

18 필징가(蓽澄茄) : 후추과 식물인 필징가와 녹나무과 식물인 산계초의 익은 열매를 말함.

19 백약전(百藥煎) : 중국 사천(四川)지방에서 생산된 백약전. 백약전은 오배자(五倍子)에 찻가루나 다른 한 약재의 가루를 섞은 다음 누룩을 넣고 발효시켜 햇볕에 말린 약재.

20 미뇌(米腦) : 용뇌(龍腦)의 이명.

⑥ 此腦……腦子 : 저본에는 "腦子無此法則". ·규장각본·고려대본·《居家必用·諸品茶·製孩兒香茶法》에 근거하여 수정.

⑦ 先 : 《居家必用·諸品茶·製孩兒香茶法》에는 "尤".

⑧ 泥 : 저본에는 없음. 오사카본·규장각본·고려대본·《居家必用·諸品茶·製孩兒香茶法》에 근거하여 보충.

은 찹쌀 1승을 완전히 푹 삶아 뻑뻑한 죽같이 만든 뒤 곱게 갈아서 식힌 뒤에 쓴다. 명주로 진한 찹쌀 즙을 짠 뒤 이상의 재료들을 섞어서 반죽한다. 반죽은 딱딱해야 하므로 깨끗한 몽둥이로 다듬잇돌 위에서 3,000~5,000번을 내려친다[搥]. 많이 내려칠수록 더 좋으므로 이 고를 '천추고(千搥膏)'라 했다. 고가 만들어지면 백단(白檀)[21] 달인 기름을 바른 틀에 넣고 찍어낸 다음 바람이 통하는 곳에 2~3일 매달아두었다가 깨끗이 털어서 자기에 저장한다.《거가필용》[22]

極爛稠粥, 擂細冷定. 用絹絞取濃汁, 和劑, 須要硬, 於淨搥帛石上搥三五千下, 搥多愈好, 故名"千搥膏". 却用白檀煎油抹, 印脱造成, 放於透風處, 懸弔三二日, 刷光磁器貯.《居家必用》

5) 누영춘(漏影春)[23] 만들기(누영춘방)

꽃무늬가 뚫려 있는 종이를 찻잔에 붙인 다음 찻잎가루를 뿌린 뒤에 종이를 걷어내면 꽃의 몸체가 인위적으로 만들어진다. 따로 여지(荔枝)의 살로 잎을 만들고, 잣이나 압각(鴨脚)[24]과 같은 종류로 꽃술을 만든 뒤, 끓인 물을 부어 섞는다.《청이록(淸異錄)》[25][26]

漏影春方

用鏤紙貼盞, 摻茶而去紙, 僞爲花身. 別以荔肉爲葉, 松實[9]、鴨脚之類爲蕊, 沸湯點攪[10].《淸異錄》

---

21 백단(白檀): 단향목에서 채취한 향. 열대 및 아열대 지방에서 자라는 단향목의 껍질 및 심재를 잘게 자른 다음 건조시켜서 만든다. 단향목 중에서 껍질이 깨끗하면서 백색인 나무는 백단(白檀), 황색 나무는 황단(黃檀), 자색 나무는 자단(紫檀), 가볍고 연한 나무는 사단(沙檀)이라 한다.
22 《居家必用》己集〈諸品茶〉"製孩兒香茶法"(《居家必用事類全集》, 223쪽).
23 누영춘(漏影春): 찻잎을 가루 낸 뒤, 찻잔에 뿌려 꽃모양으로 장식한 다음 물을 부어 마시는 차의 이름. 아래 누영춘 복원 사진 사진은 먼저 물을 붓고 꽃무늬를 만드는 방법으로 개량한 방식이다.《임원경제지 이운지》권2〈차〉"차와 과일"에도 소개되어 있다.
24 압각(鴨脚): 은행. 은행잎이 오리발을 닮았다고 하여 붙인 이름.
25 청이록(淸異錄): 중국 송나라의 문인 도곡(陶穀, 903~970)의 저서. 천문·지리·동물·식물·기물 등 여러 분야에 대해 수록하고 있다.
26 《淸異錄》卷4〈茗荈門〉"漏影春"(《叢書集成初編》2846, 301쪽).
⑨ 實: 저본에는 없음.《淸異錄·茗荈·漏影春》에 근거하여 보충.
⑩ 攪: 저본에는 "覺". 고려대본·규장각본·《淸異錄·茗荈·漏影春》에 근거하여 수정.

사진2 누영춘

6) 청천백석차(淸泉白石茶)²⁷ 만들기(청천백석차방)

호두와 잣을 밀가루와 섞어 돌모양의 작은 덩어리로 만든 다음 차 속에 둔다. 《운림일사(雲林逸事)²⁸》²⁹

淸泉白石茶方

用核桃、松子肉和眞粉，成小塊如石狀，置茶中.《雲林逸事》

7) 구기차(枸杞茶, 구기자차) 만들기(구기차방)

깊은 가을에 붉게 익은 구기자를 따고 마른 밀가루와 함께 섞어 반죽한다. 반죽을 펴서 떡모양으로 만든다. 이를 햇볕에 말린 다음 갈아서 곱게 가루 낸다. 강차(江茶)³⁰ 1냥마다 구기자가루 2냥을 고루 섞은 뒤 달궈서 녹인 수유(酥油)³¹ 3냥을 넣는다. 수유 대신 참기름을 넣어도 좋다. 여기에 바로 끓는

枸杞茶方

深秋摘紅熟枸杞子，同乾麪拌和成劑，捍作餠樣. 曬乾，研爲細末. 每江茶一兩，枸杞末二兩和均，入煉化酥油三兩，或香油亦可. 旋添湯攪成稠膏子，用鹽

---

27 청천백석차(淸泉白石茶) : 맑은 샘에 흰 돌이 놓인 모양에서 이름을 붙인 차. 《임원경제지 이운지》권 2〈차〉"차와 과일"에는 청천백석차와 관련된 예찬(倪瓚, 1301~1374)의 일화가 소개되어 있다.

28 운림일사(雲林逸事) : 중국 원나라 화가이자 시인인 예찬(倪瓚, 1301~1374)의 여러 일화 및 행적을 기록한 서적. 《청비각전집(淸閟閣全集)》에 전하며 《운림유사(雲林遺事)》라고도 한다.

29 《淸閟閣全集》卷11〈外紀上〉"雲林遺事"'高逸' ;《廣群芳譜》卷21〈茶譜〉"茶四", 510쪽 ;《增補山林經濟》卷8〈治膳上〉"茶湯諸品"'淸泉白石茶'(《農書》4, 34쪽).

30 강차(江茶) : 중국 송나라 강남지방 차의 통칭.

31 수유(酥油) : 소나 양 등의 젖에서 얻어 낸 유지방. 《정조지》권6〈조미료〉"기름과 유락(乳酪)"에 따르면 수유는 다음과 같이 만든다. 우유를 솥에 넣고 2~3번 끓도록 달인 다음 동이 안에 부어 넣는다. 이를 식혀서 표면에 껍질이 맺히면 껍질을 거두어 다시 달인다. 여기서 기름이 나오면 찌끼는 제거하고 그릇에 담는데, 이것이 곧 수유이다.

물을 넣고 섞어 된 고(膏)를 만든다. 이어서 소금을 조금 친 뒤 노구솥에 넣고 푹 달여서 마신다. 몸에 매우 유익하며 눈도 밝아진다.《거가필용》[32]

少許, 入鍋煎熟飮之, 甚有益, 及明目.《居家必用》

8) 국화차(菊花茶) 만들기(국화차방)

이슬이 가시기 전에 감국을 따서 가지와 줄기를 잘라버린다. 깨끗한 와관(瓦礶)[33]에 백매(白梅, 소금에 절인 매실) 1~2개를 안친 뒤, 감국꽃송이를 와관아가리까지 가득 채운다. 또 백매를 더하고 꽃송이가 물에 완전히 잠기도록 소금물을 가득 채운 다음, 돌로 누른 뒤 밀봉하여 거두어 둔다. 다음해 6~7월이 되면 꽃 한 송이를 취하여 깨끗한 물로 소금기를 씻어버린다. 찻가루와 같이 다완에 넣고 팔팔 끓는 물을 부으면 차맛이 더욱 맑아지고 향기가 짙어져 더할 나위 없이 좋다. 차와 함께 보관하는 것은 이 방법만 못하다.《군방보》[34]

菊花茶方

乘露摘取甘菊, 剪去枝梗, 用淨瓦礶, 下安白梅一二介, 放花朶至平口. 又加白梅, 將鹽滷汁澆滿, 浸過花朶, 以石子壓之, 密封收藏. 至明年六七月, 取花一枝, 用淨水洗去鹽味. 同茶末入碗, 注熱滾湯, 則茶味愈淸而香藹絕勝. 伴茶收藏, 不若此法.《群芳譜》

사진3 국화차 만들기

---

32 《居家必用》己集〈諸品茶〉"枸杞茶"(《居家必用事類全集》, 223쪽).
33 와관(瓦礶) : 물건을 담거나 물을 긷거나 음식을 끓이는데 쓰는 원통형의 질그릇.
34 《廣群芳譜》卷51〈花譜〉"菊花四", 1219쪽.

혹은 감국을 햇볕에 말린 뒤 밀봉하여 거두어 둔다. 간간이 1자밤을 취하여 차 우리는 법대로 우리는데, 이를 '국탕(菊湯)'이라 한다. 여름에 갈증을 아주 잘 가시게 한다.《군방보》[35]

或用甘菊曬乾, 密封收藏. 間取一撮, 如烹茶法烹之, 謂之"菊湯". 暑月大能消渴 同上

우리나라 민간의 방법 : 이미 핀 좋은 국화를 따서 푸른 꽃받침을 제거한다. 꿀에 담가 촉촉하게 한 뒤 녹두가루에 묻혀낸다. 바로 이어서 끓는 물속에 넣어 잠시 데치고 꺼낸 다음, 국화를 다시 꿀물에 넣어 마신다.《증보산림경제》[36]

我東俗法 : 取佳菊已開者, 去靑蒂, 以蜜蘸濕之, 拖出 綠豆粉中. 旋投沸湯中, 暫 焯過取出, 更投蜜水飮之. 《增補山林經濟》

9) 기국차(杞菊茶, 구기자국화차) 만들기(기국차방)

杞菊茶方

들국화 1냥, 구기자 4냥, 어린 찻잎 5냥, 참깨 0.5근【안 검은참깨를 써야 한다】을 함께 갈아서 곱게 가루 낸 뒤 체로 친다. 먹을 때는 위의 가루 1숟갈에 소금 조금과 수유(酥油) 적당량을 넣고 한 번 팔팔 끓은 물에 타서 마신다.《구선신은서》[37]

用野菊花一兩、枸杞子四兩、茶芽五兩、芝麻半斤【案 當 用黑胡麻】, 同研爲細末, 篩 過. 如喫時, 用一匙, 入鹽 少許, 酥[11]油不拘多少, 以一 滾沸湯調服.《臞仙神隱書》

10) 강죽차(薑竹茶, 생강죽력차) 만들기(강죽차방)

薑竹茶方

먼저 물을 끓이되 몇 번 끓어오르면 생강즙 1큰술과 죽력 1큰술을 넣는다. 다시 끓어오르면 꿀을 타서 마신다. 흉격(胸膈)의 담을 잘 내려준다.《증보

先煎水數沸, 入生薑汁一 大匙、竹瀝一大匙, 再沸調 蜜飮之. 善降膈痰.《增補

---

35 《廣群芳譜》卷51〈花譜〉"菊花四", 1219쪽.

36 《增補山林經濟》卷8〈治膳上〉"茶湯諸品" '菊花茶法'(《農書》4, 35쪽).

37 출전 확인 안 됨 ;《增補山林經濟》卷8〈治膳上〉"茶湯諸品" '杞菊茶'(《農書》4, 32~33쪽).

[11] 酥 : 저본에는 "和". 오사카본·규장각본·고려대본에 근거하여 수정.《增補山林經濟·治膳上·茶湯諸 品》에는 "香".

사진4 기국차

산림경제》[38]

山林經濟》

11) 강귤차(薑橘茶, 생강귤차) 만들기(강귤차방)

薑橘茶方

귤홍(橘紅)[39] 0.3냥, 생강 5편, 작설 0.1냥을 함께 달여 찌꺼기를 걸러낸 뒤 꿀을 타서 마신다. 식적(食積)[40]이나 담체(痰滯)[41]를 잘 열어주지만 오래도록 먹어서도 안 된다. 《증보산림경제》[42]

橘紅三錢、生薑五片、雀舌一錢, 同煎濾滓, 和蜜飮之. 善開食積, 痰滯, 亦不可長服.《增補山林經濟》

귤병(橘餠)[43] 잘게 자른 것 0.2냥, 민강(閩薑)[44] 잘게 자른 것 0.2냥, 생강 잘게 자른 것 0.1냥을 함께 달여 찌꺼기를 걸러낸 뒤 마신다. 담을 삭이고 흉격을 시원하게 한다.《옹치잡지》[45]

橘餠剉細二錢、閩薑剉細二錢、生薑剉細一錢, 同煎濾滓, 飮之. 化痰淸膈.《饔饎雜志[12]》

---

38 《增補山林經濟》卷8〈治膳上〉"茶湯諸品" '薑竹茶方'(《農書》4, 35~36쪽).
39 귤홍(橘紅) : 귤의 흰 부분을 제거한 귤 알맹이.
40 식적(食積) : 과식이나 소화 불량 등으로 음식물이 위(胃)에 정체되는 병증.
41 담체(痰滯) : 담이 몰려 한곳에 뭉쳐서 생긴 병증.
42 《增補山林經濟》卷8〈治膳上〉"茶湯諸品" '薑橘茶法'(《農書》4, 36쪽).
43 귤병(橘餠) : 귤을 설탕이나 꿀에 절여서 말린 음식.
44 민강(閩薑) : 중국 복건성 일대에서 생산된, 우수한 품질의 생강.
45 출전 확인 안 됨.
[12] 饔饎雜志 : 저본에는 없음. 오사카본·규장각본·고려대본에 근거하여 보충.

12) 유자차(柚子茶) 만들기(유자차방)

유자 껍질은 흰 속을 제거하고 좋은 배는 껍질과 씨를 제거한 뒤, 모두 잘게 잘라서 채를 만든다. 석류 조금과 함께 꿀물에 넣어서 마신다. 《증보산림경제》[46]

柚子茶方

柚子皮去白瓤[13], 好梨去皮核, 并細切爲絲. 同石榴子些少, 投蜜水中飲之. 《增補山林經濟》

13) 포도차(葡萄茶) 만들기(포도차방)

포도와 무르익은 배를 함께 곱게 갈아 즙을 낸다. 이를 생강즙과 함께 끓인 물에 부은 뒤 식으면 백밀을 타서 마신다. 맛이 매우 좋으나 과음하면 기침을 일으키기 쉽다. 《증보산림경제》[47]

葡萄茶方

葡萄及爛梨, 同擂碎取汁. 同生薑汁, 傾入百沸湯中, 冷定, 調白蜜飲之. 味絕美, 過飲則易致嗽. 《增補山林經濟[14]》

14) 당귀차(當歸茶方) 만들기(당귀차방)

겨우내 땅광에서 기른 당귀순을 입춘 때 취하고 칼로 0.03척 정도의 길이로 잘라서 미지근한 꿀물에 넣어 마시면 맑은 향기가 입안에 가득하다. 《증보산림경제》[48]

當歸茶方

立春時, 取窖中所養當歸筍, 以刀切三分許, 投微溫蜜水中飲之, 淸香滿口. 《增補山林經濟》

개골산(皆骨山)[49] 승려가 당귀의 줄기와 잎, 머루[山葡萄]와 석청[石蜜][50]을 취하여 나무통 속에 담가 뒀다가 목이 타고 속이 답답하면 임의대로 마셨다.

皆骨山僧取當歸莖葉及山葡萄、石蜜, 沈之木桶中, 喉渴氣煩, 隨意飲之. 《於

---

46 《增補山林經濟》卷8〈治膳上〉"茶湯諸品" '柚子茶法'(《農書》4, 35쪽).
47 《增補山林經濟》卷8〈治膳上〉"茶湯諸品" '葡萄茶法'(《農書》4, 35쪽).
48 《增補山林經濟》卷8〈治膳上〉"茶湯諸品" '當歸茶法'(《農書》4, 36쪽).
49 개골산(皆骨山) : 금강산의 이명. 금강산은 계절에 따라 다른 이름으로 불리는데, 봄에는 금강산(金剛山), 여름에는 봉래산(蓬萊山), 가을에는 풍악산(楓嶽山), 겨울에는 개골산(皆骨山)이라 한다.
50 석청[石蜜] : 벌이 산속의 나무나 돌 사이에 모아 놓은 질 좋은 꿀.
[13] 瓤 : 저본에는 "瓠". 오사카본·규장각본·고려대본·《增補山林經濟·治膳上·茶湯諸品》에 근거하여 수정.
[14] 增補山林經濟 : 저본에는 없음. 오사카본·규장각본·고려대본에 근거하여 보충.

《어우야담(於于野談)[51]》[52]

于野談》

15) 순차(蓴茶, 순채차) 만들기(순차방)

4월 중에 아직 피지 않은 어린 순채(蓴菜)[53]잎을 따서 오미자즙에 넣고 백밀을 타서 마신다.《증보산림경제》[54]

蓴茶方

四月間, 取未開嫩蓴葉, 投五味子汁中, 調白蜜飮.《增補山林經濟》

16) 녹두차(綠豆茶) 만들기(녹두차방)

녹두를 깨끗이 씻어 끓는 물속에 넣고 잠시 달인다. 녹두는 건져내고 물을 취하여 여기에 꿀을 타서 마신다. 녹색을 띠고, 맛은 맑으며, 위의 열을 풀어준다.《증보산림경제》[55]

綠豆茶方

綠豆淨洗, 入滾湯內, 暫煎過, 去豆取水, 調蜜飮之. 色綠味淸, 解胃熱.《增補山林經濟[15]》

17) 백엽차(柏葉茶, 측백잎차) 만들기(백엽차방)

동쪽으로 뻗은 측백나무가지의 잎을 취하여 시루 속의 밥 위에 놓고 물을 몇 번 뿌려가며 찐 뒤[56], 음지에 말려 달여 마신다【안 음지에서 말린 뒤에 생강즙에 담갔다가 다시 찌고 다시 말리면 맛이 좋

柏葉茶方

取東向柏葉, 置甑中飯上, 烝之以水淋數過, 陰乾煎飮【案 陰乾後, 漬生薑汁, 再烝再乾則味佳】.《醫學

---

51 어우야담(於于野談) : 조선 중기 문신인 유몽인(柳夢寅, 1559~1623)이 지은 설화집.
52 《於于野談》269조(《어우야담 원문》, 186~187쪽) ;《於于野談》〈학예편〉269조 "우리나라의 진귀한 음식", 443~445쪽.
53 순채(蓴菜) : 수련과의 여러해살이 물풀. 어린잎은 식용한다.
54 《增補山林經濟》卷8〈治膳上〉"茶湯諸品" '蓴茶法'(《農書》4, 36쪽).
55 《增補山林經濟》卷8〈治膳上〉"茶湯諸品" '綠豆茶法'(《農書》4, 36쪽).
56 시루……뒤 : 이와 관련하여《의학입문》의 같은 인용 부분에서 설명한 다음의 내용을 참고할 수 있다. "측백잎은 시루 안에 가득 채우고 동이로 덮은 다음 쌀 3석을 찔 정도의 시간 동안 찌되, 오래 찔수록 더 좋다(置甑中令滿, 盆覆, 烝三石米飯久, 愈久愈善)."《醫學入門》卷6〈雜病用藥賦〉"虛" '單栢葉煎', 1089쪽.
⑮ 增補山林經濟 : 저본에는 없음. 오사카본·규장각본·고려대본에 근거하여 보충.

다】.《의학입문(醫學入門)57》58   入門》

---

57 의학입문(醫學入門) : 중국 명나라의 의학자 이천(李梴, 16세기에 활약)이 편찬하여 1575년에 간행된 종
    합 의서.《의경소학(醫經小學)》을 저본으로 하여 여러 의가들의 설을 분류 편찬하였으며, 조선에서는
    《편주의학입문(編註醫學入門)》이라는 판본이 의학입문서로 크게 유행하였다.
58 《醫學入門》卷6〈雜病用藥賦〉"虛"'單栢葉煎', 1089쪽.

4. 갈수(渴水, 청량음료)[1]

渴水

1) 총론

갈수(渴水)는 '목이 마를 때 필요한 물'을 말한다. 향약(香藥)과 과일과 설탕을 담아 빚어서 만든 물로, 이것도 탕(湯)이나 장(漿)과 같은 종류이다. 지금은 만드는 사람이 드물어서, 혹 만드는 자가 있어도 '탕'이나 '장'으로만 부를 뿐 '갈수'라 부르지는 않는다. 《옹치잡지》[2]

總論

渴水, 謂"渴時須水"也. 用香藥、菓、糖, 淹釀而成, 亦湯、漿之朋類也. 今人鮮作之, 卽或有作[1]之者, 直稱"湯"、"漿", 而不名"渴水"也.《饔饎雜志》

2) 어방갈수(御方渴水) 만들기(어방갈수방)

관계(官桂)·정향·계화(桂花)[3]·백두구인·축사인【각 0.5냥】, 고운 누룩·엿기름【각 4냥】. 이상의 재료들을 곱게 가루 낸다. 따로 등화(藤花, 등나무꽃) 0.5근, 꿀 10근을 달구어 익힌 것을, 새로 길은 물 60근으로 노구솥에서 40근이 되도록 달인다. 달인 물을 생 명주로 깨끗이 걸러 주둥이가 작은 팽

御方渴水方

官桂·丁香·桂花·白荳蔲仁·縮砂仁【各半兩】、細麴·麥糱【各四兩】. 右爲細末, 另用藤花半斤、蜜十斤煉熟[2], 新汲水六十斤, 鍋內熬至四十斤. 生絹濾淨,

---

1 갈수(渴水, 청량음료):《거가필용》에서 갈수를 이란어로 섭리백(攝里白, sharābun)이라 한다(番名攝里白)고 했다. 이는 음료 또는 과즙음료라는 뜻이다.《居家必用》己集〈渴水番名攝里白〉"(《居家必用事類全集》, 228쪽).

2 출전 확인 안 됨.

3 계화(桂花): 목서(木犀)나무의 꽃. 담(痰)을 삭이고 어혈(瘀血)을 풀어주는 효능이 있다.

[1] 作: 저본에는 없음. 오사카본·규장각본·고려대본에 근거하여 보충.

[2] 蜜十斤煉熟: 저본에는 없음. 고려대본·규장각본·《居家必用·渴水番名攝里白·御方渴水》에 근거하여 보충.

(甋)【안 '甋'은 음이 포(蒲)와 맹(孟)의 반절인 '팽'으로, 병옹(瓶甕, 단지)이다】안에 담는다.

1개의 생 명주 포대에 앞의 7가지 재료의 가루를 담아 팽에 넣는다. 이곳에 다시 새로 길은 물 40근, 달구어 익힌 꿀 10근을 넣고 팽의 아가리를 봉한다. 여름에는 5일, 봄가을에는 7일, 겨울에는 10일이면 익는다. 팽의 음료를 내놓을 때의 경우는 봄가을에는 따뜻하게 하고, 겨울에는 뜨겁게 하고, 여름에는 차게 한다. 《거가필용》4

3) 임금갈수(林檎渴水, 능금갈수) 만들기(임금갈수방)
약간 덜 익은 능금을 적당량 곱게 간다. 대그릇에 곱게 갈아 둔 능금에 끓는 물을 뿌려 즙을 내리는데, 찌꺼기에 아무 맛이 없어질 정도까지 한다. 이 즙을 중간불로 달이되, 계속 뒤섞어 눌러 붙지 않게 한다. 달인 즙 방울을 물에 떨어뜨려도 흩어지지 않을 정도까지 달인 연후에 용뇌와 사향을 조금 더한다. 단향가루를 넣으면 더욱 좋다. 《거가필용》5

4) 모과갈수(木瓜渴水) 만들기(모과갈수방)
모과 적당량에서 껍질과 속과 씨를 제거한다. 여기서 깨끗한 과육 1근을 취하는 것을 기준으로 하

盛小口甋內③【案 甋, 蒲孟切, 瓶甕也】.

一笛④生絹帒, 盛前項七味末, 下入甋. 再下新汲水四十斤, 煉熟蜜十斤, 將甋口封了. 夏五日, 秋春七日, 冬十日熟. 若下腳時, 春秋溫, 冬熱, 夏冷. 《居家必用》

林檎渴水方
林檎微生者, 不計多少⑤搗碎. 以滾湯就竹器, 放定搗碎林檎, 衝淋下汁, 滓無味爲度. 以文武火熬, 常攪勿令煿了. 熬至滴入水不散, 然後加腦、麝少許, 檀香末尤佳.《居家必用⑥》

木瓜渴水方
木瓜不計多少, 去皮穰核, 取淨肉一斤爲率, 切作方

4 《居家必用》己集〈渴水番名攝里白〉"御方渴水"(《居家必用事類全集》, 228쪽).
5 《居家必用》己集〈渴水番名攝里白〉"林檎渴水"(《居家必用事類全集》, 228쪽).
③ 盛小口甋內 : 고려대본·규장각본에는 "用小口甋".
④ 一笛 : 저본에는 없음. 고려대본·규장각본·《居家必用·渴水番名攝里白·御方渴水》에 근거하여 보충.
⑤ 少 : 저본에는 없음. 오사카본·규장각본·고려대본·《居家必用·渴水番名攝里白·林檎渴水》에 근거하여 보충.
⑥ 居家必用 : 저본에는 없음. 오사카본·규장각본·고려대본에 근거하여 보충.

여 사방 0.1척 크기의 얇은 편으로 자른다. 먼저 꿀 3근 혹은 4~5근을 사기나 석기 또는 은기 안에서 뭉근한 불로 달여 끓어오르면 거른다. 다음으로 이곳에 모과편을 넣고 함께 달이는데, 끓어올라서 거품이 뜨면 그때마다 떠내 버린다. 이렇게 4~6시간 동안 달이되, 맛을 보아서 시면 꿀을 넣어 달고 신맛이 적당하게 해야 한다. 다 되면 숟갈로 떠내어 그릇에 식도록 둔다. 식으면 다시 떠내보아서 그 꿀이 뻑뻑하게 굳어 실처럼 끊어지지 않는 상태가 될 때까지 한다. 만약 불이 세면 눌어붙고 또 끓어 넘칠 염려도 있으니, 뭉근한 불이면 좋다.《거가필용》[6]

寸大薄片. 先用蜜三斤或四五斤, 於砂、石、銀器內, 慢火熬開濾過. 次入木瓜片同煎, 如滾起泛沫, 旋旋掠去. 煎兩三箇時辰, 嘗味如酸入蜜, 須要甜酸得中. 用匙挑出, 放冷器內. 候冷, 再挑起, 其蜜稠硬如絲不斷者爲度. 若火緊則燋, 又有涌溢之患, 但慢火爲佳.《居家必用》

5) 오미갈수(五味渴水, 오미자갈수) 만들기(오미갈수방)

북오미자(北五味子)[7] 과육 1냥을 기준으로 끓인 물에 하룻밤을 담가서 즙을 취한다. 여기에 진한 콩즙을 넣으면서 함께 달이되, 어우러지는 빛깔이 적당

五味渴水方

北五味子肉一兩爲率, 滾湯浸一宿取汁, 同煎下濃豆汁, 對當的顏色恰好. 同

사진5 오미자 담그기

사진6 《정조지》의 다른 음식과 곁들인 오미갈수

6 《居家必用》己集〈渴水番名攝里白〉"木瓜渴水"(《居家必用事類全集》, 228~229쪽).
7 북오미자(北五味子) : 오미자. 중국에서 오미자를 화중오미자(華中五味子) 또는 남오미자(南五味子)에 대비하여 부르는 말.

하게 한다. 달구어 익힌 꿀도 함께 맞춰가며 넣어 시고 단 맛이 적당하게 한다. 뭉근한 불로 2시간 정도를 함께 달여 차게 혹은 뜨겁게 임의대로 쓴다.《거가필용》8

煉熟蜜對入, 酸甜得中, 慢火同熬一時許, 涼熱任用.《居家必用》

6) 포도갈수(葡萄渴水) 만들기(포도갈수방)

덜 익은 포도 적당량을 짓이긴 뒤에 걸러서 찌꺼기를 없애 깨끗하게 한다. 뭉근한 불로 뻑뻑하고 진해질 때까지 달인 다음 떠내서 깨끗한 자기 안에 저장한다. 달일 때는 절대로 동기나 철기에 닿지 않게 한다. 익은 포도는 갈수에 쓸 수 없고 다만 술을 빚을 수 있을 뿐이다. 쓸 때에는 적당량을 헤아리고 달구어 익힌 꿀 및 단향가루, 조금의 용뇌와 사향을 넣는다.《거가필용》9

葡萄渴水方

生葡萄不計多少, 擂碎濾去滓⑦令淨. 以慢火熬, 以稠濃爲度, 取出收貯淨磁器中. 熬時, 切勿犯銅、鐵器. 葡萄熟者不可用, 止可造酒. 臨時斟酌, 入煉過熟蜜及檀香末、腦、麝少許.《居家必用》

7) 향당갈수(香糖渴水) 만들기(향당갈수방)

상등급의 송당(鬆糖)10 1근, 물 1.5잔, 곽향(藿香)11 잎 0.05냥, 감송(甘松)12 1덩어리, 생강 큰 것 10편을 익을 때까지 함께 달인다. 이를 걸러서 깨끗한 자기에 담는다. 이곳에 녹두 정도 크기의 사향 1덩어리와

香糖渴水方

上等鬆糖一斤、水一盞半、藿香葉半錢、甘松一塊、生薑十大片, 同煎, 以熟爲度, 濾淨磁器盛. 入麝香

---

8 《居家必用》己集〈渴水番名攝里白〉 "五味渴水"(《居家必用事類全集》, 229쪽).

9 《居家必用》己集〈渴水番名攝里白〉 "蒲萄渴水"(《居家必用事類全集》, 229쪽).

10 송당(鬆糖) : 부드럽고 연한 설탕.

11 곽향(藿香) : 꿀풀과의 여러해살이풀로, 어린잎은 식용·약용하고 관상용으로 재배한다. 배초향(排草香) 또는 방아라고도 한다.

12 감송(甘松) : 마타리과의 여러해살이풀인 감송의 뿌리나 뿌리줄기에서 채취한 향료. 감송은 중국의 귀주(貴州)·사천(四川) 등에서 자라고, 약재나 화장품 용도로 사용한다. 고미치(苦彌哆) 또는 향송(香松)이라고도 한다.

⑦ 去滓 : 저본에는 없음. 오사카본·규장각본·고려대본·《居家必用·渴水番名攝里白·蒲萄渴水》에 근거하여 보충.

백단가루 0.5냥을 넣는다. 여름에는 얼음물 안에 담 가서 쓰면, 매우 향기롭고 맛이 있다. 《거가필용》[13]

綠豆許大一塊、白檀末半 兩, 夏月氷水內沈用之, 極 香美. 《居家必用》

---

13 《居家必用》己集〈渴水番名攝里白〉"香糖渴水"(《居家必用事類全集》, 229쪽).

5. 숙수(熟水, 달인 음료)

熟水

1) 총론

숙수(熟水)는 향약(香藥)을 푹 달여서 만든 음료이다. 송나라 사람들이 가장 좋아한 음료로, 인종(仁宗)[1] 때 한림원(翰林院)[2]에 명하여 탕음(湯飮, 끓인 음료)을 정하도록 하자, 자소숙수(紫蘇熟水, 차조기숙수)가 제일이라고 신하들이 상주하였다. 전하여 오는 기록에서 또 "송나라 때에 경성에서는 병을 가지고 양간숙수(梁稈熟水)[3]를 팔았다."는 것이 이것이다. 우리나라 사람들은 밥이 다 되고나서 솥바닥에 누룽지를 남겨두고 물을 부은 뒤 한 번 끓여 밥에 부은 것을 또한 '숙수(숭늉)'라고 한다. 이름은 같지만 실상은 다르다. 《옹치잡지》[4]

2) 숙수 총법

일반적으로 여름에 숙수를 만들 때는 먼저 팔팔 끓는 맹물을 병 안에 부은 뒤에 사용할 재료들을 넣

總論

熟水, 用香藥煎熟而成者也. 宋人最尙之, 仁宗時, 命翰林院定湯飮, 奏以紫蘇熟水爲第一. 傳記又稱 "宋時京城, 持瓶賣梁稈熟水" 是也. 若東人炊飯旣成, 留焦飯于鐺底, 而注水一滾, 用以澆飯者, 亦謂之"熟水", 則名同而實不同也. 《饔饎雜志》

熟水總法

夏月凡造熟水, 先傾百沸滾湯在瓶內, 然後將所用

---

1 인종(仁宗) : 1010~1063. 중국 송나라의 제4대 왕(재위1022~1063). 재위 시에 평화롭고 국력이 충실했으며, 문학과 예술을 장려하여 사대부의 독특한 문화가 크게 일어났다.
2 한림원(翰林院) : 중국 송(宋)나라의 한림학사원(翰林學士院)을 말한다. 한림학사는 조서를 작성하는 책임을 진, 가장 우수한 선비였으며, 그들 가운데서 재상으로 발탁되는 경우가 많았다.
3 양간숙수(梁稈熟水) : 볏짚으로 만든 숙수. 《居家必用》己集〈熟水類〉"梁稈熟水"(居家必用事類全集, 229쪽)에 소개되어 있다.
4 출전 확인 안 됨.

어 병아가리를 밀봉하면 향이 배가된다. 만약 재작 년산 목서(木犀)[5]나 차조기를 쓸 때는 불 위에서 살짝 구워야 쓸 수 있다. 《거가필용》[6]

之物投入, 密封瓶口, 則香 倍矣. 若用隔年木犀或紫 蘇, 須略向火上炙過, 方可 用矣. 《居家必用》

3) 자소숙수(紫蘇熟水) 만들기(자소숙수방)

차조기잎 적당량을 종이로 싸서 불에 말리되 뒤 집지 말아야 한다. 말리면서 향기가 나면 팔팔 끓 인 물을 병에 넣고 차조기잎을 넣은 뒤 병아가리를 밀봉하면 향이 배가된다. 다만 뜨거운 채로만 쓸 수 있다. 차가우면 사람을 상한다. 《구선신은서》[7]

紫蘇熟水方

紫蘇葉不計多少, 須用紙隔 焙, 不得翻動, 候香以百沸 湯入瓶, 仍將蘇葉投入, 密 封瓶口則香倍. 只可熱用, 冷則傷人. 《臞仙神隱書》

4) 두구숙수(荳蔲熟水, 백두구숙수) 만들기(두구숙수방)

백두구(白荳蔲)의 껍질을 깨끗이 가려 끓는 물과 함 께 병에 넣은 뒤 잠시 밀봉하였다가 쓰면 맛이 매우 빼어나다. 매번 7개를 쓰면 충분하다. 이보다 많이 쓰 면 안 되는데, 많이 쓰면 향이 탁해진다. 《거가필용》[8]

荳蔲熟水方

白荳蔲殼揀淨, 投入沸湯瓶 中, 密封片時用之極妙. 每 次用七箇足矣, 不可多用, 多則香濁. 《居家必用[1]》

5) 침향숙수(沈香熟水) 만들기(침향숙수방)

먼저 깨끗한 질그릇 한 조각을 아궁이에서 약간 붉어지도록 달궈 평지 위에 놓는다. 뜨거운 질그릇 에 작은 침향 1조각을 올리고 불에 말리면서 이를

沈香熟水方

先用淨瓦一片, 竈中燒微 紅, 安平地上, 焙香一小 片, 以瓶蓋定, 約香氣盡,

---

5 목서(木犀) : 물푸레나뭇과의 상록수로, 목재는 조각재로 쓰이고 꽃은 향수를 만든다. 목서(木樨)라고도 쓴다.

6 《居家必用》己集〈熟水類〉 "造熟水法"(《居家必用事類全集》, 230쪽).

7 출전 확인 안 됨;《增補山林經濟》卷8〈治膳上〉 "茶湯諸品" '紫蘇茶'(《農書》4, 36쪽).

8 《居家必用》己集〈熟水類〉 "荳蔲熟水"(《居家必用事類全集》, 229쪽).

[1] 居家必用 : 저본에는 없음. 오사카본·규장각본·고려대본에 근거하여 보충.

병으로 덮어 향기를 모은다. 향기가 대강 다 빠져나오면 재빨리 끓는 물을 병 속에 붓고 밀봉한다. 대개 단향도 향이 빨리 퍼지는 종류이므로 이 방법으로 한다. 《거가필용》[9]

速傾滾湯入瓶中密封. 蓋檀香速香之類, 亦依此法爲之.《居家必用[2]》

6) 향화숙수(香花熟水, 향기로운 꽃 숙수) 만들기(향화숙수방)

香花熟水方

여름에, 향이 있고 독이 없는 꽃만 취한다. 반쯤 핀 꽃을 따서, 끓여 식힌 물에 하룻밤 동안 밀봉한 상태로 담가둔다. 다음날 일찍 꽃을 제거한 뒤, 끓인 물에 향화숙수를 타서 쓴다. 《거가필용》[10]

夏月取但有香無毒之花, 摘半開者, 冷熟水浸一宿密封. 次日早去花, 以湯浸香水用之.《居家必用》

사진7 향화숙수

7) 정향숙수(丁香熟水) 만들기(정향숙수방)

丁香熟水方

정향 5알, 댓잎 7편을 구워 끓인 물을 병에 함께 넣고 밀봉하여 두었다가 잠시 뒤에 쓴다. 《거가필용》[11]

丁香五粒, 竹葉七片, 炙, 沸湯密封, 片時用之.《居家必用》

---

9 《居家必用》己集〈熟水類〉"沈香熟水"(《居家必用事類全集》, 229~230쪽).

10 《居家必用》己集〈熟水類〉"香花熟水"(《居家必用事類全集》, 230쪽).

11 《居家必用》己集〈熟水類〉"丁香熟水"(《居家必用事類全集》, 230쪽).

[2] 居家必用 : 저본에는 없음. 오사카본·규장각본·고려대본에 근거하여 보충.

사진8 율추숙수 만들기

8) 율추숙수(栗皺熟水, 밤송이숙수) 만들기(율추숙수방)

율추(栗皺)는 밤의 밖을 감싼 밤송이이다【안 송나라 요관(姚寬)[12]의 《서계총어(西溪叢語)》[13]에서 관휴(貫休)[14]의 시 "새로 난 매미도 율추를 피하네."를 인용하였다. 또 말하기를 "밤은 송이[皺]와 불화하여 떨어진다."고 했다. 두보(杜甫)[15]의 시에서 "과실을 맛보려니 율추 벌어지네."라 했다. 이들에서 '율추'라 한 것은 바로 밤송이다[16]】.

밤송이를 깨끗이 씻어 물 1잔마다 3~5개를 넣은 뒤, 푹 달이고 밤송이를 제거한다. 이 물을 마시면

栗皺③熟水方

栗皺④, 栗子外包, 毛毬也【案 宋 姚寬《西溪叢語》, 引貫休詩 : "新蟬避栗皺." 又云 : "栗不和皺落." 杜詩 : "嘗果栗皺開." 謂 "栗皺", 卽栗蓬】.⑤

洗淨, 每水一盞, 入三五⑥介, 煎熟去皺⑦. 取水飮

---

12 요관(姚寬) : 1105~1162. 중국 송나라의 문인. 저서로 《서계총어(西溪叢語)》가 있다.

13 서계총어(西溪叢語) : 송나라 문인 요관이 지은 책. 여러 기물에 대한 자료가 수록되어 있다.

14 관휴(貫休) : 832~912. 중국 당말 오대의 승려. 자(字)는 덕은(德隱), 성은 강씨(姜氏)이며, 절강성(浙江省) 난계(蘭谿)사람이다.

15 두보(杜甫) : 712~770. 중국 당(唐)나라의 시인으로, 당송팔대가의 한 사람. 자 자미(子美), 호 소릉(少陵). 중국 최고의 시인으로서 시성(詩聖)이라 불렸으며, 시선(詩仙)으로 불리는 이백(李白, 701~762)과 병칭하여 이두(李杜)라 일컬어진다.

16 송나라……밤송이다 : 《西溪叢語》卷下〈栗皺〉(《西溪叢語 · 家世舊聞》, 96쪽).

③ 皺 : 저본에는 "毬". 고려대본 · 규장각본에 근거하여 수정.

④ 皺 : 저본에는 "毬". 고려대본 · 규장각본에 근거하여 수정.

⑤ 저본과 오사카본에는 세주 없음.

⑥ 五 : 저본에는 없음. 오사카본 · 규장각본 · 고려대본에 근거하여 보충.

⑦ 皺 : 저본에는 "毬". 고려대본 · 규장각본에 근거하여 수정.

흉격을 맑게 하고 담을 삭이는 효능이 있다.

고려의 궁궐 주방을 보았더니 매번 이 물을 올렸다. 구중궁궐에서 검약함을 숭상하는 덕이 성하였도다! 반면 당시 송나라 사람들을 보면 향신료를 많이 썼으나 도리어 호귀(豪貴, 부귀와 권세를 지님)함으로 인한 질병을 초래했으니, 어찌하겠는가?《옹치잡지》[17]

之, 有淸膈化痰之功.

曾睹先朝御廚, 每進此水, 九重崇儉之德盛矣哉! 其視宋人, 多用香辛之物, 反致豪貴之疾者, 何如也?《饔饎雜志》

---

17 출전 확인 안 됨.

- Ⅱ -

과줄[1] (과정지류)

菓飣之類

1 밀전과(蜜煎菓 과일꿀조림)
2 당전과(糖纏菓 과일설탕절임)
3 포과(脯菓 말린과일)
4 외과(煨菓 과일구이)
5 법제과(法製菓 법제과일)
6 점과(黏菓 유과)

---

1 과줄 : 강정·다식(茶食)·약과(藥果)·정과(正果) 따위를 통틀어 이르는 말.

1. 밀전과(蜜煎菓, 과일꿀조림)

蜜煎菓

1) 총론

일반적으로 '과(菓)'라고 부르는 음식은 좋은 열매를 벌꿀로 달여서 졸이면 신맛을 정제할 수 있고, 오래 보관할 수 있다. 중국 사람들은 '밀전과(蜜煎果)'라 하고, 우리나라 사람들은 '정과(正果)²'라 한다. 그중에 즙과 함께 담아 상에 올리는 음식을 '수정과(水正果)'라 하는데, 이는 대개 전(煎)과 정(正)의 음이 비슷하여 와전된 것이다.《옹치잡지》³

總論

凡名"菓", 美蓏用蜂蜜煎而熬之, 則可以製酸, 可以留久. 華人謂之"蜜煎果", 東人謂之"正果". 其并汁供之者曰"水正果", 蓋煎與正音近而訛也.《饔饌雜志》

2) 밀전과자(蜜煎菓子, 과일꿀조림) 총법

일반적으로 과일을 조릴 때, 신 과일은 박초(朴硝)⁴ 부숴 넣은 물을 써도 충분하다. 딱딱하고 신 과일은 끓인 물에 박초를 녹이고 식도록 두었다가 물에 담가서 신맛을 제거한다. 연하고 부드러운 과일은 다만 달구어 익힌 꿀을 식게 두었다가 과일 위에 끼얹어 하룻밤 담가두면 그 신맛이 저절로 없어진다.

과일은 걸러내고 헹군 다음 널어서 물기를 말린

蜜煎菓子總法

凡煎菓子, 酸者, 用朴硝破水大段;硬酸者, 用湯化朴硝, 放冷浸去酸味;軟嫩者, 只煉蜜放冷, 澆在菓子上, 淹一宿, 其酸味自去.

漉出淘過, 控乾, 竝先煉

---

2 정과(正果) : 온갖 과일, 생강, 연근, 인삼 따위를 꿀이나 설탕물에 졸여 만든 간식.
3 출전 확인 안 됨.
4 박초 : 초석(硝石, 질산칼륨)을 한 번 구워 만든 약재. 백색의 결정체로, 그 가루를 물에 한 번 고아서 사용한다.

다. 아울러 이보다 먼저 꿀을 달구어 익혀 놓는다. 여기에 과일을 다시 넣고 달여 5~7번 끓으면 식도록 둔다. 이를 다시 전에 달였던 꿀 안에 넣어 호박(琥珀)색이 되도록 달인 다음 꿀을 제거하고 그릇 속에 둔다. 달일 때는 은쟁개비나 돌쟁개비, 사기쟁개비 등을 써야 좋다.《거가필용》[5]

또 다른 법 : 조린 과일을 말릴 때는, 먼저 끓인 물에 백매(白梅)살을 세척하고 식으면 여기에 과일을 담가두었다가 건져내서 물기를 말린다. 달구어 익힌 꿀에 담그는 법은 앞의 방법과 같다.《거가필용》[6]

꿀과 물을 절반씩 섞고 과일을 넣어 끓이되, 10여 회 끓어오르면, 뜨거운 채로 과일을 건져내서 물기를 말린다. 별도로 과일에 순수한 꿀을 바꾸어 두고 사기쟁개비나 돌쟁개비 안에 넣고 중간불로 다시 끓인다. 그 색깔이 투명하게 되면 취하여 새 항아리에 담아둔다. 때때로 다시 맛을 보고, 꿀이 시다 싶으면 바로 새 꿀을 달구어 익혀 바꾸어준다.

【다른 방법 : 여름을 나면서 꿀이 시어질 때는, 그 그릇을 따뜻한 모래 속에 두면 맛이 새것처럼 된다】《구선신은서(臞仙神隱書)[7]》[8]

熟蜜, 復入煎, 五七沸放冷, 再入舊蜜內, 煎如琥珀色, 去蜜置器中. 煎時, 須用銀、石、砂銚等爲佳.《居家必用》

又法 : 應乾煎菓, 先用湯盪白梅肉, 候冷浸之, 却控乾. 煉蜜浸之, 如前法.《居家必用》

以半蜜半水煎十餘沸, 乘熱控乾. 別置換純蜜, 入砂、石銚內, 用文武火再煎. 取其色明透爲度, 入新缸盛貯. 時復看視, 纔覺蜜酸, 急以新蜜煉熟易之.

【一法 : 經夏蜜酸, 置其器於溫砂中, 味如新】《臞仙神隱書》

5 《居家必用》己集〈菓食類〉"造蜜煎菓子法"(《居家必用事類全集》, 232~233쪽).
6 《居家必用》己集〈菓食類〉"造蜜煎菓子法"(《居家必用事類全集》, 233쪽).
7 구선신은서(臞仙神隱書) : 중국 명나라 태조 주원장의 17번째 아들인 주권(朱權, 1378~1448)이 지은 도가서적. 은거하는 삶의 여러 사항들을 다루는다.
8 《臞仙神隱書》卷上〈山居飮食〉"造蜜煎法"(《四庫全書存目叢書》260, 26쪽).

3) 밀전행(蜜煎杏, 살구꿀조림) 만들기(밀전행방)

풋살구는 양에 관계없이 긁어서 껍질을 벗긴다. 동청(銅青)[9]을 매우 곱게 가루 내고 동기 안에서 살구와 함께 고루 끓여 살구를 녹색으로 만든 다음, 생꿀에 담근다. 다만 꿀에서 신맛이 느껴질 때는 곧 꿀을 바꾸어준다. 이렇게 3~5번이 되면 자연히 다시는 시지 않게 되어 오래 둘 수 있다.

동청은 양에 제한이 없이 고루 끓이기만 하면 괜찮다. 청매(青梅, 청매실)도 이 방법에 의해서 만들 수 있다. 《거가필용》[10]

살구 100개를 소금 0.5근에 3일 동안 절였다가 꺼내어 볕에 반쯤 말린다. 이를 냉수에 씻은 뒤 볕에 말리고 씨를 제거한다. 숙밀(熟蜜) 3근에 담갔다가 볕에 말리는데, 이 과정을 담근 꿀이 다 마를 때까지 한다. 《구선신은서》[11]

우리나라 민간의 방법 : 샛노랗게 익은 살구를 깨끗이 씻은 다음, 시루에 얹어 푹 찐다. 이를 대나무체로 걸러서 껍질과 씨를 제거하고 그 즙을 받아 깨끗한 그릇 안에 둔다. 따로 눈 같이 흰 아주 좋은 벌꿀을 푹 달구어 익힌 다음 달구어 익힌 꿀을 숟가락으로 떠서 살구즙 속에 조금씩 붓는다. 이때 한 번

蜜煎杏方

青杏不拘多少, 刮去皮. 用銅青極細末, 銅器內均滾令綠色, 然後用生蜜浸. 但覺有酸氣便換蜜, 至三五遍自然不復酸, 可以久留.
銅青無多少之限, 但滾的均便可. 青梅亦可依此法造.《居家必用》

杏一百箇, 鹽半斤淹三日, 出曬半乾, 冷①水洗過, 曬乾去核. 以熟蜜三斤浸之, 曬, 蜜乾爲度.《臞仙神隱書》

東國俗法 : 弄色黃杏洗淨, 上甑烝熟, 竹篩篩, 去皮核, 取其汁, 置淨器中. 別用雪白絕好蜂蜜煉熟了, 以匙酌煉蜜, 旋旋灌入杏汁中, 灌一番, 攪一番, 要令

---

9 동청(銅青) : 구리 표면에 돈는 푸른빛의 물질.
10 《居家必用》己集〈菜食類〉 "蜜煎青杏法"(《居家必用事類全集》, 233쪽).
11 출전 확인 안 됨 ;《山林經濟》卷2〈治膳〉 "果實"(《農書》2, 277쪽).
① 冷 :《山林經濟·治膳·果實》에는 "令".

붓고 한 번 저어서 꿀과 즙이 고루 잘 섞이도록 해야 한다. 그런 뒤에 뚜껑을 닫고 찬 곳에 내어 놓는다. 하룻밤 묵으면 응고된다. 칼로 사방 0.1척의 편으로 잘라 상에 올린다.

꿀을 달굴 때 녹두가루를 조금 넣으면 쉽게 응고된다. 하지만 지나치게 넣으면 딱딱해진다. 가령 꿀 1큰승(升)에 녹두가루 3~5숟갈을 넣고 끈끈한 기운이 조금 생기도록 한 뒤 그친다. 일반적으로 매실이나 자두와 같은 산속 과실 종류를 꿀로 달일 때는 모두 이 방법을 따른다.《옹치잡지》[12]

蜜與汁滾淪調均. 然後蓋定, 放頓冷處, 經宿則凝矣. 刀切作方寸片供之.

煉蜜時, 入綠豆粉些少則易凝, 過用則硬. 假令蜜一大升, 入綠豆粉三五匙, 令略有黏氣而止. 凡蜜煎梅、李山裏果之屬, 皆倣此.《饔饎雜志》

4) 밀전도(蜜煎桃, 복숭아꿀조림) 만들기(밀전도방)

복숭아 100개에서 껍질과 씨를 제거하고 편으로 자른다. 먼저 꿀로 복숭아를 졸여 신물을 제거한다. 그런 뒤에 따로 꿀에 달이고 건져내어 볕에 말린 다음 식혀서 거두어둔다.《구선신은서》[13]

蜜煎桃方

桃子一百箇, 去皮核, 切作片子. 先以蜜熬去酸水, 然後另用蜜煎, 撈出曬, 冷收之.《臞仙神隱書》

복숭아 중에 서리를 맞아야 비로소 익는 종을 '상도(霜桃, 서리 맞은 복숭아)'라 하는데, 열매가 작고 맛은 달다. 이 복숭아 중에 빨갛게 익은 것을 가져다가 베수건으로 솜털을 닦아내고 씨는 제거하지 않는다. 복숭아 1개마다 후추 3~5알을 과육에 박아 넣은 다음 쟁개비나 삼발이솥 안에 넣고, 꿀과 물을 절반씩 섞어 중간불로 달인다. 꿀물이 진하고 붉어

桃有一種見霜始熟者, 名曰"霜桃", 實小而甘. 取紅熟者, 布巾拭去毛, 勿去核. 每一介, 嵌胡椒三五粒, 入銚、鐺內, 半蜜半水, 文武火煎之. 以蜜水濃赤爲度, 并汁收之.《饔

---

12 출전 확인 안 됨.
13 출전 확인 안 됨 ;《增補山林經濟》卷8〈治膳上〉"桃煎法"(《農書》4, 40쪽).

질 때까지 달인 다음 즙과 함께 거두어 둔다.《옹치
잡지》[14]

《饔
雜志》

5) 밀전앵도(蜜煎櫻桃, 앵두꿀조림) 만들기(밀전앵도방)

앵두가 비를 맞으면 벌레가 속에서 생기지만 사
람들은 볼 수가 없다. 앵두를 물 1사발에 꽤 오래도
록 담가두었다가 그 벌레가 모두 꾸물꾸물 기어 나
온 뒤에야 비로소 먹을 수 있다. 양만리(楊萬里)[15]의
시에서는 "누가 좋은 솜씨 부렸는가, 앵두 만 개 무
르게 찧네. 틀에 찍어 얇은 꽃 만들고, 물들여 그
얼음 자줏빛으로 녹네."[16]라 하였다. 그 방법은 매수
(梅水, 장맛비 받은 물)로 앵두를 삶아 씨를 제거하고 찧
은 다음 틀에 떡모양으로 찍어낸 뒤 꿀을 더할 뿐이
다.《산가청공》[17]

蜜煎櫻桃方

櫻桃經雨, 則蟲自內生, 人
莫之見. 用水一碗, 浸之良
久, 其蟲皆蟄蟄而出, 乃可
食也. 楊誠齋詩曰:"何人
弄好手, 萬顆擣虛脆. 印成
花鈿薄, 染作氷澌紫[2]."
其法不過煮以梅水, 去核
擣, 印爲餠, 而加以蜜耳.
《山家淸供》

앵두는 씨를 제거하고, 꿀 0.5근과 함께 은기나
석기 안에서 뭉근한 불로 졸여 물기를 빼낸다. 다시
꿀 2근을 넣어 뭉근한 불로 호박색이 될 때까지 달
인 다음 식도록 두었다가 자기에 갈무리해 둔다.《구
선신은서》[18]

櫻桃去核, 以蜜半斤, 銀、
石器內, 慢火熬出水. 再
入蜜二斤, 慢火煎如琥珀
色爲度, 放冷, 磁器收貯.
《臞仙神隱書》

---

14 출전 확인 안 됨.
15 양만리(楊萬里) : 1124~1206. 중국 남송(南宋)의 시인. 자는 정수(廷秀), 호는 성재(誠齋). 저서로《성재
집(誠齋集)》이 있다.
16 누가……녹네:《誠齋集》卷11〈櫻桃煎〉(《文淵閣四庫全書》1160, 121쪽).
17 《山家淸供》卷下〈櫻桃煎〉(《叢書集成初編》1473, 15~16쪽);《廣群芳譜》卷56〈果譜〉"櫻桃", 1331쪽.
18 출전 확인 안 됨;《山林經濟》卷2〈治膳〉"果實"(《農書》2. 276쪽).
[2] 澌紫 : 저본에는 "斯翠".《誠齋集·櫻桃煎》·《山家淸供·櫻桃煎》에 근거하여 수정.

문드러지게 푹 익은 앵두를 물에 삶고 건져내어 물기를 제거한 다음 체에 압착하며 걸러서 진한 즙을 받는다. 앵두즙 10승마다 백밀 3승 정도를 넣고 뭉근한 불로 끓인다. 묽은 설탕과 같이 되도록 졸여 놋쟁반에 펼쳐놓는다. 굳으면 잘라서 떡모양으로 만든다.《산림경제보》[19]

取爛熟者水煮, 撈出去水, 壓篩取濃汁. 每一斗, 入白蜜三升許, 慢火煎之. 熬至如稀餳, 鋪于鍮盤, 待凝定, 切作餅.《山林經濟補》

6) 건포도(乾葡萄, 포도꿀조림) 만들기(건포도방)

매우 잘 익은 포도를 한 알 한 알 따서 칼로 꼭지를 제거하되, 즙이 나오지 않도록 한다. 꿀은 포도의 2/10정도 되는 양을 포도에 섞어 넣은 다음 4~5번 끓도록 삶는다. 이를 걸러내서 음지에서 말리면 완성된다. 포도의 맛이 배나 좋아지고 또 여름에도 상하지 않는다.《제민요술》[20]

乾葡萄方

極熟者一一零疊③摘取, 刀子切去蔕, 勿令汁出. 蜜兩分和內葡萄中, 煮四五沸, 漉出, 陰乾便成矣. 滋味倍勝, 又夏月不敗.《齊民要術》

사진1 건포도

---

19 출전 확인 안 됨.
20 《齊民要術》卷4〈種桃柰〉"葡萄"(《齊民要術校釋》, 273쪽.)
③ 疊 : 저본에는 "壘".《齊民要術·種桃柰·葡萄》에 근거하여 수정.

사진2 밀전리

7) 밀건조(蜜乾棗, 대추꿀조림) 만들기(밀건조방)

대추는 둥글고 크며 벌레 먹지 않은 것을 택한
다. 여기에 꿀을 버무려 시루에 안쳐 찐 다음 음지
에서 말리고 거두어 저장한다. 찔 때 참깨잎을 넣어
같이 찌면 대추의 색이 선명하고, 저장할 때 상당(霜
糖, 설탕)을 뿌려 섞으면 매끄럽고 윤기가 있다.《옹치
잡지》[21]

蜜乾棗方

擇圓大無蠧者, 拌以糖蜜,
上甑蒸過, 陰乾收藏. 蒸
時, 入芝麻葉同蒸則色鮮;
藏時, 以霜糖糝拌則膩潤.
《饔饎雜志》

8) 밀전리(蜜煎梨, 배꿀조림) 만들기(밀전리방)

큰 아리(鵝梨)[22]는 껍질을 긁어내고 가로로 잘라
4~5개의 편으로 만든다. 1편마다 후추 3~5알을 박
아 넣고, 꿀과 물을 절반씩 섞어 중간불로 달인다.
이때 배는 호박과 같은 색이 되고, 즙은 장수(漿水)와
같은 색이 될 때까지 달인다. 즙과 함께 상에 올린다.

작은 배 중에 신 것은 썰지 않고 통으로 넣어 달

蜜煎梨方

鵝梨大者削去皮, 橫切作
四五片. 每一片, 嵌胡椒
三五粒, 半蜜半水, 文武火
煎之, 以梨如琥珀色, 汁如
漿水色爲度, 幷汁供之.
小梨之酸者, 不切之, 全顆

---

21 출전 확인 안 됨.
22 아리(鵝梨) : 배의 한 종류로, 껍질이 얇고 물이 많으며, 맛은 그다지 좋지는 않지만 향이 많이 난다. 금리
(錦梨)라고도 한다.

이는데, 달이기는 위의 상도(霜桃) 달이는 법과 대략 같다. 다만 껍질을 벗길 뿐이다.《옹치잡지》23

入煎, 略如霜桃煎法, 但④ 去皮耳.《饔饎雜志》

일반적으로 초리(醋梨, 신 배)는 물을 갈아가며 푹 삶으면 사람을 상하게 하지 않는다.《본초강목(本草綱目)24》25

凡醋梨, 易水煮熟, 則不損 人.《本草綱目》

9) 밀전산사(蜜煎山査, 아가위꿀조림) 만들기(밀전산사방)

蜜煎山査方

아가위를 문드러지게 푹 쪄서 껍질과 씨를 제거하고 꿀에 담근다. 이때 신맛이 나지 않을 때까지 꿀을 자주 더해 준다.《군방보》26

蒸爛熟, 去皮核, 用蜜浸 之, 頻加蜜, 以不酸爲度. 《群芳譜》

서리가 내린 뒤에 산속의 과실 중에서 색깔이 좋고 흰 별점이 있는 아가위를 고른다. 잘 드는 칼로 가로로 갈라서 두 조각으로 만든다. 이 조각들은 칼 끝으로 후벼 파서 씨를 제거하고 끓는 물에 데친다. 얼마 뒤에 즙과 같이 깨끗한 그릇에 담고 따뜻한 채로 백밀을 부어 주되, 달고 신 맛이 적당해지면 백밀 부어주기를 멈추고, 식혀서 저장해 둔다.《옹치잡지》27

霜後山裏果, 揀絕色有白 星點者, 用利刀橫剖作兩 片. 以刀尖挑去核, 滾湯瀹 之. 移時, 并汁貯淨器內, 乘溫灌以白蜜, 甘酸得所 以止, 冷定收貯.《饔饎雜 志》

23 출전 확인 안 됨.

24 본초강목(本草綱目) : 중국 명(明)나라의 본초학자(本草學者) 이시진(李時珍, 1518~1593)이 편찬한 본초서. 30여 년 동안에 걸쳐 이전의 본초학 성과를 집대성하고 개인적인 조사 연구 성과를 반영하여 완성했고, 1596년에 52권으로 간행되었다. 1,892종의 약재를 설명하였다.

25 《本草綱目》卷30〈果部〉"梨", 1763쪽.

26 《群芳譜》卷57〈果譜〉"山樝", 1363쪽.

27 출전 확인 안 됨.

④ 但 : 저본에는 없음. 오사카본·규장각본·고대본에 근거하여 보충.

10) 밀전모과(蜜煎木瓜, 모과꿀조림) 만들기(밀전모과방)　　蜜煎木瓜方

꿀에 담그는 법 : 먼저 모과를 잘라서 껍질을 제거하고 삶아 익힌다. 물속에 담가 신맛을 제거하고, 꿀에 달이다가 다 달여지면 저장한다.

또 다른 방법 : 씨를 제거하고 흐물흐물하게 찐 다음 갈아서 걸쭉하게 만든다. 여기에 꿀과 생강을 넣고 달여서 음료로 쓴다. 겨울에는 더욱 맛이 좋다. 《왕정농서(王禎農書)28》29

蜜漬之法 : 先切去皮, 煮令熟. 著水中, 扷去酸味, 却以蜜熬成煎藏之.

又法 : 去子爛烝, 擂作泥. 入蜜與薑作煎飮用. 冬月尤美.《王氏農書》

모과를 흐물흐물하게 쪄서 체로 걸러 껍질과 씨를 제거하고 깨끗한 살을 취한다. 여기에 백밀과 녹두가루를 넣고 달이는데, 불기운이 충분해졌으면 꺼내어 찬 곳에 둔다. 굳으면 이를 칼로 썰어 사방 0.1척 크기의 떡모양으로 만든다.《옹치잡지》30

木瓜爛蒸⑤, 篩去皮核, 取淨肉. 入白蜜、綠豆粉煎之, 火候旣足, 出置冷處. 待凝定, 刀切作方寸大餅.《饔饎雜志》

물로 모과를 달이는 또 다른 방법 : 껍질과 씨를 제거하고 깨끗한 살을 취하여 칼로 사방 0.1척 크기의 얇은 편으로 썬다. 끓는 물에 데쳐낸 다음 따뜻할 때 백밀(白蜜)을 끼얹어 달고 신 정도가 적당해지면 식혀서 저장해 둔다.《옹치잡지》31

又水煎木瓜法 : 去皮⑥核取淨肉, 刀切方寸薄片. 滾湯內焯過, 乘溫澆以白蜜, 甘酸得所, 冷定收貯. 同上

---

28 왕정농서(王禎農書) : 중국 원(元)나라의 왕정(王禎, ?~?)이 지은 농서(農書). 37(集).《왕정농서(王禎農書)》라고도 한다.
29《王禎農書》〈百穀譜〉“果屬”‘木瓜’, 144쪽.
30 출전 확인 안 됨.
31 출전 확인 안 됨.
⑤ 저본에는 “木瓜爛蒸” 위에 “蜜煎木瓜方”이라는 소제목으로 분류되어 있으나, 같은 꿀모과법을 다루고 있어서 오사카본·규장각본·고대본에 근거하여 소제목 삭제.
⑥ 皮 : 저본에는 없음. 오사카본·규장각본·고대본에 근거하여 보충.

모과는 깨끗한 살을 취하여 푹 찐 다음 주무르면서 체로 걸러서 즙을 취한다. 백밀·생강즙을 섞어 먹어도 먹을 만하다. 《증보산림경제》[32]

木瓜取淨肉蒸熟, 按篩取汁, 和白蜜、生薑汁[7]食之, 亦自可口.《增補山林經濟》

11) 밀전복분자(蜜煎覆盆子, 복분자꿀조림) 만들기 (밀전복분자방)

蜜煎覆盆子方

붉게 익은 복분자를 깨끗이 씻어 쟁개비나 삼발이솥에 넣고, 꿀을 탄 생강 끓인 물을 부어 담가둔다. 이를 푹 달여서 꺼낸 다음 체질하여 씨를 제거하고 뻑뻑한 즙을 취한다. 이를 다시 삼발이솥에 넣고, 눈 같이 흰 최고 품등의 꿀을 부은 다음 뭉근한 불로 달이되, 쉬지 않고 젓가락으로 저어 눌러 붙지 않게 한다. 불기운이 충분해서 이당(飴餳)[33]처럼 뻑뻑해지면, 꺼내서 깨끗한 항아리에 담은 뒤 냉수가

取紅熟覆盆子淨洗, 入銚、鐺內, 以蜜調生薑湯浸淹. 煎熟控起, 篩去核, 取稠汁. 再入鐺, 灌以雪白上好蜜, 慢火熬之, 不住手用箸攪之, 勿令焦煿. 待火候旣足, 稠如飴餳, 出貯淨缸, 放在冷水盆中, 經宿則凝

사진3 밀전복분자

---

32 《增補山林經濟》卷8〈治膳上〉"木果煎法"(《農書》4, 41쪽).
33 이당(飴餳) : 엿 중에 묽은 것을 '조청[飴]'이라 하고, 뻑뻑한 것을 '엿[餳]'이라 한다. 때론 여기처럼 함께 묶어서 '엿'으로 쓰인다. 《정조지》권2〈조청과 엿〉에 자세히 나온다.
[7] 生薑汁 :《增補山林經濟·治膳·木果煎法》에는 없음.

담긴 동이 안에 담가놓는다. 하룻밤을 묵히면 굳는데, 이를 칼로 잘라 사방 0.1척 크기의 떡모양으로 만든다.《옹치잡지》[34]

복분자를 딸 때는 물에 닿지 않도록 하고, 즙을 취하여 달여서 조림[煎果]를 만든다. 물이 닿으면 잘 달여지지 않기 때문이다.《군방보》[35]

12) 밀전감자(蜜煎柑子[36], 홍귤꿀조림) 만들기(밀전감자방)

홍귤은 껍질을 벗기고 안의 과육을 가져다가 칼로 가로로 썬다. 조각마다 두께가 0.02~0.03척이 되면 완연히 금색 황국화 꽃잎과 같다. 이를 꿀과 물을 절반씩 섞은 데에 넣어 달이는데, 여러 번 끓고 나면 그치고, 식도록 두었다가 거둔다. 혹 과육 속껍질에 붙은 흰 힘줄을 제거하고 깨끗한 살만을 취하여 꿀을 넣고 끓이면 더욱 좋다.《옹치잡지》[37]

13) 밀전유(蜜煎柚, 유자꿀조림) 만들기(밀전유방)

바로 위의 밀전감자 만드는 법과 같다. 다만 껍질을 버리지 않고 껍질 안쪽의 흰 속[瓤]만을 긁어낸다. 또 과육을 둘러싼 누런 속껍질도 취하여 종이와

定, 刀切方寸大爲餠.《饔饎雜志》

采時不見水, 取汁作煎爲果, 著水則不堪煎.《群芳譜》

蜜煎柑方

柑子去皮取內瓣, 用刀橫切之. 每一片, 厚可二三分, 則宛似金黃菊花瓣. 半蜜半水煎之, 數沸卽止, 放冷收之. 或并去瓣上白筋脈, 只取淨肉, 蜜瀷則尤佳.《饔饎雜志》

蜜煎柚方

與煎柑法同, 但不棄皮, 只削去內邊⑧白瓤, 取黃皮⑨, 薄切如紙, 并內瓣【瓣不橫

---

34 출전 확인 안 됨.

35 《廣群芳譜》卷98〈藥譜〉"覆盆子", 2402쪽.

36 감자(柑子) : 운향과 식물인 다지감(茶枝柑) 또는 구감(甌柑) 등의 열매이다. 맛은 달고 시며 성질은 서늘하자. 날로 먹으면 체액의 분비를 촉진하여 갈증을 가시게 하고 술을 빨리 깨게 하며 소변이 잘 나오게 하는 효능이 있다.

37 출전 확인 안 됨.

⑧ 內邊 : 저본에는 "黃皮及內邊". 규장각본·고대본에 근거하여 수정.

⑨ 黃皮 : 저본에는 "近黃邊皮". 규장각본·고대본에 근거하여 수정.

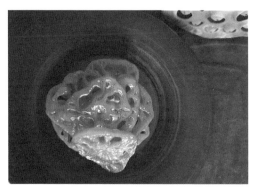

사진4 밀전우

같이 얇게 자른다. 안쪽의 과육【과육은 가로로 자르지 않고, 각 과육의 조각으로 나누어 가른다】과 함께 꿀로 달인다.《옹치잡지》[38]

切, 只分剖各瓣】蜜煎之. 《饔饌雜志》

14) 밀전우(蜜煎藕, 연근꿀조림) 만들기(밀전우방)

초가을의 햇연근을 끓는 물에 데친 다음 소금물 1큰사발에 2시간 정도 담가둔다. 이를 거르고 건져내 널어서 물기를 말린 다음 꿀 6냥에 담갔다가 연근에서 빠져나오는 소금물은 제거한다. 여기에 따로 꿀 10냥을 넣고 뭉근한 불로 달여 호박색이 되면 식도록 두었다가 거둔다.《다능비사》[39]

다른 방법 : 초가을에 새로 난 어린 연근을 가져다가 데쳐서 반쯤 익으면 껍질을 제거한다. 이를 가락으로 길게 혹은 편으로 납작하게 자른다. 연근

蜜煎藕方

初秋新藕, 沸湯焯過, 鹽汁一大碗浸一時許. 漉出控乾, 用蜜六兩浸, 去鹵水. 別以蜜十兩, 慢火煎, 令琥珀色, 放冷收之.《多能鄙事》

一法 : 初秋取新嫩者焯半, 熟去皮, 切條或片. 每斤, 用白梅四兩, 以湯沸一大碗

---

38 출전 확인 안 됨.
39 출전 확인 안 됨.

1근마다 백매(白梅) 4냥의 비율로 섞고 이를 끓는 물 1큰사발에 2시간 정도 담갔다가 건져내서 물기를 말린다. 이를 꿀 6냥으로 달여 물기를 제거한다. 이어서 여기에 따로 좋은 꿀 10냥을 가져다 넣고 뭉근한 불로 달여서 호박색처럼 되면 식도록 두었다가 항아리에 넣어 거둔다. 《구선신은서》[40]

숙관우법(熟灌藕法, 연근구멍에 미료를 부어 익히는 법) : 매우 좋은 밀가루에 꿀을 넣고 사향도 조금 쓴다. 이들을 잘 섞은 다음 연근 안에 붓는데, 연근의 머리 쪽 굵은 부분에다 부어 넣는다. 기름종이로 구멍 있는 끝부분을 싸고 묶은 뒤 푹 삶아서 편으로 잘라 먹는다.

【안 《군방보》에 이 방법이 실려 있는데, 여기에 "녹두가루에 설탕을 섞어 연근의 구멍 속으로 부은 뒤 기름종이로 구멍 있는 끝부분을 싸서 묶어야지, 기름종이를 연근구멍에 끼워 넣으면 안 된다. 그런 뒤 푹 삶아서 사용한다. 연근을 자를 때 비스듬히 편으로 썰면 구멍속에 들어 있는 내용물이 쏟아지지 않는다."[41]라 했다】《운림일사》[42]

우리나라 연근조림[煎藕] 만드는 법 : 연근을 비스듬히 자른 다음 꿀과 물을 절반씩 섞은 데에 넣고 뭉근한 불로 달인다. 즙이 거의 마르면 따로 순수한 꿀을 첨가하고 달이는데, 이때 뜨는 거품을 수시로

浸一時, 撈控乾, 以蜜六兩煎去水. 另取好蜜十兩, 慢火煎, 如琥珀色, 放冷入罐收之. 《臞仙神隱書》

熟灌藕法 : 用絶好眞粉入蜜, 用麝少許. 灌藕內, 從大頭灌入, 用油紙包扎煮熟, 切片啖之.

【案 《群芳譜》載此法, 云 : "綠豆粉調沙糖, 灌孔中, 油紙扎定勿夾住, 煮熟用之. 切藕須斜片則不脫"】《雲林逸事》

東國煎藕法 : 取藕斜切之, 蜜水相半, 慢火煎之. 汁將乾, 另添純蜜熬之, 時時掠去浮沫.

40 출전 확인 안 됨 ; 《增補山林經濟》卷8〈治膳上〉"蓮藕煎法"(《農書》4, 41쪽).
41 《廣群芳譜》卷66〈果譜〉"藕", 1561쪽.
42 출전 확인 안 됨 ; 《山林經濟》卷2〈治膳〉"果實"(《農書》2, 277쪽).

걷어낸다.

또 다른 방법 : 연근을 잘라서 대나무체에 담고 솥 안에 넣은 다음 살짝 찐다. 이를 꺼내어 앞의 방법과 같이 꿀로 달인다. 《증보산림경제》[43]

연근의 껍질을 능미(菱米, 마름 열매)와 섞어 먹으면 연하고 달다. 《물류상감지(物類相感志)[44]》[45]

又[10]法 : 切藕盛竹籬, 入鼎內, 略蒸, 蜜煎如前法. 《增補山林經濟》

藕皮和菱米食, 軟而甘. 《物類相感志》

15) 밀전강(蜜煎薑, 생강꿀조림) 만들기(밀전강방)

추사(秋社)[46] 전에 어리고 덜 여문 생강 2근을 깨끗이 씻고 널어서 물기를 말린다. 이를 끓는 물에 데친 뒤 걸러서 말린다. 백반(白礬) 1.5냥을 두드려 빻은 다음 끓인 뒤 하룻밤 묵혀서 맑게 가라앉힌다. 여기에 생강을 담그고 2~3일을 묵힌 다음 걸러내서 다시 널어놓는다. 여기에 꿀 2근을 넣어 1번 끓이고 식도록 두었다가 자기그릇에 거두어 둔다. 약 10~15일이 되면 다른 꿀 1.5근으로 바꾸어 준다. 만약 오래 두고 먹으려면 해를 넘기면서 꿀을 2번 바꾸어 준다. 《거가필용》[47]

蜜煎薑方

秋社前, 取嫩芽二斤洗淨, 控乾, 以沸湯焯過, 漉[11]乾. 用白礬一兩半搥碎, 湯泡, 一宿澄淸. 浸薑三兩宿, 漉出再控, 用蜜二斤[12], 煎一滾放[13]冷, 磁器收之. 約十日、半月, 別換蜜一斤[14]半, 若要久[15], 經年, 換蜜兩次. 《居家必用》

43 《增補山林經濟》卷8〈治膳上〉"俗法"(《農書》4, 41쪽).
44 《물류상감지(物類相感志)》: 중국 송(宋)나라 소식(蘇軾, 1036~1101)이 지은 책. 신체·의복·기용·음식·문방·질병 등에 대하여 짤막한 상식들을 열거해 놓았다.
45 《物類相感志》〈飮食〉7쪽(《叢書集成初編》1344, 7쪽).
46 추사(秋社) : 입추 후 다섯 번째 무일(戊日).
47 《居家必用》己集〈菓食類〉"蜜煎薑法"(《居家必用事類全集》, 233쪽).
⑩ 又:《增補山林經濟·治膳·俗法》에는 "本".
⑪ 漉 : 저본에는 없음. 오사카본·규장각본·고대본에 근거하여 보충.
⑫ 斤 : 오사카본·규장각본·고대본에는 "升".
⑬ 放 :《居家必用·己集·菓食類》에는 "去面隔宿"
⑭ 斤 : 오사카본·규장각본·고대본에는 "升".
⑮ 久 :《居家必用·己集·菓食類》에 근거하여 보충.

민간의 방법 : 어린 생강은 칼로 긁어 껍질을 벗겨내고, 두께 0.01척 정도의 납작한 편으로 썬다. 이를 솥이나 삼발이솥 안에서 물에 담그고 뭉근한 불로 달여서 매운맛을 제거한다. 물을 2~3번 정도 갈아주며 달여서 매운맛이 8/10~9/10 정도 가신 다음에 꺼낸다.

따로 꿀과 물을 서로 절반씩 섞고 여기에 생강을 넣어 달인다. 이때 불은 역시 뭉근하게 즙이 다 졸아들 때까지 때야 한다. 여기에 또 졸인 꿀을 넣어준다.

【안】 매운맛이 다 없어지면 생강은 그 성질을 잃어버린 것이다. 그러니 1번만 살짝 데쳐야 좋다.

또 다른 방법 : 생강을 달이다가 즙이 마르려고 할 때 참기름 1현각(蜆殼)[48]을 넣으면 색이 밝은 조개껍질과 같아지고 게다가 서로 달라붙지도 않는다】《증보산림경제》[49]

생강과방(生薑果方, 생강조림 만들기) : 생강은 쇤 것과 연한 것을 가리지 말고 깨끗한 물에 하룻밤 담가두었다가 걸러내어 껍질을 긁어낸다. 도마 위에 놓고 칼로 잘게 썰고 반복하여 다져서 모두 뭉개져 가루가 되게 한다. 따로 흰꿀(백밀)과 흰엿을 뜨거운 쟁개비에 넣고 녹인다.

俗法：嫩薑以刀刮去皮, 切作區片厚一分[16]許. 鼎鐺內水淹, 慢火煎去辣味, 換水數三次煎之[17], 待辣味十去八九, 然後取出.

另用蜜水相半[18], 煎之, 火亦宜用慢, 以汁盡爲度, 又煉蜜下之.

【案】辣味盡去, 則薑失其性矣, 只一番略焯爲可.

又一方：熬至汁將乾, 入香油一蜆殼, 則色如明貝, 且不相黏】《增補山林經濟》

生薑果方：生薑不論老嫩, 淨水浸一宿, 漉出刮去皮. 置俎案上, 以刀切碎, 反覆擣碎, 令皆糜爛爲屑. 另將白蜜、白餳, 入熱銚內熔化.

---

48 현각(蜆殼) : 가막조개의 껍질. 용량의 단위.
49 《增補山林經濟》卷8〈治膳〉"生薑煎法"(《農書》4, 42쪽).
[16] 分 : 저본에는 "錢".《增補山林經濟·治膳·生薑煎法》에 근거하여 수정.
[17] 之 : 저본에는 "至". 오사카본·규장각본·고대본·《增補山林經濟》에 근거하여 수정.
[18] 相半 :《增補山林經濟·治膳·生薑煎法》에 근거하여 보충.

그 다음 생강가루를 즙과 함께 엿과 꿀을 녹인 냄비 안에 부어넣고 고루 섞어 뭉근한 불에 졸인다. 계속해서 나무 막대로 뒤섞으며 눌러 붙지 않게 하면서 매우 빽빽하고 끈적일 때까지 졸인다. 호박(琥珀)과 같은 색이 나면 완성된 것이다.

불을 물리고 식힌 다음 손으로 주물러서 패향(佩香, 몸에 차는 향) 모양의 작고 네모난 편을 만든 뒤 잣가루를 뿌려 상에 올린다. 꿀이 많으면 무르고 엿이 많으면 단단하다. 단단할지언정 무르게 하지는 말아야 한다. 생강이 쇠었으면 맵고 어리면 싱거운데, 매울지언정 싱겁게 하지는 말아야 한다. 《옹치잡지》[50]

次以生薑屑幷汁, 傾入餳、蜜內攪均, 慢火熬之. 數數用木杖攪翻, 勿令焦了, 熬至極稠黏, 色如琥珀則成矣.

退火停冷, 以手捻作小方片, 若佩香形, 糝以海松子屑供之. 蜜多則軟, 餳多則硬, 寧硬毋軟;薑老則辣, 薑嫩則淡, 寧辣毋淡.《饔饎雜志》

16) 밀전오미자(蜜煎五味子, 오미자꿀조림) 만들기(밀전오미자방)

오미자는 끓인 물에 하룻밤 담갔다가 오미자를 제거하고 붉은 즙만을 취한다. 만약 색이 연하면 다시 연지(臙脂)를 넣어 색을 낸다. 이 오미자즙에 백밀

蜜煎五味子方

五味子滾湯浸一宿, 去五味子, 只取紅汁, 如色淡, 更入臙脂設色. 調白蜜、綠

사진5 밀전오미자

과 녹두가루를 섞고 뭉근한 불에 달인다. 뻑뻑하고 끈끈해지면 깨끗한 그릇에 저장해 두었다가 찬 곳에 두면 굳는다. 이를 칼로 썰어서 얇고 작은 편을 만들어 상에 올린다. 《옹치잡지》[51]

豆粉, 慢火煎之, 待稠粘, 淨器收貯, 置冷處則凝定, 刀割作薄小片供之. 《饔饎雜志》

17) 밀전죽순(蜜煎竹筍, 죽순꿀조림) 만들기(밀전죽순방)

11월에 죽순 10근을 가져다가 껍질째 7/10 정도 익도록 삶아 껍질을 벗기고 임의대로 자른다. 꿀 0.5근에 2시간 정도 담갔다가 걸러서 말린다. 다시 꿀 3근을 달이면서 뜨는 거품을 건져내 깨끗하게 한 다음 여기에 죽순을 넣고 고르게 섞은 뒤 자기 안에 저장해 둔다. 오래 두어도 상하지 않는다. 《구선신은서》[52]

蜜煎竹筍方

十一月取竹筍十斤, 和殼煮七分熟, 去殼隨意切之. 用蜜半斤浸一時許, 漉乾. 却用蜜三斤煎滾掠淨, 入筍拌均, 磁器內收貯, 久留不壞. 《臞仙神隱書》

18) 밀전맥문동(蜜煎麥門冬, 맥문동꿀조림) 만들기(밀전맥문동방)

봄가을로 맥문동뿌리를 캐서 심을 제거한 다음 찧어서 즙을 내고 꿀과 섞는다. 이를 은기로 중탕하되, 엿처럼 될 때까지 자주 저어준다. 옹기에 저장한다. 따뜻한 술과 섞어 복용하면 기운이 많이 북돋아질 것이다. 《산가청공》[53]

蜜煎麥門冬方

春秋采根去心, 擣汁和蜜, 以銀器重湯煮, 急攪如飴爲度, 貯之甕器. 溫酒和服, 滋益多矣. 《山家清供》

19) 밀전길경(蜜煎桔梗, 도라지꿀조림) 만들기(밀전길경방)

2월에 고루 큰 도라지를 골라 쌀뜨물에 담는다.

蜜煎桔梗方

二月揀均大者, 以米泔水

---

51 출전 확인 안 됨.
52 출전 확인 안 됨 ; 《山林經濟》卷2〈治膳〉"果實"(《農書》2, 278쪽).
53 《山家清供》卷下〈麥門冬煎〉(《叢書集成初編》1473, 16쪽).

사진6 밀전길경

껍질과 문드러진 부분을 제거하고 우물물로 삶아 꺼낸다. 꿀 4냥을 뭉근한 불로 꿀이 졸아들 때까지 달였다가 다시 꿀 0.5근에 담근다. 볕에 꿀이 다 마를 때까지 말린 다음, 자기그릇에 담아 저장하고 달구어 익힌 꿀을 다시 첨가한다【안 천문동(天門冬)⁵⁴·맥문동(麥門冬)⁵⁵·더덕은 모두 이 방법에 의하여 달일 수 있다】.《구선신은서》⁵⁶

浸, 去皮及爛者, 以井水煮取. 以蜜四兩, 慢火煎, 蜜盡爲度, 再用蜜半斤浸. 日中曬乾蜜爲度, 以磁器盛貯, 再煉蜜添之【案 天·麥門冬、沙蔘, 皆可倣此法煎】.《臞仙神隱書》

20) 밀전동과(蜜煎冬瓜, 동아꿀조림) 만들기(밀전동과방)

10월에 서리 맞은 늙은 동아를 가져다가 푸른 껍질을 제거한다. 푸른 껍질 가까운 부분의 과육을 편으로 썬 다음 끓는 물에 데쳐서 식도록 둔다. 이를 석회 끓인 물에 담가 4일을 묵히고, 또 깨끗한 물에

蜜煎冬瓜方

十月⁽¹⁹⁾取經霜老冬瓜, 去青皮, 近青邊肉切作片子, 沸湯焯過, 放冷. 以石灰湯浸四宿, 又浸淨水三四日⁽²⁰⁾,

---

54 천문동(天門冬) : 비짜루과(아스파라거스과)의 여러해살이풀. 열매는 둥글고 지름 6mm 정도이며 흰빛으로 성숙하고 검은 종자가 1개 들어 있다. 연한 순을 식용하며 뿌리를 진해·이뇨·강장제로 사용한다. 몸이 차고 장이 나빠 설사하는 사람에게는 쓰지 못한다.
55 맥문동(麥門冬) : 백합과에 속한 다년생 초본식물. 뿌리를 약재로 씀.
56 출전 확인 안 됨 ;《山林經濟》卷2〈治膳〉"果實"(《農書》2, 278쪽).
⑲ 十月 : 규장각본·고대본·《居家必用·己集·菜食類》에는 없음.
⑳ 又浸淨水三四日 :《居家必用·己集·菜食類》에는 없음.

사진7 밀전동과

3~4일 담가서 석회 기운을 없앤다. 꿀 0.5잔을 사기쟁개비에 넣고 달구어 익힌 다음 여기에 동아조각을 넣고 4~5번 끓어오르도록 달인 뒤 꿀물을 제거한다. 따로 꿀 1큰잔을 넣고 같이 졸이다가 동아의 빛이 약간 누렇게 되면 자기 안에 저장해 둔다. 매우 차게 된 뒤라야 뚜껑을 덮는 것이 좋다. 저장한 동아에 하얀 골마지[57]가 생기면 다시 석회 0.2냥을 넣고 끓인 물에 동아를 넣어 맑게 가라앉힌 뒤, 앙금을 제거하고 쓴다. 《거가필용》[58]

21) 밀전서과(蜜煎西瓜, 수박꿀조림) 만들기(밀전서과방)

본초서에서는 "수박껍질은 꿀로 달이거나 설탕으로 달일 수 있다."[59]라 했지만, 그 방법에 대해서는

去灰氣. 用[21]蜜半盞於砂[22]銚內, 煉熟, 下冬瓜片子, 煎四五沸, 去蜜水. 別入蜜一大盞同熬, 候冬瓜色微黃爲度, 磁器內收貯. 候極冷方可蓋覆. 如生白醭, 重用石灰二錢沸湯澄淸, 去脚用. 《居家必用》

蜜煎西瓜方

本草云 : "西瓜皮可蜜煎、糖煎", 而不詳言其法. 意與

---

57 골마지 : 김치나 장류 등 발효식품 표면에 생성된 하얀 막. 효모가 산소와 반응해 생기는 효모 덩어리이다.
58 《居家必用》己集〈菓食類〉 "蜜煎冬瓜法"(《居家必用事類全集》, 233쪽).
59 수박껍질은……있다 : 《本草綱目》卷33〈果部〉 "西瓜", 1884쪽.
[21] 氣用 : 《居家必用·己集·菓食類》에는 "水同".
[22] 砂 : 《居家必用·己集·菓食類》에는 "銀石砂".

상세하게 말하지 않았다. 아마 전동아법(煎冬瓜法)과 같을 것이다.

煎冬瓜㉓法同也.

지금 한 가지 방법을 다음과 같이 창안해 본다. 둥글고 크며 속이 붉은 수박을 가져다가 꼭지 둘레의 사방 0.1척 정도를 칼을 세워 도려내되, 껍질과 속이 붙은 상태로 상하지 않게 파낸다. 백밀 1잔에 계핏가루와 산촛가루를 섞은 다음 수박에 붓는다. 꿀이 스며들면 다시 붓고 1잔을 다 부어넣은 뒤에 파내어둔 껍질과 속이 붙은 뚜껑을 도로 덮는다.

今創一法：取圓大瓟紅者, 環帶四方一寸許, 竪刀剜之, 竝皮瓟勿破損, 空出. 用白蜜一盞, 調桂、椒屑灌之, 蜜縮復㉔灌, 盡一盞灌入, 然後取空出皮瓟, 還蓋之.

대꼬챙이로 습지를 고정시켜 잘라낸 부위를 감싸주고, 솥이나 삼발이솥 안에 손가락 3~5개 두께 만큼 물을 붓고 수박을 그 안에 안친다. 꼭지가 위로 향하게 하여 물에 잠기지 않게 하고, 24시간 정도 동안 삶아 꺼낸다. 이를 새끼줄을 가지고 십자로 묶어 우물물 속에 2~4시간 정도 넣었다 꺼내어 가르면 서리꽃이 가득 맺혀있다. 제호(醍醐)60나 감로(甘

以籤籤定濕紙, 裹掩𤑊痕, 鼎鑑內, 注水三五指深, 安西瓜于其中. 令帶向上, 不淹于水, 煮一伏時取出. 以繩十字絡之, 沈井水中一兩時, 取出剖之, 則霜花滿凝. 醍醐、甘露, 未足諭

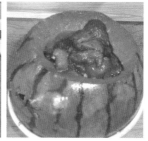

사진8 밀전서과 만들기(레시피와 달리 수박 속을 파내어 꿀 등을 섞은 다음 다시 집어넣고 중탕함)

---

60 제호(醍醐) : 최고급 수준으로 정제하여 가공한 우유에 갈분(葛粉)을 타서 미음같이 쑨 죽.
㉓ 瓜 : 저본에는 "苽". 오사카본·규장각본·고대본에 근거하여 수정.
㉔ 復 : 저본에는 없음. 오사카본·규장각본·고대본에 근거하여 보충.

露)[61]로는 이 밀전서과가 입을 상쾌하게 하는 느낌을 비유하기에 부족할 정도로 좋다.《옹치잡지》[62]

수박을 먹을 때는 씨를 먹더라도 뱉지 않는다.《물류상감지》[63]

수박씨를 감씨·옻 찌꺼기와 섞은 다음 볕에 말리면 씨껍질이 저절로 벌어지는데, 속씨만 가려서 취한다.《물류상감지》[64]

其爽口也.《饕餮雜志》

喫西瓜, 喫子不噯.《物類相感志》

西瓜子用柿子、漆相拌了, 曬乾自開, 只揀取仁[25]. 同上

---

61 감로(甘露) : 고대에 인도나 중국에서 전승되는 영약(靈藥). 혹 맛있는 음식을 의미하기도 한다.
62 출전 확인 안 됨.
63 《物類相感志》〈飮食〉(《叢書集成初編》1344, 12쪽).
64 《物類相感志》〈飮食〉(《叢書集成初編》1344, 7쪽).
[25] 仁 : 저본에는 없음. 고대본·《物類相感志·飮食》에 근거하여 보충.

2. 당전과(糖纏菓, 과일설탕절임)

糖纏菓

1) 총론

사탕수수의 쓰임은 넓다. 사탕수수를 달여서 졸였다가 볕에 쬐어 말리고 돌과 같이 응고되어 굳은 것은 석밀(石蜜)이다. 서리와 같이 가볍고 흰 것은 당상(糖霜)이다. 사람과 사물의 형태로 찍어낸 것은 향당(饗糖)이다. 여러 가지 종류의 과류(果類, 나무열매)와 라류(蓏類, 풀열매)에 이를 입힌 것은 당전(糖纏)이다. 우유로 만든 수락(酥酪)을 섞은 것은 유당(乳糖)이다. 중국에서 손님을 접대하는 음식은 태반이 모두 사탕수수에서 나온다.

우리나라 사람들은 유독 사탕수수를 재배할 줄 모르고 반드시 멀리 연경(燕京)의 가게에서 구매하니, 호귀(豪貴)한 사람이 아니면 구입할 수가 없다. 그러나 영남과 호남의 바닷가에 있는 고을들에서는 기후의 따뜻한 정도가 중국의 사탕수수가 나는 지방과 비교하여 서로 크게 차이나지 않는다.

만일 종자를 전하고 농법대로 재배하기를 권장한다면, 결코 이루지 못하지는 않을 것이다. 다만 문

總論

蔗之用博矣. 煎而煉之, 曝而乾之, 凝堅如石者爲石蜜. 輕白如霜者爲糖霜. 印成人物之形者爲饗糖, 夾諸色果、蓏則爲糖纏. 和牛乳酥酪則爲乳糖. <u>中國賓俎之羞</u>, 太半皆蔗出也.

東人獨不知藝蔗, 必遠購諸<u>燕</u>肆, 非豪貴不能致. 然[1]<u>嶺</u>、<u>湖南</u>沿海州郡, 氣候寒暖, 視<u>中國</u>産蔗地方, 不甚相遠.

苟能傳種, 勸相按法蒔藝, 蔑不成矣. 特患無好事如

---

[1] 然 :《金華耕讀記·蔗》에는 "然我東".

익점(文益漸)[1]과 같이 일을 좋아하는, 적당한 사람[其人]이 없는 점이 근심일 뿐이다.《옹치잡지》[2]

文江城其人耳.《饔饎雜志》

2) 당취매(糖脆梅, 매실설탕절임) 만들기(당취매방)

청매 100개를 일일이 칼로 칼집을 내서 익으려 하면, 차가운 식초에 담가 하룻밤을 묵힌 다음 꺼내고 널어서 말린다. 따로 잘 숙성된 식초에 설탕 1.5근을 타고 여기에 매실을 담가 새 병 안에 넣은 뒤 대껍질로 병아가리를 덮고 묶는다. 그 상태에서 사발로 병아가리를 덮고 깊이 1~2척의 땅에 묻은 다음 진흙으로 위를 덮는다. 백로절(白露節)[3]이 지나면 매실을 꺼내고 설탕을 바꾸어 다시 담근다.《군방보》[4]

糖脆梅方

靑梅每百箇, 以刀劃成路將熟, 冷醋浸一宿, 取出控乾. 別用熟醋調沙糖一斤半浸, 沒入新瓶內, 以箬紮口. 仍覆碗, 藏地深一二尺, 用泥上蓋. 過白露節取出, 換糖浸.《群芳譜》

당초매방(糖椒梅方, 매실설탕천초절임) : 큰 황매(黃梅, 누렇게 익은 매실)를 소금에 하루 동안 담갔다가 꺼내고 두드려 씨를 제거한다. 매실을 한 층 펴고 설탕·천초·생강채를 한 층 넣는다. 이렇게 겹겹이 항아리 안에 깔고 8/10이 차면 무거운 물건으로 눌러 덮어 한 번 쪄지도록 한다. 이 물건을 들어내고 다시 생견사로 항아리아가리를 덮은 다음 10일 동안 볕에 말리면 상에 올릴 수 있다. 볕에 말릴 때는 먼저 천초잎을 매실 위에 둔다.《거가필용》[5]

糖、椒梅方：黃梅大者, 鹽淹一日, 取出搥破核, 鋪梅一層, 入沙糖、川椒、生薑絲一層. 重重鋪罐內, 八分滿, 以物蓋覆, 蒸一遍, 再用生絹覆罐口, 曬十日, 可供. 曬時, 先用些椒葉在梅肉上.《居家必用》

---

1 문익점(文益漸) : 고려후기 문신·학자. 자는 일신(日新), 호는 삼우당(三憂堂). 강성현(江城縣, 지금의 경남 산청) 출생. 목화 종자를 도입하고 재배하여 전국에 보급했다.

2 출전 확인 안 됨;《金華耕讀記》卷7〈蔗〉, 13쪽.

3 백로절(白露節) : 24절기(節氣) 중 15번째 절기로, 처서(處暑)와 추분(秋分) 사이에 둠. 양력 9월 9일경.

4 《廣群芳譜》卷54〈果譜〉"梅", 1282쪽.

5 《居家必用》己集〈菓食類〉"糖椒梅法"(《居家必用事類全集》, 234쪽).

3) 산사고(山査膏, 아가위설탕절임) 만들기(산사고방)

산동(山東)[6] 지방에서 난 큰 산사(山査)는 껍질과 씨를 긁어 제거한다. 산사 1근당 백당상(白糖霜, 백설탕가루) 4냥을 넣고, 빻아서 떡처럼 만들면 호박(琥珀)처럼 밝고 맑아진다. 여기에 다시 단향(檀香)가루 0.1냥을 더하면 향기롭고 맛있어서 상에 올릴 만하고, 게다가 오래 둘 수 있다.《준생팔전(遵生八牋)[7]》[8]

다른 방법 : 익은 산사를 문드러지도록 찐 다음 껍질과 씨 및 안의 흰 심줄을 제거한다. 이어 흰 과육을 흐물흐물하게 찧은 뒤 산사가 시지 않을 때까지 백설탕을 더 넣는다. 여기에 백반가루를 약간 더 넣으면 빛깔이 더욱 선명하고 곱다. 이를 대그릇에 넣고 쪘다가 굳으면 거두어 둔다. 이것으로 과자를 만들면 매우 맛이 있고, 소화도 잘 된다.《군방보》[9]

4) 연자전(蓮子纏, 연밥설탕절임) 만들기(연자전방)

연밥살 1근을 푹 삶아서 껍질과 심을 제거한다. 박하상(薄荷霜)[10] 2냥과 백당 2냥을 섞은 다음 연밥살을 감싸도록 전체에 묻힌다. 이를 불에 쬐어 말렸

山査膏方

<u>山東</u>大山査刮去皮核，每斤，入白糖霜四兩，擣作餅，明亮如琥珀．再加檀屑一錢，香美可供，且可放久．《遵生八牋》

一法：取熟者蒸爛，去皮核及內白筋，白肉擣爛，加入白糖，以不酸爲度．微加白礬末，則色更鮮妍．入籠蒸，至凝定收之．作果甚美，兼能消食．《群芳譜》

蓮子纏方

用蓮肉一斤煮熟，去皮心，拌以薄荷霜二兩、白糖二兩，裹身，烘焙乾入供．

---

6 산동(山東) : 중국 동북부에 있는 산동반도에 위치한 성(省).
7 준생팔전(遵生八牋) : 중국 명나라 고렴(高濂, 1573~1620)이 저술한 양생전문 수필집.〈청수묘론전(淸修妙論牋)〉·〈사시조섭전(四時調攝牋)〉·〈기거안락전(起居安樂牋)〉·〈연년각병전(延年却病牋)〉·〈음찬복식전(飮饌服食牋)〉·〈연한청상전(燕閒淸賞牋)〉·〈영단비약전(靈丹祕藥牋)〉·〈진외하거전(塵外遐擧牋)〉 등 8조목으로 나뉜다.《정조지》에는〈음찬복식전(飮饌服食牋)〉의 음식들이 많이 수록되었으며 고기와 생선은 배제되었다.
8 《遵生八牋》〈飮饌服食牋〉下 "甜食類" '山楂膏'(《遵生八牋校注》, 481쪽).
9 《廣群芳譜》卷57〈果譜〉"山楂", 1363쪽.
10 박하상(薄荷霜) : 박하의 잎과 줄기를 건조 증류하여 얻은 박하유(薄荷油)를 냉각하여 얻는 결정체(結晶體). 향기와 시원한 맛이 있어 향료와 약재로 쓰임. 박하뇌(薄荷腦)라고도 한다.

다가 상에 올린다. 살구속씨·감람열매씨·호두는 이와 같이 만들 수 있다【안 비자·개암·잣은 모두 이 방법에 따라 만들 수 있다】.《준생팔전》[11]

杏仁、欖仁、核桃, 可同此製【案 榧子、榛子、海松子, 皆可倣此製】.《遵生八牋》

5) 당전우(糖煎藕, 연근설탕절임) 만들기(당전우방)

큰 연근 5근을 0.2척 길이로 자르고 또 더 잘게 자른 뒤 볕에 말려 물기를 없앤다. 여기에 설탕 5근, 금앵(金櫻)[12]가루 1냥을 넣고 자기그릇 안에 같이 넣는다. 또 꿀 1근을 넣은 다음 진흙으로 잘 봉하고 자기그릇의 아가리를 닫는다. 뭉근한 불로 24시간 삶은 뒤 식으면 열어서 쓴다.《거가필용》[13]

糖煎藕方

大藕五斤切二寸長, 又碎切之, 日曬出水氣. 入沙糖五斤, 金櫻末一兩, 同入磁器內. 又入蜜一斤, 用泥緊封, 閉磁器口. 慢火煮一伏時, 待冷開用.《居家必用》

6) 당소모과(糖蘇木瓜, 차조기·모과설탕절임) 만들기 (당소모과방)

큰 모과 한 쌍은 껍질을 제거하고 썰어서 조각으로 만든다. 흰소금 1냥에 햇차조기잎 2냥을 깨끗이 씻고 볕에 말렸다가 잘게 썬다. 이를 모과와 잠시 함께 절인다. 껍질을 벗기고 채친 생강 4냥, 설탕 20냥을 한곳에 다시 넣고 고루 섞은 다음 자기에 담는다. 이를 볕에 말리면서 다 마를 때까지 계속 고루 뒤집어준다.《거가필용》[14]

糖蘇、木瓜方

木瓜大者一對去皮, 切作瓣. 白鹽一兩, 新紫蘇葉二兩淨洗, 曬乾細切, 同醃少時. 再入生薑去皮切絲四兩[2]、沙糖二十兩一處, 拌均, 磁器中盛. 日中曬乾, 時時抄均爲度.《居家必用》

---

11 《遵生八牋》〈飮饌服食牋〉下 "甜食類" '蓮子纏 '(《遵生八牋校注》, 481쪽).
12 금앵(金櫻) : 장미과에 속하는 덩굴성 식물로, 장미와 비슷하게 생겼다.
13 《居家必用》己集〈菓食類〉 "糖煎藕法"(《居家必用事類全集》, 234쪽).
14 《居家必用》己集〈菓食類〉 "糖蘇木瓜"(《居家必用事類全集》, 234쪽).
[2] 四兩 :《居家必用·己集·菓食類》에는 "生薑四兩去皮切絲".

사진9 모과환　　　　　　　　　　　　　사진10 당전비

모과환법(木瓜丸法, 모과환 만드는 법) : 모과를 얇게 저미고 불에 쬐어 말린 다음 돌절구에 빻아서 가루 낸다. 이를 설탕가루·산촛가루·계핏가루와 섞고 졸인 꿀에 개어서 탄환크기의 환(丸), 혹은 바둑돌크기의 정(錠)으로 만든 뒤 음지에서 말려 저장해 둔다.《옹치잡지》[15]

木瓜丸法 : 木瓜薄削焙乾, 石臼擣爲屑. 同沙糖屑、椒·桂屑, 煉蜜和作彈子大丸, 或某子大錠, 陰乾收貯.《饔饌雜志》

7) 형개당(荊芥糖, 형개설탕절임) 만들기(형개당방)

형개(荊芥)[16]의 잔 가지를 꽃송이처럼 묶어서 당로(糖滷)[17]를 한 겹 입히고, 참기름을 한 겹 입힌 뒤 불에 쬐어 말려서 쓴다.《준생팔전》[18]

荊芥糖方

用荊芥細枝扎如花朶, 蘸糖滷一層, 蘸芝麻一層, 焙乾用.《遵生八牋》

8) 당전비(糖纏榧, 비자설탕절임) 만들기(당전비방)

비자(榧子)[19]는 껍질을 제거하고 설탕을 입힌다.

糖纏榧方

榧子去殼, 以沙糖爲衣.

---

15 출전 확인 안 됨.

16 형개(荊芥) : 꿀풀과 식물 천초를 말린 약재. 여름철 꽃이 필 때 전초를 베어 바람이 잘 통하는 그늘에서 말린다. 맛은 맵고 쓰며 성질은 따뜻하다. 폐경(肺經)·간경(肝經)에 작용한다.

17 당로(糖滷) : 설탕가루를 수유(酥油)에 넣어 벌꿀 같이 만든 것. 꿀 대용으로 많이 사용했다. 만드는 법은 뒤에 부록에서 소개했다.

18 《遵生八牋》〈飮饌服食牋〉下 "甜食類" '荊芥糖方'(《遵生八牋校注》, 477쪽).

19 비자(榧子) : 겉씨식물 구과목 주목과의 상록교목인 비자나무의 열매. 맛은 달고, 성질은 평하다. 기생충

《화한삼재도회(和漢三才圖會)20》21 《和漢三才圖會》

9) 당전감(糖纏柑, 유감설탕절임) 만들기(당전감방)

유감(乳柑)22은 속을 제거하고 껍질을 썬 다음 설탕을 입힌다. 이것을 '달마은(達磨隱)'이라 한다【달마가 9년 동안 면벽수행한 뜻을 취한 것이다】. 일반적으로 산초·생강·귤피(귤껍질) 같은 따위는 모두 이 제법을 기준으로 삼는다.

또 불수감(佛手柑)23과 천문동·동아와 같은 종류는 모두 설탕에 담가 과자(果子)24를 만들 수 있다. 다만 오래 두어도 상하지 않게 하려면 석회수에 하룻밤 담갔다가 회를 제거한 다음 볕에 깨끗하게 말리고 나서야 설탕에 담근다.

혹은 바로 석회를 뿌리는 방법도 있는데, 이 방법은 잘 헤아려 판단해야 한다. 《화한삼재도회》25

糖纏柑方

乳柑去瓤切皮③, 以沙糖爲衣, 名"達磨隱"【用九年面壁之義】. 凡山椒、生薑、橘皮之類, 皆準此製.

又佛手柑、天門冬、冬瓜之類, 皆可漬沙糖爲果子. 但爲久留④不敗, 浸石灰水一夜, 去灰曬淨, 始漬以糖.

或有直以石灰糝撒者, 宜勘辨之. 《和漢三才圖會》

을 구제하고, 대변이 잘 나오게 하며, 기침을 멎게 하는 것으로 알려져 있다.

20 화한삼재도회(和漢三才圖會) : 일본 에도 시대 중기의 의사인 데라지마료안[寺島良安]이 지은 105권의 총서로, 천문·지리·인사·사물에 관한 백과사전이다. 중국의 《삼재도회(三才圖會)》를 본떠서 천·지·인 3재에 대하여 부(部)를 나누고 여러 도보(圖譜)를 모아 싣고 그림에 설명을 덧붙였다. 《임원경제지》에서 유일하게 인용한 일본 서적이다.

21 《和漢三才圖會》卷105〈造釀類〉"松翠"(《倭漢三才圖會》12, 338쪽).

22 유감(乳柑) : 운향과(芸香科)에 딸린 나무의 열매. 열매는 밀감(蜜柑, 귤)과 비슷하나 약간 시고, 약재로 쓰인다.

23 불수감(佛手柑) : 감귤류에 속하는 과실. 중국에서는 남쪽의 광동(廣東) 지방에서 많이 생산되며, 북방 사람들에게는 매우 보기 드문 진귀한 과일이다. 주로 선황색으로 겨울에 열매를 맺으며, 모양은 부처의 손가락을 닮아서 '불수감'이라고 불리게 되었다. 불수(佛手)의 '불(佛)'이 '복(福)'과 발음이 유사하여 복의 상징으로 여겨졌다.

24 과자(果子) : 현재 통용되는, 우리가 아는 과자는 아니다.

25 《和漢三才圖會》卷105〈造釀類〉"松翠", "沙糖漬菓子"(《倭漢三才圖會》12, 338쪽).

③ 皮 : 《和漢三才圖會·造釀類·松翠》에는 "片".

④ 久留 : 《和漢三才圖會·造釀類·松翠》에는 "越數月".

10) 당두(糖豆, 콩설탕절임) 만들기(당두방)

겨울 12월에 메주콩을 양에 관계없이 아침 일찍 맑은 물로 깨끗이 일어낸다. 오전에 콩에 뜨거운 물을 뿌리고 대나무체 안에 고루 편 뒤 마당 노천의 공터에 내놓는다. 이렇게 4~5일간 얼리되 서리나 눈이 내려도 거두거나 덮을 필요는 없다.

콩이 완전히 얼면 노구솥에 넣고 푹 볶다가 밀가루풀과 백설탕을 섞는다. 이때 푹 볶은 콩을 뜨거운 채로 고루 섞어 자기항아리에 거두어 넣으면 가장 향기롭고 맛있다. 12월에 볶은 것은 오래 두어도 상하지 않을 수 있지만 다른 달에 볶은 것은 오래 둘 수 없다. 설탕의 양은 단지 사람이 편한 대로 한다. 항아리덮개를 반드시 단단히 막아 공기가 통하지 않게 한다. 다만 조금이라도 공기가 통하면 콩이 연하거나 향기롭지 않다.《다능집(多能集)[26]》[27]

콩을 절일 때 산촛가루와 소금, 회향가루를 그 안에 더 넣으면 맛이 더욱 빼어나다. 그래서 이를 '오향당두(五香糖豆, 여러 향이 나는 콩설탕절임)'라 한다.《다능집》[28]

11) 사당원(砂糖元, 약용설탕) 만들기(사당원방)

사당원은 비장과 위장을 조리(調理)한다. 설탕 1냥

糖豆方

冬天臘月間, 以大豆不拘多少, 先早以清水淘淨. 午上用滾熱水淋過, 放竹篩內鋪均, 放天井露天空處. 凍四五日, 雖有霜雪, 不必收蓋.

凍透下鍋炒熟, 用麵糊和白糖. 將炒熟豆, 乘熱拌均, 收入磁罐, 最香美. 臘月間炒的能久收不壞, 別月不能久收. 糖之多少, 只由人便. 礶切蓋緊, 勿走氣. 但一走氣則不脆香.《多能集》

加椒、鹽、茴香末入內, 更妙, 謂之"五香糖豆". 同上

砂糖元方

調理脾胃, 沙糖一兩作屑,

---

26 다능집(多能集) : 중국 청나라의 문인 석성금(石成金)의 저서.
27 《傳家寶》卷8〈多能集〉"炒糖豆法", 280쪽.
28 《傳家寶》卷8〈多能集〉"炒五香糖豆法", 280쪽.

을 가루 내어 축사(縮砂)가루 0.1냥, 꿀 조금을 넣고 고루 섞는다. 설탕반죽 1냥이 들어간 반죽마다 30개의 환으로 만들어 잘게 씹어 삼킨다. 오미자과육가루 0.05냥을 더하면 더욱 좋다. 《동의보감(東醫寶鑑)29)》30

入縮砂末一錢、蜜少許和均. 每兩作三十丸, 細嚼嚥下. 加五味子肉末半錢尤好.《東醫寶鑑》

12) 부록 첨식(甜食, 단 음식)
【안】 일반적으로 당로(糖滷)를 밀가루에 넣고 반죽하여 만드는 음식을 중국 사람들은 '첨식(甜食)'이라고 한다. 지금 향당(饗糖)이나 유당(乳糖) 등의 과자에 속하는 것을 모아 당전과(糖纏菓)의 아래에 부기한다】

附 甜食
【案】 凡用糖滷溲麵而作者, 華人謂之"甜食". 今撮饗糖、乳糖等屬於菓品者, 附糖纏菓之下】

12-1) 당로(糖滷) 만들기(기당로법)
준생팔전31 일반적으로 첨식을 만들 때는 먼저 당로부터 만드는데, 이는 내부(內府, 궁중)의 비법이다. 백설탕 10근【혹 양을 임의대로 하지만 지금은 10근을 기준으로 한다】을 이동식 부뚜막에 건 큰 노구솥에 넣는다. 먼저 찬물 2.5국자를 넣는데, 만약 국자에 들어가는 물이 적으면 백설탕이 상대적으로 많게 되므로 노구솥 안에 적당히 물을 더한다. 이를 나무주걱으로 휘젓고 부수면서 약한 불에 한 번 끓인다.

起糖滷法
遵生八牋 凡做甜食, 先起糖滷, 此內府秘方也. 白糖十斤【或多少任意, 今以十斤爲率】, 用行竈安大鍋, 先用涼水二杓半, 若杓少糖多, 斟酌加水在鍋內. 用木爬⑤攪碎, 微火一滾.

---

29 동의보감(東醫寶鑑) : 허준(許浚, 1539~1615)이 중국과 조선의 의서를 집대성하고 요약하여 1610년에 지은 종합의서. 목차 2권, 내용 23권으로 이루어져 있다. 내용은 〈내경편(內景篇)〉(6권)·〈외형편(外形篇)〉(4권)·〈잡병편(雜病篇)〉(11권)·〈탕액편(湯液篇)〉(3권)·〈침구편(鍼灸篇)〉(1권)이다. 《동의보감》에서 치료보다는 예방과 양생을 강조한 허준의 철학은 《임원경제지 보양지》로 독립되었고, 색인의 기능을 담당했던 목차는 《인제지》의 〈탕액운휘〉로 정리되었다. 뿐만 아니라 음식과 술 등의 분야에서도 많은 내용을 정리하여 《정조지》에도 영향을 끼쳤다.

30 《東醫寶鑑》卷4〈雜病篇〉"內傷"'內傷調補藥'(《原本東醫寶鑑》, 441쪽).

31 《遵生八牋》〈飮饌服食牋〉下 "甜食類"(《遵生八牋校注》, 465쪽).

⑤ 爬:《遵生八牋·飮饌服食牋·甜食類》에는 "杷".

우유를 따로 물 2국자에 섞어 타 놓는다. 만약 우유가 없으면 계란 흰자를 물에 타도 좋다. 단 설탕이 끓어오를 때 바로 우유나 계란 흰자를 타고, 땔나무를 빼서 불기를 없앤다. 노구솥을 덮어 그대로 두었다가 밥 한 끼를 먹을 시간이 지나면, 뚜껑을 들어서 노구솥을 열어 놓는다.

이 상태에서 부뚜막 안의 한 쪽 부분에만 불을 피운다. 불 피운 쪽 부분에서 끓기를 기다렸다가 끓기만 하면 즉시 바로 우유나 계란 흰자 섞은 물을 탄다. 몇 차례 끓어오를 때 이와 같이 우유나 계란을 탄다. 백설탕 안의 거품찌꺼기들이 끓어 솥 한 쪽에 모이면 구멍 난 국자[漏杓, 누표]로 거품찌꺼기들을 떠낸다. 노구솥 가에 낀 끓은 거품은 또 솥에 눌어붙을 염려가 있으므로 부엌솔을 앞에서 섞어놓은 우유물이나 계란물에 적셔서 자주 쓸어내린다.

두 번째로 다시 끓은 거품찌꺼기가 한 쪽에 모이면 구멍난 국자로 떠낸다. 세 번째로는 센 불을 쓴다. 이때는 맹물을 끓는 곳에 탄다. 그러면 거품과 우유가 끓을 때 한 쪽으로 모인다. 밥 한 끼를 먹을 시간이 지나 거품을 떠내 깨끗하게 하고, 시커먼 거품이 다 제거되어 흰 거품만 보여야 좋다. 이를 깨끗한 면포로 걸러서 병에 넣는다.

用牛乳另調水二杓點之. 如無牛乳, 鷄子清調水亦可. 但滾起卽點, 却抽柴息火, 蓋鍋悶一頓飯時, 揭開鍋.

將竈內一邊燒火, 待一邊滾, 但滾卽點. 數滾如此點之, 糖內泥泡沫滾在一邊, 將漏杓撈出泥泡, 鍋邊滾的沫子又恐焦了, 將刷兒蘸前調的水頻刷.

第二次再滾的泥泡聚在一邊, 將漏杓撈出⑥. 第三次用緊火, 將白水點滾處, 沫子、牛乳滾在一邊聚. 一頓飯時, 沫⑦子撈得乾淨, 黑沫去盡, 白花見方好. 用淨綿布濾過入瓶.

---

⑥ 泥泡……將漏杓撈出 : 저본에는 없음. 오사카본·규장각본·고대본·《遵生八牋·飲饌服食牋·甜食類》에 근거하여 보충.
⑦ 沫 : 저본에는 "沐". 오사카본·규장각본·고대본·《遵生八牋·飲饌服食牋·甜食類》에 근거하여 수정.

일반적으로 집안의 모든 취사도구는 모두 깨끗해야 하니, 기름때로 더러워질까 걱정되기 때문이다. 일반적으로 첨식을 만들 때 만약 흑설탕을 쓰면 먼저 노구솥에 넣고 달여서 팔팔 끓인 다음 고운 하포(夏布)32로 걸러야 찌꺼기가 없어 쓰기에 좋다. 흰 당상(糖霜)은 미리 먼저 볕에 말려야 좋다.

凡家伙⑧俱要潔淨, 怕油膩不潔. 凡做甜食, 若用黑沙糖, 先須入鍋熬大⑨滾, 用細夏布濾過, 方好作用. 白糖霜預先曬乾方好.

12-2) 초면(炒麪, 볶은 밀가루) 만들기(초면법)

炒麪法

중궤록33 밀가루는 꼭 3번 거듭해서 체로 친 다음 큰 노구솥에 넣는다. 나무주걱으로 저어가며 볶아서 푹 익힌 다음, 탁자 위에 올리고 방망이[古轆槌]로 곱게 간다. 이를 다시 체로 한 번 쳐야 첨식을 만들기에 좋다. 일반적으로 수유(酥油)를 쓸 때는 신선해야 하고 오래 묵은 수유는 쓰기에 적당하기 않다.

中饋錄 白麪要重羅三次, 將入大鍋內. 以木爬炒得大熟, 上卓, 古轆槌碾細, 再羅一次, 方好做甜食. 凡用酥油, 須要新鮮, 如陳了, 不堪用矣.

12-3) 설화수(雪花酥, 눈처럼 흰 밀떡)

雪花酥

중궤록34 작은 노구솥에 수유를 넣고 수유가 녹으면 거른다. 여기에 볶은 밀가루를 넣고 손 가는 대로 골고루 저어서 묽지도 되지도 않게 한 다음 노구솥을 불에서 떨어뜨려 놓는다. 백설탕가루를 볶은 밀가루가 담긴 솥 안에 뿌려 넣고 고르게 섞어서

又 油下小鍋, 化開濾過, 將炒麪隨手下攪均, 不稀不稠, 掇鍋離火, 灑白糖末下在炒麪內, 攪均和成一處, 上案捍開, 切象眼塊.

---

32 하포(夏布) : 여름철 더위를 식혀주는 옷감인 모시나 삼베.
33 《中饋錄》〈製蔬〉 "炒麪法"(《文淵閣四庫全書》881, 412~413쪽) ;《遵生八牋》〈飮饌服食牋〉 下 "甜食類" '炒麪方'(《遵生八牋校注》, 465~466쪽).
34 《中饋錄》〈製蔬〉 "雪花酥"(《文淵閣四庫全書》881, 413쪽).
⑧ 伙 : 저본에는 "伏". 오사카본·규장각본·고대본·《遵生八牋·飮饌服食牋·甜食類》에 근거하여 수정.
⑨ 大 : 저본에는 "火". 오사카본·규장각본·고대본·《遵生八牋·飮饌服食牋·甜食類》에 근거하여 수정.

사진11 설화수

한곳에 뭉쳐놓는다. 이를 상에 얹고 밀대로 밀어서
편 다음 코끼리눈알모양(마름모)의 덩어리로 자른다.

12-4) 송자해라간(松子海囉嘩, 잣밀떡)

준생팔전 [35] 당로를 작은 노구솥에 넣어 밥 한 끼
를 먹을 시간 동안 졸였다가 저으면서 식힌다. 여기
에 손 가는 대로 볶은 밀가루를 넣은 다음 잣을 부
수어 넣고 저어서 고루 섞는다. 반죽밀판에 수유를
바른 다음 반죽을 밀판 위에 올려놓고 밀대로 밀고
편 뒤 코끼리눈알모양의 덩어리로 자른다. 일반적
으로 반죽덩어리를 자를 때는 따뜻할 때 잘라야 한
다. 만약 차고 딱딱해지면 자르기 어렵고 부서질 염
려가 있다.

松子海囉嘩

遵生八牋 糖滷入小鍋, 熬
一頓飯時, 攪冷. 隨手下炒
麵後, 下剉碎松子仁攪均.
案上抹酥油, 撥[10]在案上
捍開, 切象眼塊子. 凡[11]切
塊要乘溫切, 若冷硬, 難切
恐碎.

---

35 《遵生八牋》〈飮饌服食牋〉下 "甜食類" '松子海囉乾方'(《遵生八牋校注》, 466).

[10] 撥：《遵生八牋·飮饌服食牋·甜食類》에는 "潑".

[11] 切……凡 : 저본에는 없음. 오사카본·규장각본·고대본·《遵生八牋·飮饌服食牋·甜食類》에 근거하여
보충.

12-5) 백윤(白閏, 백밀떡)

준생팔전[36] 당로에 수유를 조금 넣고 같이 졸이다가 볶은 밀가루를 손 가는 대로 넣고 저어서 고루 섞는다. 이 반죽을 밀판에 올리고 밀대로 밀어 편 뒤 코끼리눈알모양의 덩어리로 자른다. 만약 동권(銅圈)[37]으로 찍어내면 이것이 바로 감로병(甘露餅, 감로처럼 달콤한 떡)이다.

12-6) 황윤(黃閏, 황밀떡)

준생팔전[38] 흑설탕을 거른 다음 당로와 한곳에서 졸인다. 여기에 벌꿀 조금을 넣고 졸인 뒤 시원하게 식힌다. 여기에 손 가는 대로 볶은 밀가루를 넣는다. 밀판 위에 수유를 바른 다음 반죽을 놓고 밀대로 밀고 편 뒤 코끼리눈알모양의 덩어리로 자른다.

12-7) 흑윤(黑閏, 흑밀떡)

준생팔전[39] 흑설탕을 졸이고 깨끗이 거른 다음 당로와 반반씩 섞어서 노구솥에 넣고 밥 한 끼 먹을 시간 정도 졸인다. 수유 반 사발을 안에 넣고 함께 다시 한 번 졸인다. 볶은 밀가루를 손 가는 대로 넣고 화초(花椒)가루 조금을 더한 다음 섞어 한 덩이를 만든다. 밀판에 올려놓고 밀고 편 뒤 코끼리눈알모양의 덩어리로 자른다.

白閏

又 糖滷少加酥油同熬, 炒麵隨手下攪均, 上案捍開, 切象眼塊子. 若用銅圈印之, 卽爲甘露餅.

黃閏

又 黑沙糖濾過, 同糖滷一處熬, 蜂蜜少許, 熬成晾冷, 隨手下炒麵. 案上仍着酥油捍開, 切象眼塊.

黑閏

又 黑沙糖熬過濾淨, 與糖滷對半相攪, 下鍋熬一頓飯時. 將酥油半甌在內, 共[12]熬一回, 用炒麵隨手, 加花椒末少許, 和成一塊, 上案捍開, 切象眼塊.

---

36 《遵生八牋》〈飮饌服食牋〉下 "甜食類" '白閏方'(《遵生八牋校注》, 466).
37 동권(銅圈) : 둥근 모양을 찍을 수 있도록 구리로 만든 틀.
38 《遵生八牋》〈飮饌服食牋〉下 "甜食類" '黃閏方'(《遵生八牋校注》, 467쪽).
39 《遵生八牋》〈飮饌服食牋〉下 "甜食類" '黑閏方'(《遵生八牋校注》, 468쪽).
[12] 共 : 저본에는 "供". 오사카본·규장각본·고대본·《遵生八牋·飮饌服食牋·甜食類》에 근거하여 수정.

사진12 백윤

12-8) 와사(窩絲, 꿀타래)

준생팔전 [40] 먼저 얇은 석판 한 조각에 깨를 볶아 짠 참기름을 바른다. 또 볶은 밀가루를 체에 깨끗이 쳐서 미리 준비해둔다. 그런 뒤에 당로를 노구솥에 넣고 졸여서 굵은 실처럼 진하게 졸여지면 석판 위에 붓는다. 이를 칼로 두 덩이로 나누어 석판 위에서 굴리고 가락을 만든다. 그 뒤 당로가 식어서 뻑뻑해지려 하면 손으로 주무르며 길게 늘인 다음 두 가락을 하나로 합한다. 이렇게 합쳤다 늘이기를 거듭할수록 당로반죽이 하얗게 된다.

窩絲

[又] 先用細石板一片抹熟香油, 又用炒麵羅淨預備. 然後糖滷下鍋熬成老絲, 傾在石板上. 用切刀二把, 轉遭掠起, 待冷將稠, 用手揉拔扯長, 雙摺一處, 越拔越白.

만약 식어서 단단해지면 불 위에서 쬐며 수십 차례 늘리고 꼬아서 동그라미가 둘인 8자 모양을 만든 다음 밀판에 얹는다. 이 위에 볶은 밀가루를 뿌리고 두 사람이 마주잡고 늘린다. 이때 한 방향으로 꼬면서 늘리고 볶은 밀가루를 손 가는 대로 위에 뿌리고 늘리기를 수 십 번 하면 고운 실처럼 된다.

若冷硬, 於火上烘之, 拔至數十次, 轉成雙圈, 上案, 却用炒麵放上, 二人對扯, 順轉炒麵隨手傾上, 扯拔數十次, 成細絲.

그런 뒤에 칼로 자르고 가닥을 나눈 다음 감아서 작은 타래를 만든다. 당로를 밀판 위에서 늘릴 때는 꼬고 접어서 둥글게 만든 다음 이를 늘리고 또 꼬고 접어 둥글게 만든다. 이와 같이 수 십 번 하면 가는 실처럼 된다.

却用刀切斷分開, 縮成小窩. 其拔糖上案時, 轉折成圈, 扯開又轉摺成圈, 如此數十遭, 卽成細絲[13].

12-9) 교맥화(蕎麥花, 메밀강정)

준생팔전 [41] 메밀을 볶고 터뜨려 꽃처럼 벌어지게 만

蕎麥花 [14]

[又] 將蕎麥炒成花, 量多

---

40 《遵生八牋》〈飮饌服食牋〉下 "甛食類" '黑閏方'(《遵生八牋校注》, 467쪽).
41 《遵生八牋》〈飮饌服食牋〉下 "甛食類" '蕎麥花方'(《遵生八牋校注》, 468쪽).
[13] 細絲 : 저본에는 "絲細". 오사카본·규장각본·고대본·《遵生八牋·飮饌服食牋·甛食類》에 근거하여 수정.

들어 둔다. 적당한 양을 헤아려 당로에 벌꿀을 약간 넣고 함께 노구솥에 넣은 다음 젓지는 말고서 실이 어느 정도 생길 때까지 졸인다. 그런 다음 볶은 메밀을 손 가는 대로 노구솥에 넣어 고루 섞되, 묽게 해서는 안 된다. 밀판 위에 당로와 섞지 않은 볶은 메밀을 먼저 깔아 밀판에 달라붙지 않게 하고, 노구솥 안의 당로 섞은 메밀을 밀판 위에 올린 다음 밀고 편 뒤 코끼리눈알모양의 덩어리로 자른다.

少, 將糖滷加蜂蜜少許, 一同下鍋, 不要動, 熬至有絲, 略大些. 却將蕎麥花隨手下在鍋內攪均, 不要稀了. 案上鋪蕎麥花, 使不粘, 將鍋內糖花撥[15]在案上, 捍開, 切象眼塊.

12-10) 구비당(求肥糖)

[화한삼재도회][42] 칡가루·고사리가루 각 1승, 옥설탕 [玉沙糖][43] 1근을 고루 섞는다. 따로 찹쌀 2승을 물에 담갔다가 갈아서 진한 즙으로 만든다. 그 안에 위의 3가지 재료를 넣고 약한 불로 달인다. 나무주걱으로 반나절 정도 천천히 저으면서 고아 7/10 정도가

求肥糖

[和漢三才圖會] 葛粉·蕨粉各一升, 玉沙糖一斤, 拌均. 別用糯米二升漬水, 磨之爲濃泔, 投三味于其中[16], 以文火煎之. 以木篦徐煉

구비당(《왜한삼재도회》)

---

42 《和漢三才圖會》卷105〈造醸類〉"求肥糖"(《倭漢三才圖會》12, 334쪽).
43 옥설탕[玉沙糖]: 하등급의 설탕. 갈색 설탕을 체에 치고 위에 남은 거친 덩이에 물을 더하여 끓여 얻은 결정.
[14] 저본에는 "蕎麥花"에 해당하는 기사가 없음. 오사카본·규장각본·고대본에 근거하여 보충.
[15] 撥:《遵生八牋·飮饌服食牋·甜食類》에는 "潑".
[16] 于其中:《和漢三才圖會·造醸類·求肥糖》에는 "末".

되었을 때 습이(濕飴, 물엿) 2.5근을 넣고 다시 고아 반으로 줄면 완성된 것이다.

밀가루를 안반(案盤)44에 뿌린 다음 위의 반죽을 펴서 3일 정도 식기를 기다린다. 이를 먹과 같은 모양으로 잘라 밀가루를 뿌리고 그릇에 담으면 연하고 감미로운 최상품이 된다.

또 다른 방법 : 찹쌀가루 1승, 옥설탕 1승을 물 6승으로 달인 다음 불순물을 없앤다. 찹쌀가루를 고는데, 모두 6/10 정도 되었을 때 습이 2.5근을 넣고 다시 고아서 완성시킨다. 나머지는 앞의 방법과 같으며 이는 중품이다. 맛은 비록 감미롭지만 조금 딱딱하다.

【안 이하의 내용은 모두 일본식 제조법이다】

12-11) 가수저라(加須底羅, 카스테라)

화한삼재도회45 깨끗한 밀가루 1근, 백설탕 2근을 계란 8개의 노른자[內汁]와 반죽한다. 동(銅)으로 된

半日許, 成七分時, 入濕飴二斤半, 再煉爲半分卽成. 撒麪於板盤, 攤之, 待冷三日許. 切如墨形, 而糝麪盛器, 最爲上品軟甘美.

又法 : 用糯粉一升、玉沙糖一升[17], 以水六升煎, 去埃, 煉糯粉, 凡成六分時, 入濕飴二斤半, 再煉之成. 餘同前法, 乃中品也. 雖甘美, 稍硬.
【案 已下竝倭造法】

加須底羅

又 淨麪一斤、白沙糖二斤, 用鷄卵八箇內汁溲和. 以

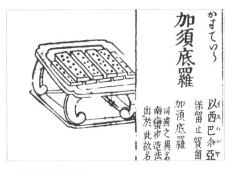

가수저라(《왜한삼재도회》)

---

44 안반(案盤) : 떡을 칠 때 쓰는 나무판.
45 《和漢三才圖會》卷105〈造醸類〉"加須底羅"(《倭漢三才圖會》12, 334쪽).
[17] 升 :《和漢三才圖會·造醸類·求肥糖》에는 "斤".

노구솥에 반죽을 넣고 숯불로 달여 황색이 되면 대나무침으로 오목한 구멍을 내서 불기운이 안으로 들어가게 한다. 그런 뒤 꺼내어 잘라서 쓰면, 최상품이다.

銅鍋炭火熬, 令黃色, 用竹針爲窠孔, 使火氣透於中, 取出切用, 最爲上品.

12-12) 아류평당(阿留平糖)

화한삼재도회 [46] 만드는 방법은 아래의 발석당(浡石糖)과 같으며, 둥근 모양이 호두와 같다.

阿留平糖

又 與浡石糖同, 而狀團如胡桃[18].

12-13) 인삼당(人蔘糖)

화한삼재도회 [47] 발석당이 아직 엿과 같은 상태가 되기 전에, 홍화의 누런 즙을 섞고 식힌 다음 길이 0.2~0.3척으로 자른다. 그 모양과 빛깔이 대략 인삼과 비슷하거나 또는 호박색과 비슷하면 가장 좋은 제품이다.

人蔘糖

又 浡石糖未成如飴時, 和紅花黃汁冷定, 切長二三寸. 形色略似人蔘, 又似琥珀色, 最佳品.

《오잡조(五雜組)》[48]에 "호박당(琥珀糖)은 색이 호박과 같다."[49]라 하였는데, 이는 지금의 인삼당(人蔘糖)이다. 또 "왜사당(倭絲糖)은 그 가늘기가 대나무실[竹絲]과 같고 묶어서 타래를 만들어 먹는데, 볶은 밀가루의 향이 난다."[50]라 하였는데, 이는 바로 지금의 아류평당(阿留平糖)이다.

《五雜粗》云"琥珀糖, 色如琥珀", 卽今之人蔘糖, 又云:"倭絲[19]糖, 其細如竹絲, 而扭成團食之, 有焦麵氣", 乃今之阿留平糖.

---

46 《和漢三才圖會》卷105〈造釀類〉"浡石糖"(《倭漢三才圖會》12, 335쪽).
47 《和漢三才圖會》卷105〈造釀類〉"浡石糖"(《倭漢三才圖會》12, 335~336쪽).
48 오잡조(五雜組) : 중국 명(明)나라 시인 사조제(謝肇淛, 1567~1624)가 지은 책으로, 천(天)·지(地)·인(人)·물(物)·사(事)의 다섯 부분으로 구성되어 있으며 내용은 수필·독서록·사회·정치 등을 포괄하고 있다.
49 호박당(琥珀糖)은……같다 :《五雜組》卷11〈物部〉.
50 왜사당(倭絲糖)은……있다 :《五雜組》, 위와 같은 곳.
[18] 胡桃 :《和漢三才圖會·造釀類·浡石糖》에는 "胡桃筋起".
[19] 絲 : 저본에는 沙. 오사카본·규장각본·고대본·《和漢三才圖會·造釀類·浡石糖》에 근거하여 수정.

12-14) 발석당(浡石糖)

화한삼재도회 [51] 빙사당(氷沙糖)[52] 1근을 동으로 된 노구솥에 넣고 물 0.4승으로 달인다. 계란 1개를 가져다 노른자를 버리고 흰자만 넣으면 설탕의 불순물이 떠오른다. 이 불순물을 걷어서 버리면 사당밀(沙糖蜜)이 된다. 이를 식히면 당즙이 엿과 같이 굳는다. 두 사람이 이를 마주잡고 당기면 깨끗하고 하얀 것이 엿의 힘줄인 듯이 늘어난다. 이를 둥글게 자를지 곧게 자를지는 임의대로 정하여 만든다.

12-15) 당화(糖花)

화한삼재도회 [53] 덩어리가 큰 백설탕으로 앞의 방법과 같이 계란을 넣어 만든다. 여기에 밀가루를 조금 넣고 고(膏)처럼 살짝 달인다. 따로 동으로 된 노구솥에 참깨를 볶은 다음 위의 당고(糖膏)를 천천히 넣으면 참깨 한 알마다 당고 옷이 입혀지는 것도 하나의 신기한 일이다. 불의 세기는 중간불로 해야 한다. 손가락으로 참깨반죽을 뭉쳐 모양을 만든다. 노구솥바닥에 눌어붙은 설탕가루를 긁고 거친 가루를 취하여 쌀가루모양처럼 되도록 살짝 뒤적인다.

다음으로 당고를 넣어 뭉쳐서 둥근 환으로 만들면 덩이의 겉에 자잘한 돌기들(당설가루)이 묻어난다.

浡石糖

[又] 氷沙糖一斤, 以銅鍋, 水四合煎. 取鷄卵一箇, 去黃以白汁投之, 則沙糖塵浮起. 扱去其塵, 爲沙糖蜜, 冷定則糖汁凝如飴. 兩人對牽之, 潔白如餳筋起, 切之曲直, 任意造之.

糖花[20]

[又] 用大白沙糖, 如前法, 以鷄卵製, 入麪少許, 略煎如膏. 別以銅鍋, 熬胡麻于中, 徐入上件糖膏, 則胡麻每一粒被衣, 亦一奇也. 火之文武, 宜得其中. 以指搏之, 所粘着於鍋底之糖屑, 刮取粗末, 令如米屑略轉之.

次入糖膏而搏爲團丸, 則生細瘟瘟, 似石龍芮子而

---

51 《和漢三才圖會》卷105〈造釀類〉"浡石糖"(《倭漢三才圖會》12, 335쪽).

52 빙사당(氷沙糖) : 겉모양이 얼음 조각처럼 생긴 설탕.

53 《和漢三才圖會》卷105〈造釀類〉"浡石糖"(《倭漢三才圖會》12, 336쪽).

[20] 糖花 : 저본에는 "糖花"에 해당하는 기사가 없음. 오사카본·규장각본·고대본에 근거하여 보충.

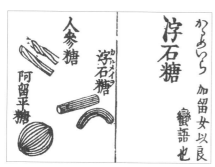
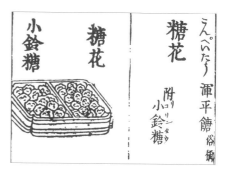

발석당·인삼당·아류평당(《왜한삼재도회》)　　　　　　당화(《왜한삼재도회》)

이는 개구리자리[石龍芮][54]의 씨와 같이 생겼으면서
아주 희다. 나가사키[長崎] 사람들이 가장 잘 만들고
교토[京師]와 오사카[坂陽]에서도 만들지만 그보다는
조금 못하다【안 중국의 화당(花糖)[55]은 5가지 색을
물들여 꽃의 색을 본 땄으나 맛과 모양과 질은 모두
일본산에 못 미친다】.

潔白也. 長崎人最能之,
京師、坂陽亦作之, 稍劣
矣【案 中國花糖, 點五采
以象花色, 然味與形質, 俱
不及倭造】.

54　개구리자리[石龍芮] : 쌍떡잎식물 미나리아재비목의 식물 종. 낮은 지대의 논과 개울 등지에서 자란다. 높
이 30~60cm이다.

55　화당(花糖) : 음력 12월 23일 밤, 조왕신(竈王神, 부뚜막신)에게 바치는 엿. 5가지 색으로 꾸민 엿인 듯하다.

3. 포과(脯菓, 말린과일)

脯菓

1) 총론

總論

말린 고기를 '포(脯)'라고 하지만 과실을 말린 것도 '포(脯)'라 한다. 이는 얇게 쪼개서 볕에 말린 과일이 고기로 만든 음식에 말린 포가 있는 것과 같기 때문이다. 말리고 나서 가루 낸 것을 '과유(菓油)'·'과면(菓麵)'이라고 한다【안 과유와 과면은 모두 건구류(乾糗類, 구면지류)에 보인다[1]】.

乾肉曰"脯", 而菓之乾者亦謂之"脯", 爲其薄析曝燥, 如肉之有脯也. 旣乾而屑之曰"菓油"、"菓麵"【案 菓油、菓麵, 竝見乾糗類】.

가루 낸 것을 꿀로 반죽하여 찍어낸 것을 '과병(菓餅)'이라고 한다. 우리나라 사람들은 이것을 '다식(茶食)'이라고 한다. 다식이란 차를 마실 때 먹는 음식을 말한다. 이 몇 가지는 모두 볕에 말려서 만드는 것으로 형태는 다르지만 종류는 같다. 《옹치잡지》[2]

旣屑而蜜溲摸印, 曰"菓餅". 東人謂之"茶食". 茶食者, 茶菓食品之謂也. 是數者, 皆須曬曝而成, 二形而一類者也. 《饔饎雜志》

2) 행포(杏脯, 살구포) 만들기(행포방)

杏脯[1]方

생 살구는 볕에 포로 말려 건과(乾菓, 말린과일)를 만들어 먹을 수 있다. 《본초연의(本草衍義)》[3][4]

生杏可曬脯作乾菓食之. 《本草衍義》

1　과유와……보인다 : 《임원경제지 정조지》권2〈볶거나[糗] 가루 내어[麵] 만든 음식(구면지류)〉"미숫가루".
2　출전 확인 안 됨.
3　본초연의(本草衍義) : 중국 송(宋)나라 구종석(寇宗奭, ?~?)이 지은 본초서. 약재 감별과 약물 응용 방면에 대하여 오랫동안 실전에서의 경험을 근거로 하여 《가우보주신농본초(嘉祐補注神農本草)》가운데에서 풀이가 완벽하지 않은 470종의 약물을 상세하게 분석 논술하였다.
4　《本草綱目》卷29〈果部〉"杏", 1729쪽.
[1]　脯 : 저본에는 "餔". 일반적인 용례에 근거하여 수정.

3) 이건(李乾, 자두말랭이) 만들기(이건방)

백리(白李) 만드는 법 : 여름에 나는 자두를 쓴다. 색이 노래지면 바로 따서 소금 속에서 비빈다. 소금기가 스며들어 즙이 나온 뒤에 소금과 같이 볕에 말려 숨이 죽게 했다가 손으로 눌러 납작하게 한다. 이를 다시 볕에 말리고 매우 납작하게 한 다음에야 그친다. 볕을 쬐어 말린 백리는 술 마실 때 끓는 물을 끼얹은 다음 물을 걸러 꿀 속에 넣으면 술안주로 상에 올릴 수 있다. 《왕정농서》[5]

李乾方

作白李法 : 用夏李. 色黃便摘取, 於鹽中挼之. 鹽入汁出, 然後合鹽曬令萎, 手捻之令扁. 復曬, 極扁乃止. 曬使乾, 飲酒時以湯澆之, 漉著蜜中, 可以薦酒. 《王氏農書》

4) 매포(梅脯, 매실포) 만들기(매포방)

백매(白梅) 만드는 법 : 매실이 시고 씨가 처음 생길 때 따다가 밤에는 소금물에 담그고 낮에는 볕을 쬔다. 일반적으로 10일 동안 만드는데, 물에 10번 담갔다가 볕에 10번 말리면 바로 완성된다. 음식[調鼎]의 양념[和齏][6]이라서 넣어야 할 곳에 많이 넣는다. 《제민요술》[7]

梅脯方

作白梅法 : 梅子酸, 核初成時摘取, 夜以鹽汁漬之, 晝則日曬. 凡作十宿, 十浸十曬[2]便成矣. 調鼎和齏, 所在多入. 《齊民要術》

청매실을 소금물에 담그되, 낮에는 볕에 말리고 밤에는 소금물에 담그기를 10일 밤낮으로 하면 백매(白梅)가 된다. 또 꿀로 달이거나 설탕에 절여 과줄

梅實靑者, 以鹽漬之, 日曬夜漬, 十晝夜爲白梅[3]. 亦可蜜煎糖藏以充果飣. 《本

---

5 《王禎農書》〈百穀譜〉"果屬" '李', 129쪽.
6 음식[調鼎]의 양념[和齏] : 정(鼎)은 삶는 도구이므로 여기서는 생선이나 고기를 삶아 만든 좋은 음식을 의미한다. 또 화제(和齏)는 《제민요술》권8의 팔화제(八和齏, 마늘·생강·귤·백매·익힌 밤·멥쌀밥·소금·식초로 만든 음식)와 같이 채소를 다져 조미하여 먹는 음식을 말한다. 《齊民要術校釋》, 284쪽 참조.
7 《齊民要術》卷36〈種梅杏〉(《齊民要術校釋》, 281쪽).
[2] 十曬 : 저본에는 "十日". 규장각본·고대본·《齊民要術·種梅杏》에 근거하여 수정.
[3] 梅 : 저본에는 없음. 《本草綱目·果類·梅》에 근거하여 보충.

[果飣]로 쓸 수 있다. 《본초강목》[8]

草綱目》

5) 도포(桃脯, 복숭아포) 만들기(도포방)

　풋복숭아를 편으로 썰고 데친 뒤 볕에 말려 포를
만들면 과줄[果食]로 쓸 수 있다. 《본초강목》[9]

桃脯方

生桃切片瀹過, 曬乾, 可充
果食. 《本草綱目》

6) 조포(棗脯, 대추포) 만들기(조포방)

　대추말랭이 만드는 법 : 땅을 깨끗하게 손질하고
줄풀로 만든 발 같은 종류를 여기에 펴놓고서 대추
를 넌다. 낮에는 볕에 말리고 밤에는 이슬을 맞히면
서 문드러진 대추는 가려서 버리고 볕에 말려 거두
어둔다. 잘라서 볕에 말린 것을 '조포(棗脯)'라 한다.
푹 삶아서 짜낸 것을 '조고(棗膏)'라 하고, '조양(棗瓤)'
이라고도 한다. 푹 찐 것은 '교조(膠棗)'라 한다. 설탕
과 꿀을 더하고 섞어 찌면 더욱 달다. 참기름·참깨
잎을 넣어 함께 달이면 색이 더욱 반짝인다. 조교(棗
膠, 교조)를 빨아서 볕에 말린 것은 '조유(棗油)'라 한
다. 《이씨식경(李氏食經)[10]》[11]

棗脯方

作乾棗法 : 須治淨地, 鋪
菰箔之類承棗. 日曬夜露,
擇去胖爛, 曝乾收之. 切
而曬乾者爲"棗脯". 煮熟榨
出者爲"棗膏", 亦曰"棗瓤"
蒸熟者爲"膠棗". 加以糖、
蜜拌蒸則更甜. 以麻油、葉
同煎, 則色更潤澤. 擣棗
膠曬乾者爲"棗油". 《李氏
食經》

　청주(靑州)[12] 사람들은 대추에서 껍질과 씨를 제거
하고 불에 쬐어 말려 '조포(棗脯)'라고 하는데, 이를
특별한 과일로 친다. 《본초연의》[13]

靑州人, 以棗去皮核, 焙乾
爲"棗脯", 以爲奇果. 《本
草衍義》

8　《本草綱目》卷29〈果類〉"梅", 1736쪽.

9　《本草綱目》卷29〈果部〉"桃", 1741쪽.

10　이씨식경(李氏食經) : 신원 미상의 이씨(李氏)라는 인물이 쓴 식경(食經, 음식조리서). 이 외에도 최호(崔
　　浩)·축훤(竺暄)·회남왕(淮南王)·신농(神農) 등의 식경이 전한다.

11　《本草綱目》卷29〈果部〉"棗", 1755~1756쪽.

12　청주(靑州) : 중국의 산동성(山東省) 청주시(靑州市) 일대.

13　《本草綱目》卷29〈果部〉"棗", 1755쪽.

7) 이화(梨花, 배말랭이) 만들기(이화방)

중국 서부 지방의 배가 생산되는 곳에서는 칼로 껍질을 벗기고 쪽을 내서 불에 쬐어 말린 것을 '이화(梨花)'라고 한다. 일찍이 공납에 충당하던 물품의 하나였으니, 실로 좋은 과줄이다.《왕정농서》[14]

梨花方

西路産梨處, 用刀去皮, 切作瓣子, 以火焙乾, 謂之"梨花", 嘗充貢獻, 實爲佳果.《王氏農書》

8) 내포(柰脯, 사과포) 만들기(내포방)

인도[西方]에는 사과가 많아 사과를 거두고 썰어서 볕에 말려 포를 만들었다. 이 사과[柰]를 저장하여 양식[糧]으로 삼고, 이를 '빈파량(頻婆[15]糧)'이라고 불렀다.《광지(廣志)[16]》[17]

柰脯方

西方多柰, 收切曝乾作脯, 蓄積爲糧, 謂之"頻婆糧".《廣志》

9) 시건(柹乾, 곶감) 만들기(시건방)

큰 감은 껍질을 벗기고 납작하게 눌러 낮에는 볕에 말리고 밤에는 이슬을 맞힌다. 마르면 옹기 안에 넣었다가 표면에 흰 서리 같은 물질이 생긴 뒤에야 꺼낸다. 요즘 사람들은 '시병(柹餠)'이라 하고, '시화(柹花)'라고도 한다. 그 표면에 생긴 서리[霜] 같은 물질을 '시상(柹霜)'이라고 한다.《본초강목》[18]

柹乾方

大柹去皮捻扁, 日曬夜露, 至乾, 內甕中, 待生白霜乃取出. 今人謂之"柹餠", 亦曰"柹花", 其霜謂之"柹霜".《本草綱目》

백시(白柹)는 떫은 감을 가지째로 볕에 말리거나 혹은 실에 매달아 볕에 말린 곶감이다. 처음에 메밀

白柹, 用澁柹連枝曝乾, 或繫絲曬乾. 初用蕎麥

---

14 《王氏農書》〈百穀譜〉 "果" '梨' 126쪽.

15 빈파(頻婆) : 산스크리트어의 음차로 중국어로 사과를 뜻한다.

16 광지(廣志) : 중국 양(梁)나라의 곽의공(郭義恭, ?~?)이 편찬한 책으로, 중국 각지의 산물과 식물·동물·광물에 대해 기록했다. 원본은 유실되고,《제민요술》·《본초강목》등 여러 책에 내용이 남아 있다.

17 《本草綱目》卷30〈果類〉 "柰", 1776쪽.

18 《本草綱目》卷30〈果類〉 "白柹", 1779쪽.

짚이나 볏짚으로 싸서 재워야 시상(柹霜)이 잘 생긴다.《화한삼재도회》[19]

稭④、稻藁包宿, 乃能生霜.《和漢三才圖會》

곶감은 영남의 풍기(豐基)[20]에서 나는 것이 가장 육질이 매끄럽고 시상(柹霜)이 많기로 최고이다. 달고, 소화가 잘되며, 맛이 좋아 다른 지방의 곶감은 어느 것도 이에 미칠 수가 없다.

柹乾, 嶺南 豐基者爲最肉膩霜繁, 甘消可口, 他産莫能及也.

지금 한 가지 방법을 다음과 같이 창안해 본다. 물감[水柹][21]이 곧 익으려고 하지만 아직 홍시가 되지 않았을 때 딴 뒤 눌러 짜서 껍질과 씨를 제거하고 뻑뻑한 즙을 취한다. 따로 눈처럼 흰 벌꿀을 달구어 익혀 계핏가루·산촛가루를 섞은 다음 이를 감즙 속에 조금씩 부어 넣고 한참 동안 고루 저어 섞는다. 놋쟁반 위에 이 감즙을 얇게 펴되 두께는 0.03~0.04척이 되게 한다. 찬 곳에 가만히 두었다가 굳어지면 칼로 사방 0.2척 크기의 정(錠)으로 썬다.

今創一法 : 水柹將熟未爛時摘下, 笮去皮核取稠汁. 另用雪白蜂蜜煉熟, 調桂、椒之屑, 旋旋灌入于柹汁中, 攪均良久. 薄布于鍮盤上, 令厚三四分, 放頓冷處, 待凝定, 刀切方二寸大錠.

또는 동권(銅圈)에 찍어내어 둥근 떡모양을 만든다. 이를 깨끗한 대그릇 안에 메밀짚 1층, 이 시병(柹餠) 1층 식으로 깔면서 층층이 쟁여 넣는다. 덮개를 덮어 찬 곳에 두고 3~5일 밤을 묵혔다가 꺼내면 하나하나 시상이 생겨 달고 연하며 매끄럽고 맛이 좋아 참으로 최고의 시병이다.《옹치잡지》[22]

或用銅圈印脫, 作圜餠, 淨籠內, 鋪蕎麥稭一層, 柹餠一層, 層層裝入. 蓋定置冷處, 三五宿出之, 則个个生霜, 甘輭膩美, 允爲絶品柹餠也.《饔饎雜志》

---

19 《和漢三才圖會》卷87〈山果類〉 "白柹"(《倭和漢三才圖會》10, 385쪽).
20 풍기(豐基) : 경상북도 영주시 풍기읍(豐基邑) 일대.
21 물감[水柹] : 수분이 많고 맛이 단 감.
22 출전 확인 안 됨.
④ 稭 : 저본에는 없음. 규장각본·고대본·《和漢三才圖會·山果類·白柹》에 근거하여 보충.

10) 유포(柚脯, 유자포) 만들기(유포방)

유자는 알맹이와 씨를 파내고 말장(末醬, 된장)즙에 찹쌀가루를 반죽한 다음 참깻가루·비잣가루·산촛가루 등을 합하여 유자껍질 안에 채워 넣는다. 이를 묽은 장유(醬油, 간장)에 푹 삶아서 판에 편 다음 판으로 서서히 눌렀다가 볕에 말리고 거두어 둔다. 《화한삼재도회》[23]

柚脯方

柚子穿去瓣核, 用末醬汁溲糯粉, 合胡麻、榧、椒等屑, 塡入柚皮內[5]. 淡醬油煮熟, 攤于板, 以板徐徐壓之, 曬乾收之.《和漢三才圖會》

11) 율건(栗乾, 밤말랭이) 만들기(율건방)

건율(乾栗, 밤말랭이) 만드는 법 : 미리 구덩이를 파고 위를 섶으로 덮은 뒤 그 위를 진흙으로 발라 땅위로 높이 솟게 한다. 옆으로 작은 구멍을 뚫어 저절로 떨어지는 밤을 주울 때마다 그 구멍으로 던져 넣는다. 줍는 대로 바로바로 던져 넣어 구덩이에 가득 차고서야 비로소 꺼내어 볕에 말리면 껍질이 쉽게 벗겨지고 맛이 감미롭다.《행포지(杏蒲志)[24]》[25]

栗乾方

作乾栗法 : 預作坑, 上覆柴薪, 塗泥令高突, 傍穿小穴, 每拾自零栗投之, 旋拾旋投, 滿坑, 始取出曬乾, 則皮易脫, 味甘美.《杏蒲志》

자루에 생밤을 담고 매달아 말린다. 일반적으로 바람에 말린 밤이 볕에 말린 밤보다 낫고, 불에 굽거나 기름에 볶은 밤이 삶거나 찐 밤보다 낫다.《본초강목》[26]

以袋盛生栗懸乾. 蓋風乾之栗勝于日曝, 而火煨、油炒勝於煮蒸.《本草綱目》

---

23 《和漢三才圖會》卷87〈山果類〉"白柿"(《倭漢三才圖會》10, 404쪽).

24 행포지(杏蒲志) : 서유구가 1825년(순조 25)에 지은 농서. 농지 경영과 구체적인 농사법에 대해 서술했다. 여기에 수록된 내용 대부분은《임원경제지 본리지》를 비롯하여 농사와 관련된 다른 지(志)들에 실려 있다.

25 《杏蒲志》卷3〈果蓏〉"種栗"(《農書》36, 175쪽).

26 《本草綱目》卷29〈果部〉"栗", 1753쪽.

5 塡入柚皮內 :《和漢三才圖會·山果類·白柿》에는 "充空柚".

건율 중에 껍질과 과육이 서로 붙어 쉽게 떨어지지 않는 밤은 참기름에 적셔 쟁개비 안에다 볶으면 껍질이 저절로 쉽게 떨어진다. 소주에 백밀을 타서 4~6시간 정도 담가두었다가 건져내어 거른 다음 젖은 베수건에 싼다. 이를 모루[鐵砧]²⁷ 위에 두고 쇠공이로 두드려 동전처럼 납작하고 얇게 만든다. 이것을 먹으면 달고 연한 맛이 특이하다. 《옹치잡지》²⁸

乾栗之皮肉相黏不易脫者, 蘸芝麻油, 銚內炒之, 則皮自易脫也. 燒酒調白蜜, 浸淹三兩時, 漉出, 濕布巾裹, 着置鐵砧上, 以鐵槌槌之, 令匾薄如錢, 啖之甘頓忒異. 《饔饎雜志》

12) 매화포(梅花脯, 산밤포·감람포) 만들기(매화포방)

산밤·감람열매를 얇게 자르고 말려서 같이 먹으면 매화(梅花)와 같은 운치가 있으므로 '매화포(梅花脯)'라 했다. 《산가청공》²⁹

梅花脯方

山栗、橄欖、薄切同食⑥, 有梅花風韻, 名"梅花脯". 《山家淸供》

13) 건율다식(乾栗茶食)³⁰ 만들기(건율다식방)

건율을 빻고 체로 쳐서 가루 낸 뒤, 백밀에 반죽하여 목권(木圈, 나무다식판)으로 찍어낸다.

【안】 목권을 만들 때는 길이 1.5척, 너비 0.2~0.3척 정도가 되는 황양목(黃楊木)³¹을 윤이 나고 깨끗하게 손질한다. 이를 칼로 깎아서 직경 0.1척 되는 6~7개의 홈을 만든다. 그 다음 각각의 둥근 홈바닥

乾栗茶食方

乾栗擣羅爲粉, 用白蜜溲爲劑, 木圈⑦印出.

【案】 木圈之制, 用黃楊木長可一尺半, 廣可數三寸者, 治令光淨, 以刀剜作六七徑寸陷, 圈底刻花鳥、

---

27 모루[鐵砧] : 대장간에서 쇠를 두드릴 때 받침으로 쓰는 쇳덩이.

28 출전 확인 안 됨.

29 《山家淸供》 卷下〈梅花脯〉(《叢書集成初編》1473, 21쪽).

30 건율다식(乾栗茶食) : 밤말랭이의 가루로 만든 다식(茶食). 다식은 밤가루·송화가루·콩가루·녹말가루·참깻가루 또는 볶아서 말린 멥쌀가루 등을 꿀에 반죽하여 무늬가 새겨진 다식판에 찍어 만든 음식이다. 신라 시대와 고려 시대에 널리 성행했던 차 마시는 풍습과 함께 생겨난 한과로, 제향(祭享)에는 반드시 쓰였다.

31 황양목(黃楊木) : 회양목과에 딸린 늘푸른좀나무. 키가 7m에 이르는 것도 있는데, 잎은 타원형이며 두껍다. 봄에 자잘한 노란 꽃이 잎사귀에서 피고, 여름에 콩알만 한 열매를 맺는다.

⑥ 食 : 《山家淸供·梅花脯》에는 "拌加鹽少許".

⑦ 圈 : 《增補山林經濟·餠麪諸品·乾栗茶食法》에는 "板".

사진13 목권

에는 꽃과 새, 칠보(七寶) 등의 모양을 새긴다. 다식
의 반죽이 다 되면 바로 반죽하고 남은 마른 가루를
홈 안에 뿌려 반죽이 달라붙지 않게 하고, 이어서
꿀로 반죽한 덩이를 홈 안에 채워 넣고, 손으로 꾹
꾹 다져준다. 이를 도마 위에 올려 뒤집고서 2~3번
정도 두드리면 낱낱이 떨어져 나온다. 다식 위에는
꽃과 새, 칠보의 문양이 찍혀 있다】

　만약 건율(乾栗)이 없으면 생율(生栗)을 칼로 나뭇
잎처럼 얇게 저민 다음 볕에 바싹 말린 뒤, 이를 빻
고 가루 내어 쓰면 맛이 더 좋다. 《증보산림경제》[32]

七寶等形. 溲劑旣成, 卽以
溲餘乾粉, 糝于圈內, 令不
粘, 仍以蜜溲之劑塡入圈
內, 用手築實. 就俎案上,
翻敲數三次, 則个个脫出,
上印花鳥、七寶之紋】

如無乾栗, 生栗飛刀薄削
如葉, 曬極乾, 擣作粉尤
佳. 《增補山林經濟》

14) 송황다식(松黃茶食, 송화가루다식) 만들기(송황 다식방)

松黃茶食方

　송화는 피었는가 싶으면 바로 꽃가루가 날려 떨
어지므로 거두기가 어렵다. 그러니 막 피려고 하면
가지째로 꺾어 깨끗한 자리 위에 펴고 볕에 말린다.

松花開, 旋飛落難收, 待
欲開時, 連枝折, 下布淨席
上曬之. 取自落花, 水飛曬

---

32 《增補山林經濟》卷8〈餠麪諸品〉"乾栗茶食法"(《農書》4, 39쪽).

사진14 송황다식

저절로 떨어지는 꽃을 취하고 수비(水飛)[33]한 뒤, 볕에 말렸다가 꿀에 반죽하여 위와 같은 방법으로 찍어낸다.《증보산림경제》[34]

임홍(林洪)[35]의《산가청공(山家淸供)》에서 다음과 같이 말했다. "한가할 때 진평사(陳評事)[36]를 방문하였다. 술을 한 잔 하고 있는데, 아이 둘이 나와서는 도잠(陶潛)[37]의〈귀거래사(歸去來辭)〉[38]를 부르며 송황병(松黃餅, 송화다식)을 안주로 내오니, 사람으로 하여금 시원하게 산림의 흥취를 일으키게 했다. 봄이 와서 송화가 누렇게 피면 이걸 가지고 떡모양으로 찍어 만든다. 향과 맛뿐만이 아니라 몸에 유익함도 있다."[39]

소공(蘇恭)[40]의《당본초(唐本草)》[41]에도 "송화에는 몸을 가볍게 하고 병을 치료하는 효능이 있어서

乾, 蜜溲摸印如上法.《增補山林經濟》

林洪《山家淸供》云:"暇日訪陳評事[8]. 留飮, 出二童歌淵明〈歸去來辭〉, 以松黃餅佐酒, 使人灑然起山林之興. 春來[9]松花黃, 摸作餅狀, 不惟香味, 亦有所益[10]."

蘇恭《唐本草》亦稱:"其有輕身療病之功, 勝似[11]

---

33 수비(水飛) : 곡식의 가루나 그릇을 만드는 흙 따위를 물속에 넣고 휘저어 잡물을 없애는 일.

34 《增補山林經濟》卷8〈餠麪諸品〉"松黃茶食法"(《農書》4, 39쪽).

35 임홍(林洪) : ?~?. 중국 남송(南宋)의 시인. 요리책인《산가청공(山家淸供)》의 저자.

36 진평사(陳評事) :《산가청공》에 "대리시(大理寺) 평사(評事) 진추암(陳秋巖)"이라고 기재된 대로라면 형옥을 담당하던 대리시의 평사인 추암(秋巖) 진공(陳公)인데, 자세한 사항은 확인되지 않는다.

37 도잠(陶潛) : 365~427. 중국 동진(東晉)의 시인. 자(字)는 무량(无亮), 호는 오류선생(五柳先生). 일명 연명(淵明). 41세 때 팽택(彭澤) 현령(縣令)을 끝으로 벼슬하지 않고 글을 쓰며 살았다. 그의 시 뿐 아니라《오류선생전(五柳先生傳)》·《도화원기(桃花源記)》등 산문도 유명하다.

38 귀거래사(歸去來辭) : 도잠이 지은 사(辭). 41세 때 관직을 버리고 고향인 시골로 돌아오는 심경을 읊은 시로, 세속과의 결별을 진술한 선언문이기도 하다.

39 한가할……있다《山家淸供》〈松黃餠〉(《叢書集成初編》1473, 8~9쪽).

40 소공(蘇恭) : 599~674. 중국 당(唐)나라의 의학자. 본래 이름은 소경(蘇敬)인데 개명했다.《당본초(唐本草)》의 저자이다.

41 당본초(唐本草) : 중국 당(唐)나라 소경(蘇敬) 등이 659년에 지은《신수본초(新修本草)》.《본초경집주(本草經集注)》를 바탕으로 삼고 더 나아가 수(隋)·당(唐) 이래의 새로운 약물을 덧붙이고 잘못된 부분들을 바로잡아 다시 엮은 것이다.

[8] 陳評事 :《山家淸供·松黃餠》에는 "大理寺秋巖陳評事".

[9] 來 :《山家淸供·松黃餠》에는 "末取".

[10] 有所益 :《山家淸供·松黃餠》에는 "能壯顏益志".

[11] 勝似 :《本草綱目·木部·松》에는 "未必勝".

사진15 포황다식

껍질이나 잎 및 송진처럼 그 약효가 우수하다."[42]라 했다. 옛날 사람들이 이 송화다식을 귀하고 소중하게 여긴 까닭은, 이것이 이와 같이 산림의 고아한 음식으로 상에 올릴 만하기 때문이다. 그러나 송황은 오렵송(五鬣松)[43]의 꽃가루가 좋다. 이 꽃 가루는 색은 약간 더 희고 맑은 향은 2배이다.

우리나라에서는 회양(淮陽)[44]에서 나는 송화가 마땅히 천하제일이다. 꿀로 반죽할 때 설탕가루를 약간 넣으면 더욱 좋다. 포황(蒲黃)[45]도 이 방법에 따라 만들 수 있다.《옹치잡지》[46]

15) 거승다식(巨勝茶食, 흑임자다식) 만들기(거승다식방)

검은깨(흑임자)를 9번 찌고 9번 볕에 말려 거친 껍질을 비벼 벗긴 다음, 고소한 향이 나도록 볶아 이를 빻고 체로 친다. 앞의 방법과 같이 꿀을 섞고 목권에 찍어내서 먹으면 눈을 밝게 하고 수명을 늘린다【안 찍어낼 때는 먼저 백설탕가루를 꽃이나 새 문양틀 안에 채워 넣은 후에, 비로소 참깨반죽을 넣어 찍어내면, 검은 바탕에 흰 무늬가 아낄 만하다】.《증보산림경제》[47]

皮葉及脂."昔人之珍重此果, 詑爲山林雅供如是矣. 然松黃以五鬣松華爲勝, 色微白, 清香倍之.

我東淮陽産者, 當爲天下第一也. 蜜溲時, 略入沙糖屑則尤佳. 蒲黃亦可倣此法造.《饔饌雜志》

巨勝茶食方

黑胡麻九蒸九曝, 挼去粗皮, 炒香擣篩. 和蜜摸印[12]如前法, 明目延年【案 摸印時, 先以白沙糖屑, 塡入花鳥紋內, 然後始入胡麻印脫, 則黑質白紋可愛】.《增補山林經濟》

---

42 몸을……우수하다 :《本草綱目》卷34〈木部〉"松" '松花', 1922쪽.
43 오렵송(五鬣松) : 한 촉에 다섯 잎이 나는 소나무.
44 회양(淮陽) : 강원도 회양군(淮陽郡) 일대. 북한에 속해 있다.
45 포황(蒲黃) : 부들과에 속하는 여러해살이 초본식물인 부들의 꽃가루.
46 출전 확인 안 됨.
47 《增補山林經濟》卷8〈餅麪諸品〉"胡麻茶食法"(《農書》4, 39쪽).
[12] 和蜜摸印:《增補山林經濟·餅麪諸品·胡麻茶食法》에는 "爲末造法".

16) 상자다식(橡子茶食, 도토리다식) 만들기(상자다식방)

도토리[橡子]는 껍질을 벗기고 솥이나 삼발이솥의 물에 담가 푹 삶은 뒤 건져내어 깨끗한 동이 안에 담고 새로 길어온 물에 3~5일간 담가둔다. 이때 여러 차례 물을 갈아 주어 그 떫은맛을 제거한다. 이를 볕에 말려 빻고 체로 쳐서 가루 낸 뒤, 꿀에 반죽하여 떡모양으로 찍어낸다. 장(腸)을 튼튼하게 하고 사람을 살찌게 하며 흉년[歉歲]의 허기를 막을[禦] 수 있어 '어겸병(禦歉餅)'48이라 할 만하다. 《옹치잡지》49

橡子茶食方

橡子去殼, 鼎鐺內水淹煮熟, 漉出盛淨盆中, 新水浸沒三五日, 屢換水, 去其澁味. 曝乾擣羅爲粉, 蜜溲摸印爲餅. 厚腸肥人, 可禦歉歲, 可名"禦歉餅". 《饔饌雜志》

17) 녹두분다식(綠豆粉茶食, 녹두가루다식) 만들기
(녹두분다식방)

녹두를 물에 담갔다가 간 뒤 맑게 가라앉히고 걸러 가루 낸다. 이를 오미자즙에 담갔다가 얇게 펴서 볕에 말린다. 다시 연지 조금을 넣어 붉은색을 내고 백밀·설탕가루를 섞어 떡모양으로 찍어내면 그 색이 연홍색이므로 '홍옥병(紅玉餅)'이라 부를 만하다. 칡가루·고사리가루·연근가루·고구마가루는 모두 이 방법에 따라 만들 수 있다. 《옹치잡지》50

綠豆粉茶食方

綠豆水泡磨, 澄濾爲粉, 以五味子汁漬之, 薄布曬乾. 更入些臙脂設色, 和白蜜、沙糖屑, 摸印爲餅, 其色嫣紅, 可名"紅玉餅". 葛粉、蕨粉、藕粉、甘藷粉, 皆可倣此法造. 《饔饌雜志》

18) 산약다식(山藥茶食, 마다식) 만들기(산약다식방)

생 마[薯蕷]를 쪄서 껍질을 벗긴 뒤 깨끗한 살을 가져다 곱게 빻고 체로 친다. 백밀에 반죽하여 계핏가루·산촛가루를 넣고 떡모양으로 찍어낸다. 물에

山藥茶食方

薯蕷生者, 烝去皮, 取淨肉, 擣爛篩過. 以白蜜溲之, 入桂、椒屑, 摸印爲餅.

---

48 어겸병(禦歉餅) : 흉년을 막는 떡이라는 뜻으로, 구황식품을 뜻한다.
49 출전 확인 안 됨.
50 출전 확인 안 됨.

갈고 걸러 가루 낸 뒤 볕에 말려 위의 방법과 같이 찍어내도 된다. 마는 일명 옥연(玉延)이므로 이를 '옥연병(玉延餅)'이라 할 만하다. 《옹치잡지》[51]

亦可水磨濾粉, 曬乾, 摸印如上法. 薯蕷一名玉延, 此可名"玉延餅". 《饔饎雜志》

19) 강분정[52](薑粉錠, 생강가루떡) 만들기(강분정방)

어린 생강을 질동이 안에서 간 다음 물에 담가 맑게 가라앉히고 찌꺼기를 걸러낸 뒤, 가루를 볕에 말린다. 시상·설탕·백밀과 섞어서 떡모양으로 찍어낸다. 신명을 통하게 하고 비장을 따뜻하게 하는 효능이 있으므로 '통신병(通神餅)'[53]이라 할 만하다. 《옹치잡지》[54]

薑粉錠方

薑之嫩者, 瓦盆內磨碾, 水淹澄淸濾滓, 取粉曝燥. 和杮霜、沙糖、白蜜, 摸印爲餅. 有通神溫脾之功, 可名"通神餅". 《饔饎雜志》

20) 조유정(棗油錠, 조유떡) 만들기(조유정방)

조유(棗油, 조교를 빻아서 볕에 말린 것)를 꿀로 반죽하여 설탕가루·계핏가루·산촛가루를 넣고 정(錠, 화폐로 쓰는 은덩이)모양으로 찍어낸다. 유익함[益]은 100가지[百]이고 손해는 1가지뿐인 것이 대추이므로 '백익병(百益餅)'이라고 이름한다. 《옹치잡지》[55]

棗油錠方

棗油蜜溲之, 入沙糖、桂、椒屑, 摸印爲錠. 百益一損者棗也, 故名"百益餅". 《饔饎雜志》

21) 방검병(防儉餅, 구황떡) 만들기(방검병방)

밤·붉은 대추·호두·시병(杮餅, 곶감) 이 4가지의

防儉餅方

栗子、紅棗、胡桃、杮餅 右

---

51 출전 확인 안 됨.
52 분정(粉錠) : 다식과 만드는 방식은 같은데, 차에 곁들여 먹는 다식과 달리, 약용이나 구황에 대비하기 위한 것이므로 용어를 달리한 것으로 보인다.
53 통신병(通神餅) : 《임원경제지 정조지》권4〈채소음식〉 "유전채"에 나오는, 생강과 파로 만든 지짐을 지칭하는 통신병과는 이름만 같고 그 내용은 다르다. 하지만 생강이 신명을 통하게 한다는 점에서 같은 이름을 쓴 것을 확인할 수 있다.
54 출전 확인 안 됨.
55 출전 확인 안 됨.

재료는 껍질과 씨를 제거하고 방아나 절구 안에서 문드러지게 빻은 다음 고루 주무르며 반죽해서 두꺼운 떡을 만든다. 이를 볕에 말리고 거두어 두었다가 흉년의 쓰임에 대비한다. 《구선신은서》[56]

四件去皮核, 碓臼內擣爛, 均捻作厚餠, 曬乾收之, 以防荒歲之用. 《臞仙神隱書》

22) 황정병(黃精餠, 죽대떡) 만들기(황정병방)

푹 찐 황정(黃精)[57]은 껍질과 잔뿌리를 제거하고 볶은 황두(黃豆, 메주콩)【껍질을 제거한 것】를 섞은 뒤 빻아서 가루 낸다. 여기에 흰 당로(糖滷)를 더하고 주물러 덩어리를 만든 다음 떡을 만들어 먹으면 매우 맛이 담박하다. 《준생팔전》[58]

黃精餠方

用黃精烝熟者去衣鬚, 和炒熟黃豆【去殼】, 擣爲末. 加白糖滷, 揉爲團, 作餠食甚淸. 《遵生八牋》

황정뿌리 1석을 가늘게 자른 다음 물 2.5석에 삶아서 쓴맛을 없앤다. 이를 걸러서 명주포대에 넣은 뒤 눌러 짜고 가라앉혀 맑은 즙을 얻는다. 이 즙을 다시 달여 고(膏)처럼 만든 다음, 이를 가지고 황두를 검어지도록 볶아 가루 낸 것과 섞어 0.2척 크기의 떡을 만들면 손님상에 올릴 수 있다. 《산가청공》[59]

黃精根一石細切, 水二石五斗煮, 去苦味, 漉入絹袋, 壓汁澄之. 再煎如膏, 以炒黑豆黃爲末, 作餠約二寸大, 可供客. 《山家淸供》

---

56 출전 확인 안 됨 ; 《山林經濟》卷2〈治膳〉"粉麪餅飴", 285~286쪽.
57 황정(黃精) : 백합과 식물인 낚시둥굴레. 봄이나 가을에 뿌리줄기를 캐서 물에 씻어 잔뿌리를 다듬어 버리고 증기에 쪄서 햇볕에 말린다.
58 《遵生八牋》〈飮饌服食牋〉"甜食類" '黃精餅方'(《遵生八牋校注》, 471쪽.
59 《山家淸供》卷上〈黃精果, 餅茹〉(《叢書集成初編》1473, 7쪽)

4. 외과(煨菓, 과일구이)

煨菓

1) 총론

나무나 풀의 열매는 오곡을 돕지만 과식하면 사람을 해친다. 구워서 익히는 공정은 목기(木氣)를 제어하기 위함이다. 이를 굽는 일은 꼭 솥이나 부엌을 기다리지 않아도 되고, 구운 과일에 대한 조미는 꼭 소금이나 된장을 빌리지 않아도 된다. 산방(山房)에서 화로를 끼고 앉아 그나마 허기를 구제할 수 있으니 또한 산승들의 청아한 음식 중 하나이다. 《옹치잡지》[1]

總論

菓蓏以佐五穀，然過食則妨人．煨而熟之，所以制其木氣也．燔炮無俟乎鼎、廚，調和不假于鹽、豉．山房擁爐，聊以濟飢，亦山臞淸供之一也．《饔饎雜志》

2) 소리(燒梨, 배구이) 만들기(소리방)

배 1개에 구멍 50개를 내고 구멍마다 산초 1알을 박는다. 여기에 밀가루를 입혀 잿불에 푹 구운 다음, 식혀서 산초를 제거하고 먹는다.

또 다른 방법 : 씨를 제거하고 수유(酥油)와 꿀을 넣은 뒤 밀가루를 입혀【안 지금의 방법 : 속과 씨를 파내고 백밀과 생강즙을 넣은 다음, 계핏가루·산촛가루를 섞고 부어 넣은 뒤 습지에 싸서 굽는다. 혹은 황토진흙으로 싸서 굽는다】푹 구운 다음, 식

燒梨方

梨一顆刺五十孔，每孔納椒一粒．麵裹灰火煨熟，停冷去椒食之．

又方：去核納酥①、蜜，麵裹【案 今法：空去瓤核，納白蜜、生薑汁，和桂、椒屑灌入，濕紙裹煨．或用黃土泥裹煨】，燒熟，冷食．

---

① 納酥 : 저본에는 없음. 오사카본·규장각본·고대본·《食療本草·梨》에 근거하여 보충.

혀서 먹는다. 《식료본초(食療本草)[2]》[3]

《食療本草》

3) 외율(煨栗, 밤구이) 만들기(외율방)

밤 하나는 기름에 담그고 또 하나를 물에 담갔다가 쇠쟁개비 안에 같이 둔다. 여기에 47개의 밤을 넣고 냄비를 꼭 덮은 다음, 숯불로 에워싸서 굽는데【안《군방보》에 "습지로 덮개를 씌워 뭉근한 불로 굽는다."[4]라 했다】, 우뢰와 같이 펑펑 터지는 소리[雷聲]가 날 때까지 하므로 '뇌공율(雷公栗, 우뢰신의 밤)'이라 했다. 《산가청공》[5]

煨栗方

用一栗蘸油, 一栗蘸水, 置鐵銚內, 以四十七栗, 密[2] 覆其上, 圍炭火然之【案《群芳譜》云: "濕紙搭蓋, 慢火燒"】, 候雷聲爲度, 名 "雷公栗". 《山家淸供》

선초율자법(旋炒栗子法, 밤 돌려가며 굽는 법) : 밤의 양에 관계없이, 꼰 기름종이 1개를 사기쟁개비에 넣고 밤을 볶는다. 혹은 다리미[熨斗] 안의 숯불에 볶아도 된다. 익혀서 먹으면 매우 부드럽고 달며, 향과 맛이 일반적인 방법으로 구운 것보다 뛰어나다. 《거가필용》[6]

旋炒栗子法 : 不拘多少, 入油紙撚一箇砂銚中[3]炒, 或熨斗中炒亦可. 候熟啖之, 極酥甜, 香美[4]異常法. 《居家必用》

큰 밤을 하나하나씩 껍질 밑에 칼로 십자를 그어 껍질을 가르고 밑이 아래를 향하도록 노구솥 안에 하나하나 빙 둘러 배열한다. 소금 1자밤[7]을 노구솥

大栗每個殼底, 以刀十字畫開, 底向下, 逐旋排鍋中. 以鹽一撮繞鍋撒下, 蓋

2 　식료본초(食療本草) : 중국 당(唐)나라 맹선(孟詵, 621~713)이 지은 의서. 전 3권.

3 　《食療本草》卷上〈梨〉, 49쪽 ; 《本草綱目》卷30〈果部〉"梨", 1765쪽.

4 　습지로……굽는다 : 《廣群芳譜》卷59〈果譜〉"栗", 1411쪽.

5 　《山家淸供》卷下〈雷公栗〉(《叢書集成初編》1473, 20쪽)

6 　《居家必用》〈己集〉"菓食類" '旋炒栗子法'(《居家必用事類全集》, 234쪽).

7 　자밤 : 손가락을 모아 그 끝으로 집을 만한 분량.

[2] 密 : 저본에는 "蜜". 《山家淸供·雷公栗》에 근거하여 수정.

[3] 銚中 : 저본에는 "中銚". 오사카본·규장각본·고대본·《居家必用·己集·菓食類》에 근거하여 수정.

[4] 美 : 《居家必用·己集·菓食類》에는 "味".

에 둘러가며 뿌린 다음, 뚜껑을 꼭 닫고 불을 피운다. 익으면 꺼내어 쓴다.《군방보》[8]

밑이 평평하여 서로 마주댈 만한 밤 2개를 가려낸다. 이 중 하나는 참기름으로 밑을 발라 적시고 하나는 맹물로 밑을 발라 적신 다음 합하여 한 짝이 되도록 노구솥바닥 중앙에 둔다. 밤을 집어 겹겹이 하나하나 빙 둘러 놓는데, 많아도 상관없다. 노구솥뚜껑을 단단히 닫고 밥 한끼 먹을 시간 동안 구워서 꺼내면 모두 부드럽게 잘 익는다. 게다가 껍질이 솥에 달라붙지도 않는다.《군방보》[9]

밤을 볶을 때 밤 하나를 손 안에 갖고 있으면 터지지 않는다. 이때 밤을 갖고 있다는 사실을 사람들이 알지 못하게 해야 한다.

또 다른 방법 : 밤 1개를 깨물어 껍질을 터트린 다음, 참기름에 담갔다가 다른 여러 밤과 함께 노구솥에 넣어 볶으면 터지지 않는다. 은행도 역시 그렇다.

또 다른 방법 : 밤을 구울 때 밤송이 태운 불로 구우면 터지지 않는다.《화한삼재도회》[10]

밤을 눈썹 가에 대고 3번 비비면 구워도 터지지 않는다.《오잡조》[11]

定發火, 候熟取用.《群芳譜》

選底平可作對者二枚, 一枚香油塗濕底, 一枚白水塗濕底, 合作一對, 置鍋底當中. 取栗逐旋蓋上, 多亦不妨. 將鍋蓋嚴, 燒一飯頃取出, 俱酥熟, 且不粘殼. 同上

炒栗時, 舉一枚在手中, 不曝, 勿令人知.

又法 : 只以一枚咬破, 蘸香油, 同衆栗入鍋, 炒之不曝. 銀杏亦然.

又法 : 燒栗時, 以栗毬爇火燒之, 不爆.《和漢三才圖會[5]》

栗子於眉上擦三過, 則燒之不爆.《五雜組》

8 《廣群芳譜》卷59〈果譜〉"栗", 1411쪽.
9 《廣群芳譜》, 위와 같은 곳.
10 《和漢三⋯⋯圖會〉"㸐栗"(《倭漢三才圖會》10, 361쪽).
⋯⋯ 才圖會 : 저본에는 없음. 규장각본·고대본에 근거하여 보충.

4) 토지단(土芝丹, 토란구이) 만들기(토지단방)

토란을 '토지(土芝)'라고 한다. 큰 토란은 습지로 싼 다음 끓인 술과 술지게미를 그 바깥쪽에 발라 쌀겨 태운 불에 굽는다. 익는 향기가 나면 꺼내어 움푹 팬 땅 안에 둔 다음 껍질을 벗기고 따뜻할 때 먹는다. 구운 토란을 차게 먹으면 혈(血)을 파손하고, 소금을 쓰면 정(精)이 샌다.

작은 토란은 볕에 말려 항아리에 넣어두었다가, 겨울이 되어 볏짚을 덮고 숙성시키면 색이 밤과 같아서 '토율아(土栗雅, 흙에서 난 밤)'라고 한다. 산사(山舍)에서 화로를 끼고 앉은 밤에 상에 올리기에 알맞다. 《산가청공》[12]

土芝丹方

芋名"土芝". 大者裹以濕紙, 用煮酒和糟塗其外, 以糠皮火煨之. 候香熟取出, 安坳[6]地內, 去皮溫食. 冷則破血, 用鹽則洩精.

小者曝[7]乾入甕, 候寒月, 用稻草盦熟, 色如栗, 名"土栗雅". 宜山舍擁爐之夜供. 《山家淸供》

5) 외모과(煨木瓜, 모과구이) 만들기(외모과방)

모과는 칼로 속과 씨를 파낸다. 백밀에 생강즙·계핏가루·산촛가루를 섞고 속을 파낸 모과에 이를 부은 뒤 습지로 모과를 감싼 다음 잿불 안에서 6~10시간 동안 굽는다. 모과의 안까지 다 익으면 꺼내어 종이를 벗겨 낸 다음 껍질을 벗겨 사기사발 안에 놓고 숟갈로 힘차게 으깬다. 다시 백밀·산촛가루·계핏가루를 넣고 저장해 둔다. 《옹치잡지》[13]

다른 방법 : 모과과육을 칼로 나뭇잎처럼 얇게

煨木瓜方

木瓜用刀空去瓤核, 白蜜調生薑汁、椒·桂之屑, 灌入, 濕紙裹着, 灰火內煨三五時. 待內外透熟, 取出去紙去皮, 置瓷碗內, 以匙痛揉之. 更入白蜜、椒·桂屑收貯. 《饔饎雜志》

一法 : 木瓜肉飛刀薄削如

---

12 《山家淸供》卷上〈土芝丹〉(《叢書集成初編》1473, 84)

13 출서 확인 안 됨

[6] 坳:《山家淸供·土芝丹》에는 "拗".

[7] 曝 : 저본에는 "煨".《山家淸供·土芝丹》에 근거하여 수정.

저민다. 엿기름을 빻아 가루 낸 다음, 저민 모과와 고루 섞어 자기항아리 안에 넣는다. 자기아가리 위를 밀봉한 다음 자기사발로 덮고 쌀겨 타는 불 안에 묻어 3일 밤낮 동안 굽는다. 이를 꺼내면 모과가 묽은 엿처럼 문드러져 있다. 이를 다시 사기솥에 넣고 졸였다가 매우 뻑뻑하고 찰기를 띠게 되면 자기에 저장해 둔다. 밥을 먹고 난 뒤나 술 마실 때 1~2숟갈을 입에 머금고 있으면 또한 저절로 달고 향기로워 먹을 만하다. 《옹치잡지》[14]

6) 외감저(煨甘藷, 고구마구이) 만들기(외감저방)

고구마는 날로 먹을 수도 있고, 삶아 먹을 수도 있고, 쪄서 먹을 수도 있고, 구워 먹을 수도 있어 안 되는 방법이 없지만 구워 먹는 것이 가장 좋다. 산재(山齋, 산방)에서 화로를 끼고 앉아 있는 시기에 상에 올릴 때는, 고구마를 습지에 감싼 뒤 잿불 안에서 푹 구워 껍질을 벗기고 먹는다. 원래 성질이 달고 연하여 수유나 꿀을 빌릴 필요가 없다. 큰 고구마 2~3개면 4~6시간의 허기를 때울 수 있다. 《옹치잡지》[15]

葉, 大麥糵擣作屑, 和均入磁缸中. 密封口上, 覆磁碗, 埋稻糠火內, 煨之三晝夜. 取出則糜爛如稀飴. 更入砂鍋熬之, 待極稠粘, 磁器收貯. 飯後酒時, 噙一兩匙, 亦自甘芳可口. 同上

煨甘藷方

甘藷根可生食, 可煮食, 可蒸食, 可煨食, 無所不可, 而煨食最宜. 山齋擁爐之供, 濕紙裹着, 灰火內煨熟, 去皮啖之. 天生甘軟, 不假酥、蜜. 大根三兩枚, 可住三兩時飢. 《饔饎雜志》

---

14 출전 확인 안 됨.
15 출전 확인 안 됨.

5. 법제과(法製菓, 법제과일)

法製菓

1) 총론

總論

의사들이 약을 쓸 때는 굽기·쬐어 말리기·섞기·
물에 담그기 등의 방법이 있다. 재료(약재)의 치우친
성질을 바로잡고 독을 제거하기 위함이다. 과일이나
채소의 생것에도 차가움과 따뜻함, 순함과 독함의
차이가 있다. 복약가[服餌家][1]들이 반드시 향약(香藥)
으로 법제하여[製] 그 치우친 성질을 제어한 후에 먹
는 까닭은 그렇게 하는 것이 보탬이 있을지언정 손
해는 없기 때문이다. 이것이 '법제(法製)'라는 이름이
붙은 까닭이다. 《옹치잡지》[2]

醫家之用藥也, 有炮焙、拌
浸之法, 所以矯其偏而去
其毒也. 菓菜之生亦有寒
溫良毒之異焉. 服餌家必
用香藥製之, 以制[1]其偏
性然後食之者, 有益而無
損. 此"法製"之所由名也.
《饔饎雜志》

2) 상단(爽團, 영약) 만들기(상단방)

爽團方

잘 익은 황금빛 은행을 새로 길어온 물에 담근다.
생강·감초·정향·촉초(蜀椒, 산초)·축사(縮砂)·백두
구(白豆蔻)·염화(鹽花)[3]·침단(沈檀)[4]·용연향(龍涎香)[5]과

弄色金杏, 新水浸沒. 生
薑、甘草、丁香、蜀椒、縮砂、
白豆蔻、鹽花、沈檀、龍麝、

---

1 복약가[服餌家] : 약을 복용하여 양생을 도모하는 사람들.
2 출전 확인 안 됨.
3 염화(鹽花) : 굵은 소금. 소금 결정이 꽃 모양 같아서 붙여진 이름이다.
4 침단(沈檀) : 단향목(檀香木)의 한 가지. 침향나무에 천연적으로 분비된 수지가 침착하여 침향나무의 심
   재부위에 조직적으로 단단한 덩어리 모양을 이루고 있는 부분이다. 침수향(沈水香)이라고도 한다.
5 용연향(龍涎香) : 향유고래 수컷의 창자 속에 생기는 이물질로, 그 속에 있는 향료성분을 알코올에 녹여서
   추출하여 향수를 만든다. 향유고래는 오징어류를 주식으로 하는데, 수컷은 번식기에 창자의 움직임이 약
   해져서 직장(直腸) 속에 흑갈색 유지·분비물이 왁스 같은 덩어리로 뭉친다. 이것이 배설되어 해상에 떠다
   니거나 해안으로 밀려오기도 한다.

사향(麝香)을 모두 밀가루처럼 가루 낸 다음 은행과 섞어 볕에 말린다. 물기가 다 가시고 위 가루들의 맛이 은행에 완전히 스며든 뒤에 다시 향약가루를 뿌려주면, 그 효능이 완성된다. 숙취가 풀리지 않을 때 1개로도 숙취를 풀 수가 있다. 이는 풍도(馮道)6가 만든 방법이다.《청이록》7

皆取末如麵, 攪拌日曬乾. 候水盡味透, 更以香藥鋪糝, 其功成矣. 宿醒②未解, 一枚可以蕭然. 此馮瀛所造也③.《淸異錄》

3) 냉금단(冷金丹, 능금단) 만들기(냉금방)

내금(來禽, 능금) 100개를 벌꿀에 10일간 담가두었다가 꺼낸다. 여기에 따로 벌꿀 5근, 단사가루 2냥을 넣고 고루 섞은 다음 진흙으로 봉했다가 1개월이 지난 뒤에 꺼내어 음지에서 말린다. 식사 후나 술 마실 때 1~2개를 먹으면 그 효능이 구전단(九轉丹)8보다 낫다.《청이록》9

冷金丹方

來禽百枚, 用鑾蜜浸十日, 取出. 別入鑾蜜五斤, 丹砂末二兩, 攪拌封泥, 一月出之, 陰乾. 飯後酒時, 食一兩枚, 其功勝九轉丹.《淸異錄》

4) 법제모과(法製木瓜) 만들기(법제모과방)

처음 수확한 모과를 취하여 끓는 물에 데치다가 하얀색이 되면 꺼내서 식도록 둔다. 모과의 대가리를 따서 뚜껑을 만들고 날카로운 칼로 속을 제거한다. 여기에 바로 소금 1작은숟갈을 넣었다가 모과의

法製木瓜方

取初收木瓜, 於湯內煤過, 令白色取出放冷. 于頭上開爲蓋子, 以尖刀取去穰了, 便入鹽一小匙, 候水出, 卽入

---

6 풍도(馮道) : 882~954. 중국 당나라 말기부터 후주(後周) 시기의 군주 14명을 섬긴 재상. 자는 가도(可道). 20여 년간 재상에 임명되어 '부도옹(不倒翁)'이라고 불렸다. 왕안석은 그를 '불위중인(佛位中人)', 즉 살아 있는 부처라고 칭송하였다.

7 《淸異錄》卷2〈百果門〉"爽團"(《叢書集成初編》2845, 116~117쪽).

8 구전단(九轉丹) : 단사(丹砂)를 9번 제련해서 만든다는 도가의 선약(仙藥). 이것을 복용하면 신선이 되어 장생불사한다고 한다.

9 《淸異錄》卷2〈百果門〉"冷金丹未熟"(《叢書集成初編》2845, 104쪽).

① 制 : 저본에는 "製". 오사카본·규장각본·고대본에 근거하여 수정.

② 醒 : 저본에는 "醒". 오사카본·규장각본·고대본·《淸異錄·百果門·冷金丹未熟》에 근거하여 수정.

③ 此馮瀛所造也 :《淸異錄·百果門·冷金丹未熟》에는 없음.

속에서 물이 나오면 바로 향약·관계·백지·고본(藁本)[10]·세신(細辛)·곽향(藿香)·천궁(川芎)·후추·익지자(益智子)[11]·축사인(縮砂仁)을 넣는다. 위의 약들은 빻아서 곱게 가루 낸다. 1개의 모과에 이 약을 1작은숟갈을 넣어 모과 안의 소금물과 고루 섞어준다. 다시 볕을 쬐어 물이 마르면 또 숙밀(熟蜜)을 넣어 가득 채우고 꿀이 마를 때까지 볕에 말린다.《거가필용》[12]

5) 법제강(法製薑, 법제생강) 만들기(법제강방)

복월(伏月, 음력 6월)의 생강[13] 법제하기 : 생강 4근의 거친 껍질을 긁어내고 깨끗이 씻어 볕에 말린 다음 자기동이에 담아 놓는다. 여기에 흰설탕(백당) 1근, 장유(醬油) 2근, 관계(官桂)·대회향(大茴香)[14]·진피(陳皮)·차조기 각 2냥을 잘게 썰고 고루 섞어 넣는다. 초복에 볕에 말리기 시작해서 삼복이 되면 마치고 저장해 둔다. 말릴 때 깁이나 모시[夏布]로 만든 망을 쳐서 파리 같은 벌레들이 날아들지 못하도록 한다. 이 생강은 신묘하여 온갖 병을 치료할 수 있다.《군방보》[15]

香藥、官桂、白芷、藁本、細辛、藿香、川芎、胡椒、益智子、縮砂仁. 右件藥, 擣爲細末. 一箇木瓜, 入藥一小匙, 以木瓜內鹽水調均④. 更曝候水乾, 又入熟蜜令滿, 曝直候蜜乾爲度.《居家必用》

法製薑方

法製伏薑 : 薑四斤, 刮去粗皮, 洗淨曬乾, 放磁盆. 入白糖一斤, 醬油二斤, 官桂、大茴香、陳皮、紫蘇葉各二兩, 切細拌均. 初伏曬起, 至三伏終收貯. 曬時, 用紗或夏布罩住, 勿令蠅蟲飛入. 此薑神妙, 能治百病.《群芳譜⑤》

---

10 고본(藁本) : 미나리아재비과에 속하는 다년생 초본식물. 말린 뿌리를 약재로 쓴다.

11 익지자(益智子) : 생강과의 익지(益智) 열매. 지혜를 관장하는 비위(脾胃)를 돕기 때문에 붙여진 이름이다.

12 《居家必用》〈己集〉"菜食類" '法製木瓜'(《居家必用事類全集》, 232쪽).

13 복월(伏月)의 생강 : 생강은 가을에 수확하는 식물인데, 복월의 생강은 여리면서 효능이 더 좋은 특성이 있어 이때에 법제해두고 사용한다.

14 대회향(大茴香) : 목란과(木蘭科)에 딸린 큰키나무 또는 떨기나무의 열매. 팔각(八角)·팔각주(八月珠)·박회향(舶茴香)이라고도 한다.

15 《廣群芳譜》卷13〈蔬譜〉"薑", 297~298쪽.

④ 調均 : 저본에는 "均調". 오사카본·규장각본·고대본·《居家必用·己集·菜食類》에 근거하여 수정.

⑤ 群芳譜 : 저본에는 없음. 규장각본·고대본·《廣群芳譜·蔬譜·薑》에 근거하여 보충.

생강 법제하기 : 끓는 물 8승에 소금 3근을 넣어 끓이면서 고루 젓는다. 다음날 아침 따로 맑은 물을 길어다 백매(白梅) 0.5근을 공이로 잘 부수고 섞어서 담은 다음 앞의 소금물과 섞어 저장해둔다. 바로 견우화(牽牛花, 나팔꽃)를 뜯어다가 꽃의 흰 꼭지를 제거하고 물속에 던져 넣는다. 물에 견우화 성분이 우러나 매우 진해지면 꽃을 제거한다.

어린 생강 10근을 가져다가 붉은 겉을 닦아 없애고 내키는 대로 편으로 자른다. 앞의 물에 흰소금 5냥, 백반 5냥, 끓는 물 5사발을 섞고 맑게 가라앉으면 생강을 담갔다가 해그림자가 약간 들게 하여 2일 동안 말린다. 이를 건져내어 볕에 말린 다음 볶은 소금을 다시 넣어 고루 섞고 뙤약볕에 말리는데, 생강 위에 흰소금자국이 엉겨 붙을 때까지 한다. 그릇에 넣어 저장한다. 《군방보》[16]

연한 생강 만들기 : 어린 생강의 껍질을 제거하고 감초·백지·영릉향 조금을 함께 푹 삶아 편으로 썰어둔다. 그러면 먹을 때 매우 연하고 맛이 평소보다 더 좋다. 《거가필용》[17]

오미강(五味薑) 만들기 : 어린 생강 1근을 얇은 편으로 썬다. 부수어 씨를 제거한 백매 0.5근을 여기에 넣는다. 이어서 볶은 소금 2냥을 넣어 고루 섞은

法製薑 : 煎沸湯八升, 入鹽三斤打均. 次早別取淸水, 以白梅半斤槌碎, 和浸, 同前鹽水和合貯頓. 逐日採牽牛花, 去白蔕, 投水中. 候水深濃, 去花.

取嫩薑十斤, 拭去紅衣, 隨意切片. 用白鹽五兩、白礬五兩、沸湯五椀化開, 澄淸浸薑, 微向日影中曬二日. 撈出晾乾, 再入炒鹽拌均, 曬烈日中, 待薑上白鹽凝燥爲度, 入器收貯. 同上

造脆薑法 : 嫩生薑去皮, 甘草·白芷·零陵香少許同煮熟, 切作片子, 食之脆美異常. 《居家必用》

五味薑法 : 嫩薑一斤, 切作薄片, 用白梅半斤打碎去仁, 入炒鹽二兩拌均, 曬三

16 《廣群芳譜》卷13〈蔬譜〉"薑", 298쪽.
17 《居家必用》〈己集〉"飮食類" '造脆薑法'(《居家必用事類全集》, 251쪽).

다음 볕에 3일 동안 말려 꺼낸다. 여기에 감송(甘松) 0.3냥, 감초(甘草) 0.5냥, 단향목(檀香木)가루 0.3냥을 넣고 다시 고루 섞어 3일 동안 볕에 말린 뒤 자기그릇에 넣어 저장한다. 《거가필용》[18]

죽력강(竹瀝薑, 죽력생강) 만들기 : 어린 생강을 동전 두께만 한 편으로 잘라 죽력(竹瀝)[19]에 하루 동안 담갔다가 건져내어 볕에 말린다. 이를 다시 죽력에 담갔다가 다시 볕에 말려 자기항아리에 저장한다. 매일 이른 아침에 1~2개를 씹어 먹으면 장기(瘴氣)를 막고 담을 삭이는 효능이 있다. 《옹치잡지》[20]

6) 법제귤피(法製橘皮) 만들기(법제귤피방)

진피【0.5근의 속을 제거한다】·백단【1냥】·청염【1냥】·회향【1냥】.

이상의 4가지 양념을 장류수(長流水) 2큰사발에 같이 달인다. 물이 마를 때까지 달여 진피를 골라내고 자기그릇 안에 담은 다음 적당한 물건으로 덮어두어 공기가 통하지 못하게 한다. 매일 공복에 3~5편을 잘게 씹고 끓인 물로 넘긴다. 담을 삭이고, 기

日取出. 入甘松三錢, 甘草五錢, 檀末三錢, 再拌均曬三日, 入磁器收貯. 同上

竹瀝薑法 : 嫩薑切作錢厚片, 竹瀝浸淹一日, 撈取曬乾. 再浸再曬, 磁缸收貯⑥. 每晨早噙嚼一兩枚, 有禦瘴消痰之功. 《饔饎雜志》

法製橘皮方

橘皮【半斤去穰】、白檀【一兩】、靑鹽【一兩】、茴香【一兩】.

右件四味, 用長流水二大椀同煎. 水乾爲度, 揀出橘皮, 放于磁器內, 以物覆之勿令⑦透氣. 每日空心取三五片, 細嚼白湯下,

---

18 《居家必用》〈己集〉"飮食類" '五味薑方'(《居家必用事類全集》, 252쪽).
19 죽력(竹瀝) : 푸른 대나무를 불에 구워 받아낸 진액.
20 출전 확인 안 됨.
⑥ 竹瀝……收貯 : 저본에는 없음. 규장각본·고대본에 근거하여 보충.
⑦ 令 : 저본에는 없음. 오사카본·규장각본·고대본·《居家必用·己集·法製香藥》에 근거하여 보충.

침을 멈추게 하며, 징가(癥瘕)[21]·현벽(痃癖)[22]과 같은 적취를 깨뜨린다.《거가필용》[23]

다른 방법 : 귤피 3냥을 소금을 넣고 삶아 낸다. 복령【0.4냥】·정향【0.4냥】·감초가루【0.7냥】·사인【0.3냥】을 함께 가루 내고 삶은 귤피와 섞는다. 이를 불에 쬐어 말리고 상에 올린다.《준생팔전》[24]

청피(靑皮) 법제하기 : 이를 상복(常服)하면 신(神)을 안정시키고, 기(氣)를 조섭하며, 음식을 소화시키고, 술독을 풀어주며, 위를 이롭게 한다. 늙은이든 어린이든 상관없다. 송나라 인종(仁宗)[25]이 식사 후에 매번 청피 몇 조각을 씹었는데, 이는 바로 형화박(邢和璞)[26]이라는 진인(眞人)이 바친 것으로, '만년초(萬年

消痰止嗽, 破癥瘕、痃癖⑧.《居家必用⑨》

又法 : 橘皮三兩, 鹽煮過. 茯苓【四錢】、丁香【四錢】、甘草末【七錢】、砂仁【三錢】, 共爲末拌皮, 焙乾入供.《遵生八牋》

法製靑皮 : 常服, 安神調氣, 消食解酒益胃, 不拘老人小兒. 宋 仁宗每食後咀數片, 乃邢和璞眞人所獻, 名"萬年草", 劉跂改名"延年草".

---

21 징가(癥瘕) : 아랫배 속에 덩이가 생긴 병증. 징(癥)은 단단한 것이 생겨 움직이지 않고 모여 있는 것이고, 가(瘕)는 단단한 것이 생겨서 움직이며 생겼다 사라지기도 하므로 '거짓'이라는 뜻이 담긴 '가(瘕)'라 이름하였다.

22 현벽(懸癖) : 벽기(癖氣, 옆구리에 숨은 기)가 옆구리 밑에 있어서 활줄 같은 것이 팽팽하게 일어나고 기침을 하거나 가래를 뱉으면 옆구리 아래가 당기면서 아픈 병증. 실제 징가와 같은데, 생기는 위치가 다르다.

23 《居家必用》〈己集〉 "法製香藥" '法製橘皮'(《居家必用事類全集》, 231쪽).

24 《遵生八牋》 卷13〈飮饌服食牋〉 "甜食類" '又製橘皮'(《遵生八牋校注》, 482쪽.

25 인종(仁宗) : 1010~1063. 중국 송(宋)나라 제4대 황제(재위 1022~1063). 항상 낡은 옷을 입고, 각지에서 진상하는 산해진미도 먹지 않았으며, 신하들과 함께하는 연회상에 오른 동죽조개 100개의 가격이 2,800냥이라는 이야기를 듣고 몹시 불쾌해하며 먹지 않았다. 총애하던 장귀비(張貴妃)의 처소에 귀한 도자기가 있는 것을 보고 그 출처를 묻고는 어느 관리에게서 선물 받은 것이라고 하자, 인종은 크게 화를 내며 도끼로 그 도자기를 깨버렸다고 한다.

26 형화박(邢和璞) : ?~?. 중국 송(宋)나라 방술가. 방술에 능하고 항상 대나무의 길이가 0.6척 쯤 되는 산가지를 가지고 다니면서 셈을 하다가, 청하는 이가 있으면 산가지를 늘어놓고 청한 이에게 길흉과 수명·관록 등을 일러주었는데, 귀신 같이 잘 맞추었다고 한다.

⑧ 消痰……痃癖 :《居家必用·己集·法製香藥》에는 없음.

⑨ 居家必用 : 저본에는 없음. 오사카본·규장각본·고대본에 근거하여 보충.

草'라 한다. 유기(劉跂)27가 '연년초(延年草, 수명을 늘여주
는 약초)'라고 이름을 바꿨다.

청피 1근을 물에 담가 쓴맛을 빼고, 속을 제거한
다음 졸여서 깨끗하게 한다. 백염화(白鹽火, 굵은 소금)
5냥, 구운 감초 6냥, 박회향(舶茴香, 대회향) 4냥, 첨수
(甜水, 단맛 나는 물) 10승을 부어 끓이는데, 쉬지 말고
저어서 밑에 눌어붙지 않게 한다. 물이 다 졸아들면
뭉근한 불로 쬐어 말려 눌어붙지 않게 한다. 그런
다음 감초·회향을 제거하고 청피만 취하여 밀봉해
두었다가 쓴다. 왕석(王碩)28《이간방(易簡方)29》30

用靑皮一斤浸去苦味，去
瓤煉淨，白鹽花五兩、炙甘
草六兩、舶茴香四兩、甜水
一斗煮之，不住攪，勿令著
底．候水盡慢火焙乾，勿
令焦．去甘草、茴香，只取
靑皮密收用．王氏《易簡
方》

7) 법제비자(法製榧子) 만들기(법제비자방)

비자를 자기조각이나 기왓조각을 사용하여 검
은 껍질을 긁어낸다. 비자 1근마다 박하상(薄荷霜)31
2냥을 백당 녹인 즙에 섞고 향이 나도록 볶아 말린
다음 상에 올린다.《준생팔전》32

法製榧子方

榧子用磁瓦刮黑皮，每斤用
薄荷霜二兩、白糖⑩熬汁
拌，炒香燥，入供．《遵生
八牋》

---

27 유기(劉跂) : ?~1118. 중국 북송의 관리. 자는 사립(斯立), 호는 학역선생(學易先生). 북송의 관리 북송 때
  관리 유지劉摯(1030~1098)의 아들이다. 당화(黨禍)에 휘말려 수춘(壽春)에 유배되기도 했지만 사람됨이
  소탈하고 관직 생활이 원만해 정화(政和) 말까지 천수를 누렸다. 삼례(三禮) 및《춘추(春秋)》에 해박했다.
28 왕석(王碩) : ?~?. 중국 송(宋)나라 때 활동했던 인물.《이간방(易簡方)》의 저자.
29 이간방(易簡方) : 중국 송(宋)나라 왕석(王碩)이 편찬하여 대략 12세기 말에 간행된 방서(方書). 송나라
  진언(陳言)이 편찬한《삼인극일병증방론(三因極一病證方論)》을 토대로 편찬되었다. 30종의 상용 약물과
  30종의 상용 방제와 10종의 환약 처방이 수록되어 있다.
30 출전 확인 안 됨 ;《本草綱目》卷30〈果部〉"橘" '黃橘皮', 1790쪽.
31 박하상(薄荷霜) : 박하유(薄荷油)를 정제, 냉각하여 얻는 바늘 모양의 무색 결정체. 향이 있고 시원한 맛
  이 나는데, 향료나 신경통·위통·천식 등의 약재로 쓰인다.
32《遵生八牋》卷13〈飮饌服食牋〉"甜食類" '法製榧子'(《遵生八牋校注》, 481쪽.
⑩ 白糖 : 저본에는 없음.《遵生八牋·飮饌服食牋·甜食類》에 근거하여 보충.

8) 법제과자(法製瓜子, 법제오이씨) 만들기(법제과자방)

큰 외씨에 추석(秋石)[33]을 정제하여 얻은 소금을 섞는다. 이를 향이 나도록 볶고 말려서 상에 올린다.《준생팔전》[34]

法製瓜子方

大瓜子用秋石化滷拌, 炒香燥入供.《遵生八牋》

9) 승련옥로상(升煉玉露霜, 법제콩가루) 만들기(승련옥로상방)

콩가루 0.5근을 노구솥에 넣고 불에 쬐어 말리면 콩비린내가 없어진다. 먼저 깨끗이 말린 용뇌(龍腦)[35]·박하(薄荷) 1근을 시루에 넣고 고운 명주로 덮은 다음, 그 위에 콩가루를 얹고 시루의 뚜껑을 덮는다. 노구솥 위에 시루를 얹어 시루꼭대기까지 매우 뜨거워지도록 쪄서 콩가루가 서리처럼 엉기면 완성된 것이다. 서리 같이 엉긴 가루 8냥마다 백당 4냥, 졸인 꿀 4냥을 배합하여 고루 섞고 빻아 매끄럽게 반죽하여 떡모양으로 찍거나 혹은 환을 만든다. 이를 입에 머금고 있으면 담을 삭이고 화(火)를 내려준다. 또한 차에 견줄 수 있고 화증(火症)도 겸하여 치료할 수 있다.《준생팔전》[36]

升煉玉露霜方

用眞豆粉半斤, 入鍋火焙無豆腥. 先用乾淨龍腦、薄荷一斤, 入甑中, 用細絹隔住, 上置豆粉, 將甑封蓋, 上鍋蒸至頂熱甚, 霜以成矣. 收起粉 [11]霜, 每八兩配白糖四兩, 煉蜜四兩, 拌均擣膩, 印餅或丸. 噙之, 消痰降火, 更可當茶, 兼治火症.《遵生八牋》

승상도【뚜껑 위는 불기운으로 뜨거우므로 손을

升霜圖【蓋上火熱, 手不可

---

33 추석(秋石) : 어린 아이의 소변을 고아서 정제(精製)한 결정물. 유노(遺尿)·유정(遺精)·소변 백탁(白濁) 등의 치료와 정력(精力)을 돕는 효능이 있다.

34 《遵生八牋》卷13〈飮饌服食牋〉"甛食類" '法製瓜子'(《遵生八牋校注》, 482쪽.

35 용뇌(龍腦) : 인도와 보르네오에서 자라는 상록 교목인 용뇌향(龍腦香)의 수지 등을 증류하여 얻은 백색 결정체.

36 《遵生八牋》卷13〈飮饌服食牋〉"甛食類" '升煉玉露霜方'(《遵生八牋校注》, 482쪽.

[11] 將甑……起粉 : 저본에는 없음. 오사카본·규장각본·고대본·《遵生八牋·飮饌服食牋·甛食類》에 근거하여 보충.

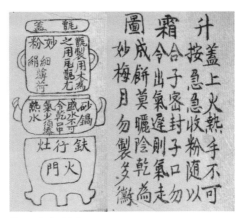

원도. 승상도(고려대본)

대서는 안 된다. 급히 가루를 거두어 바로 합자(合
子)37에 담고 합자의 입구를 밀봉하여 김이 빠져나가
지 않게 해야 하니, 합자에 담고 밀봉하기를 지체하
면 김이 빠져나간다. 합자 안에서 떡이 되면 이를 볕
에 말리지 말고 음지에서 말리는 것이 중요하다. 매
월(梅月)38에는 만들지 말아야 하니, 이는 곰팡이[黴]
가 많기 때문이다】

【按. 急急收粉, 隨以合子,
密封子口, 勿令出氣, 遲則
氣走. 成餅, 莫曬陰乾爲
妙. 梅月勿製, 多黴】

시루 뚜껑.

시루 만들 때는 나무로 만드는데, 질시루를 쓰면
효과가 더욱 빼어나다.

콩가루.

고운 명주.

박하.

甑蓋

甑製用木爲之, 用瓦甑尤
妙.

粉.

細絹.

薄荷.

---

37 합자(合子) : 뚜껑이 딸린 작은 그릇.

38 매월(梅月) : 매실이 노랗게 익는 늦은 봄이나 초여름으로 음력 6월에서 7월 초순을 이른다. 이때 내리는
비를 매우(梅雨)나 미우(黴雨)라고 하는데, 곰팡이가 성하여 음식물이 잘 상한다.

사기노구솥 : 물을 담아 마르지 않게 한다. 입구 속에 김이 적으면 뜨거운 물을 더 부어야 한다.

이동식 쇠부뚜막.

불구멍.

砂鍋 : 盛水不可令乾, 口中氣少, 須添熱水.

鐵行竈.

火門. [12]

---

[12] 火門 : 위의 《준생팔전》 승상도에는 "火門" 옆에 "큰 불구멍으로 불기운을 살펴야 한다.(須大口看氣)"라고 적혀 있다.

6. 점과(黏菓, 유과)[1]

黏菓

1) 총론

일반적으로 밀가루에 꿀을 반죽하여 기름에 지진 것은 모두 '이(餌)'라 하지 '과(菓)'라 하지는 않는다. 한구(寒具)[2], 거여(粔籹), 임두(餂頭)와 같은 명칭은 바로 요즘 산자의 별칭이다. 이를 우리나라 사람들은 '유밀과(油蜜菓)'라 한다.

《식경(食經)》과 자서(字書)에서 모두 이를 병(餅)의 일종이라 했으니【《집운(集韻)》[3]에서는 "한구는 병(餅, 떡)의 일종이다."[4]라 했다. 《식경(食經)》에 "한구는 환병(環餅, 둥근 떡)이다."[5]라 했다. 《제민요술》에 "거여는 환병이다."[6]라 했다. 《편해(篇海)》[7]에 "임두는

總論

凡粉麪之蜜溲油煎者, 皆謂之"餌", 不名爲"菓". 如寒具也, 粔籹也, 餂頭也, 卽今饊子之別名, 東人所謂"油蜜菓"者.

而《食經》、字書皆以謂餅屬【《集韻》云"寒具, 餅屬", 《食經》云"寒具, 環餅", 《齊民要術》云"粔籹, 環餅", 《篇海》云"餂頭, 餅

---

1 점과(黏菓, 유과) : 기름에 지져서 만들기 때문에 '기름 유(油)' 자를 붙여 '유과'라 하고, 꿀을 발라 만들기 때문에 '유밀과'라고도 하는데, 둘은 같다. 절구에 친 떡 반대기를 어떻게 써느냐에 따라 이름이 달라진다고 하는 의견도 있다. 즉, 큰 것은 '산자', 손가락 굵기는 '강정', 팥알 만하게 썰어 말려 튀긴 후에 엿을 묻혀 모나게 썬 것은 '빙사과'라 부른다고 한다.

2 한구(寒具) : 넓은 의미는 강정인데, 여기서는 강정 중에 산자를 지칭한다. 강정의 유래는 한나라 때의 '한구(寒具)'에서 찾을 수 있는데, 당시 한(漢)나라에서는 아침밥을 먹기 전에 입맛을 돋우기 위하여 '한구'라는 음식을 먹는 습속이 있었다고 한다. 이후 진(晉)나라 때는 '환병(環餅)'이라 불렀다.

3 집운(集韻) : 중국 송나라 인종(仁宗, 1022~1063)의 칙명으로 정도(丁度, 990~1053)가 지은 운서(韻書). 수록된 글자는 5만 여 자로《광운(廣韻), 1008년 찬정》의 약 2배이며 이체자(異體字)와 이독(異讀)을 널리 수록하였다.

4 집운(集韻)……일종이다 :《康熙字典》卷33〈食部〉"餌"《文淵閣四庫全書》231, 462쪽).

5 출전 확인 안 됨.

6 거여는 환병이다 :《齊民要術》卷9〈餅法〉(《齊民要術校釋》, 633~634쪽).

7 편해(篇海) : 중국 금(金) 왕조 시대의 자전. 54,000자가 수록되어 있다.

병(餠)이다."[8]라 했다】, 이것이 바로 그 증거이다. 그러나 우리나라 사람들만은 이를 과(菓)라고 하여, 제사를 모시고 손님을 접대하는 데 반드시 이 유밀과(油蜜菓)를 과품(菓品, 여러 가지 과자) 가운데 상석에 놓는다.

이 말이 무슨 의미인지 평소에 알지 못했다가, 우연히 《옥편(玉篇)》[9]을 상고해보니, 거기에 "정(飣)[10]은 저장 음식이다."라 했다. 또 《옥해(玉海)》에서는 "요즘 풍속에 연회를 할 때 점과(黏果)를 음식 자리 앞쪽에 늘어놓은 것을 '간석정좌(看席飣坐)'라고 하는데, 이는 쌓아두고 먹지 않음을 말하는 것이다."[11]라 했다.

과(菓) 중에서 기름지고 손에 끈적거리면서 오래 두어도 상하지 않는 것이 한구의 종류가 아니라면, 우리나라 사람들이 기름에 지진 밀가루를 과(菓)라고 할 줄을 언제 처음으로 알았겠는가? 그러므로 애초에 근거가 없는 호칭은 아니다. 만약 의미상 문제가 없다면 우리나라 민간에서 과(菓)라 하는 말을 따라도 좋을 것이다. 《옹치잡지》[12]

也"】,此其證也. 而東人獨菓之, 祀神饗賓, 必置之菓品上列.

尋常不知何謂, 偶考《玉篇》云："飣, 貯食也."《玉海》云："今俗燕會, 黏果列席前曰'看席飣坐', 謂飣而不食也."

菓之油膩黏手, 久貯不敗者, 非寒具之屬, 而何始知東人之謂油煎粉麵爲菓者, 亦未始無稽之稱. 苟無害於義, 從俗可矣.《饔饎雜志》

2) 산자(饊子) 만들기(산자방)

한구(寒具)를 만드는 제도는 나온 지가 이미 오래

饊子方

寒具之制, 其出已久.《楚

---

8 출전 확인 안 됨.
9 옥편(玉篇) : 중국 남조(南朝) 시대의 양(梁)나라 학자 고야왕(顧野王, 519~581)이 《설문해자》의 체제와 내용에 근거하되 부수의 배열을 같은 종류의 의미를 중심으로 재배열하여 펴낸 자서. 한자의 뜻풀이가 일치하지 않고, 자서의 전승 과정에서 오류가 많이 생겨나서 이들을 바로잡기 위해 펴냈다.
10 정(飣) : 밀가루나 찹쌀가루를 반죽하고 납작하게 만들어 말린 다음 기름에 튀기고 꿀을 바른 뒤, 그 앞뒤에 튀긴 밥풀이나 깨를 묻혀 만든 음식.
11 옥편(玉篇)……것이다 :《康熙字典》卷33〈食部〉"飣"(《文淵閣四庫全書》231, 456쪽).
12 출전 확인 안 됨.

되었다. 《초사(楚辭)》[13]에 "거여(粔籹)와 밀이(蜜餌), 장황(餦餭)도 있네."[14]라 했다. 그 주에 "오나라에서는 '고환(膏環)'이라 부르고 또한 '한구'라고도 한다."[15]라 했다. 환담(桓譚)[16]의 《신론(新論)》[17]에 "공자는 필부(匹夫)일 뿐이었지만 우뚝하게 이름이 드러난 인물이라, 천하에 소·양·닭·돼지로 공자에게 제사지내지 않는 이가 없다. 아래로는 술과 포에서 한구에 이르기까지 바쳐 공경을 다하여 모시고 보낸다."[18]라 했다. 이시진(李時珍)은 "한구는 곧 지금의 산자이다."[19]라 했다.

산자로 공묘(孔廟, 공자를 모신 사당)에 제사지내는 예(禮)는 한나라 때부터 이미 그러하였다. 그러나 우리나라의 예를 숭상하는 집안들은 혹 산자가 고려의 절집 풍속으로부터 나왔다고 의심하여 제사에 쓰기를 달가와하지 않았다. 이는 대개 깊이 고찰하지 않은 탓이다.

우리나라의 산자는 모양이 패향(佩香, 몸에 차고 다니는 향)과 같다. 설탕이나 엿을 끼었고 홍색이나 백색

辭》曰 : "粔籹蜜餌, 有餦餭些." 註云 : "吳謂之'膏環', 亦曰'寒具'." 桓譚《新論》曰 : "孔子匹夫耳, 而卓然名著, 天下莫不以牛、羊、鷄、豕祭之, 下及酒脯、寒具, 致敬而去." 李時珍云 : "寒具卽今饊子也."

以饊子祭孔廟, 自漢時已然, 而我國尙禮之家, 或疑饊子出於高麗僧俗, 而不肯用於祭祀, 蓋未之深考也.

我東饊子, 形如佩香, 沃以糖、餳, 傳以紅白饊飯【案

---

13 초사(楚辭) : 중국 초(楚)나라의 굴원(屈原, (B.C.343?~B.C.278?)의 《이소(離騷)》와 그를 추모하는 후기 문인들의 사(辭)를 중국 한(漢)나라의 유향(劉向, B.C.77~B.C.6)이 편집한 책.

14 거여는……있다 : 《楚辭集注》卷7〈招魂〉9(《文淵閣四庫全書》1062, 365쪽).

15 오나라에서는……한다 : 《楚辭集注》卷7〈招魂〉9(《文淵閣四庫全書》1062, 365쪽).

16 환담(桓譚) : ?~?. 중국 한(漢)나라 때의 유학자. 자는 군산(君山). 거문고에 능하였고 오경(五經)에 밝았으며, 고학(古學)을 좋아하여 유흠(劉歆)·양웅(楊雄)에게서 배웠다. 왕망(王莽)이 천하를 찬탈하였을 때 장악대부(掌樂大夫)와 중대부(中大夫)가 되었으며, 광무제(光武帝) 때 의랑급사중(議郞給事中)에 발탁되었다. 그러나 광무제가 참(讖)을 이용하여 정사를 펴자 이것을 유학의 입장에서 저지하려다 노여움을 사, 육안군(六安郡)의 승(丞)으로 좌천되어 부임 중에 죽었다.

17 신론(新論) : 중국 남북조(南北朝)시대 남조의 양(梁)나라 유협(劉勰, 465~521)의 저서. 29편. 고대(古代)를 이상(理想)으로 하여 현재를 바로잡고, 그 입장에서 정치를 행하기 위한 내용으로, 육가(陸賈)의 《신어(新語)》, 유향(劉向)의 《신서(新序)》를 이어받고, 왕충의 《논형(論衡)》을 전개한 것.

18 공자는……보낸다 : 《新論》卷上〈啓寤〉;《康熙字典》卷33〈食部〉"餭"(《文淵閣四庫全書》231, 462쪽).

19 한구는……산자이다 : 《本草綱目》卷25〈穀部〉"寒具", 2541쪽.

사진16 여뀌꽃

의 강반(饊飯)을 묻힌다【안】'饊'은 거(巨)와 양(兩)의 반절음이며, 튀겨서 단단해진 밥이다. 참쌀을 쪄서 밥을 하고 밥이 다 되면 식도록 두었다가 기름에 튀겨 만든다. 홍색은 자초(紫草)[20]로 물들인 것이다】.

붉은 것은 '홍산자(紅饊子)'라 하고, 흰 것은 '백산자(白饊子)'라 한다. 또 여뀌꽃[蓼花][21]의 모양으로 된 것이 있는데, 이것 역시 홍색과 백색의 강반을 묻히되, 여뀌꽃의 자루 부분 0.1척 정도에는 강반을 묻히지 않고 남겨두는 방식으로 염두(捻頭)[22]를 만들었다. 이를 '요화산자(蓼花饊子)'라 부른다.《고사십이집》[23]

한구가 이것으로, 지금의 산자임은 아마도 의심의 여지가 없을 것이다. 주자(朱子)[24]가 《초사》에

饊, 巨兩切, 硬食也. 用糯米蒸飯, 旣成放冷, 油煎而成. 其紅者, 以紫草染色】.

紅稱"紅饊子", 白稱"白饊子". 又有爲蓼花之形者, 亦傅以紅白饊飯, 留其柄寸許, 以爲捻頭, 名"蓼花饊子".《攷事十二集》

寒具是也, 爲今饊子, 蓋無疑矣. 朱子註《楚辭》: "粗

---

20 자초(紫草) : 지치과 식물인 지치의 말린 뿌리. 붉은 빛이 강하여 자초가 자라는 땅도 붉어진다. 우리나라 각지의 낮은 산 양지에서 자란다. 가을이나 봄에 뿌리를 캐 물에 씻어 햇볕에 말린다.
21 여뀌꽃[蓼花] : 마디풀과의 한해살이풀인 여뀌의 꽃. 높이는 40~80cm이며 잎은 어긋나고 피침 모양이다.
22 염두(捻頭) : 기름에 지진 밀가루 음식. 염구(捻具)라고도 한다.
23 《攷事十二集》卷11〈戌集五六〉"寒具造法"(《保晚齋叢書》10, 460~462쪽).
24 주자(朱子) : 1130~1200. 중국 송(宋)나라의 성리학자, 주희(朱熹). 자는 원회(元晦), 호는 회암(晦庵). 성리학을 확립시켜 동아시아 사상사에 큰 영향을 미친 학자.

주를 달아 "거여(粔籹)와 밀이(蜜餌)'를 한구라 한다."25
라 한 것이 이것이다. 허신의 《설문해자》에는 "거여
는 고환(膏糫, 기름진 떡)이다."26라 했고, 가사협의 《제
민요술》에는 "거여를 '환병(環餅, 둥근 떡)'이라 한다."
라 했으며, 《광아》에서는 '부류(粰粎)'라 했는데, 지
금은 산자라고 통칭한다. 《유빈객가화록(劉賓客嘉話
錄)27》에는 "한구는 염두이다."28라 했다.

이들 여러 가지 설을 보면 한구·거여·고환·환
병·부루·염두·산자는 모두 한가지인데 이름이 다
른 것이다. 《초사》주에 "한구는 쌀가루를 지지고
볶아 만든다."라 했다. 임홍의 《산가청공》에 "찹쌀
가루를 밀가루와 섞어 기름에 지지고 여기에 설탕
을 끼얹어 먹는다."29라 했다. 그 제조법을 말한 것이
지금의 산자를 만드는 법과 같으니, 한구가 지금의
산자인 것이 분명하다.

산(饊)은 흩어진다[散]는 뜻이다. 씹으면 쉽게 녹아
서 흩어지는[消散] 것을 말한다. 그래서 가사협은 "한
구는 입에 들어가면 바로 부수어진다."30라 했다. 일
반적으로 이과(餌菓) 중에 오래 저장해도 상하지 않

粔籹、蜜餌'曰'寒具①'"是也. 許
愼《說文》曰:"粔籹, 膏糫",
賈思勰《齊民要術》曰:"粔
籹, 名'環餅'",《廣雅》謂之
"粰粎", 今通名饊子.《劉賓
客嘉話錄》曰:"寒具, 捻
頭."

觀此數說, 則寒具也、粔籹
也、膏糫也、環餅也、粰也、
捻頭也、饊子也, 皆一物而
異名也.《楚辭》註曰:"寒
②具, 以米麵煎熬作之." 林
洪《山家淸供》曰:"以糯粉
和麵油煎, 沃以糖食之."其
言造法, 如今饊子造法同,
寒具之爲今饊子也審矣.

饊者, 散也, 謂嚼之易消散
也, 而賈氏謂"寒具, 入口
卽碎." 凡餌菓之可貯久不
敗者, 莫如饊子, 而寒具之

---

25 거여(粔籹)와……한다 :《楚辭集注》卷7〈招魂〉9(《文淵閣四庫全書》1062, 365쪽).
26 거여는 고환이다 :《說文解字》卷7〈米部〉"粔"(《文淵閣四庫全書》223, 211쪽).
27 유빈객가화록(劉賓客嘉話錄) : 중국 당(唐)나라 관리 위현(韋絢, ?~?)이 동시대의 시인 유우석(劉禹錫,
   772~842)과 대화를 하고 그 내용을 적은 책.
28 한구는 염두이다 :《劉賓客嘉話錄》(《叢書集成初編》2830, 14쪽).
29 찹쌀가루를……먹는다 :《山家淸供》卷上〈寒具〉(《叢書集成初編》1473, 5쪽).
30 한구는……부수어진다 :《齊民要術》卷9〈餅法〉(《齊民要術校釋》, 634쪽.)
① 寒具 : 저본에는 "寒之具". 오사카본·규장각본·고대본·《楚辭集注·招魂》에 근거하여 수정.
② 寒 : 저본에는 없음. 오사카본·규장각본·고대본·《楚辭集注·招魂》에 근거하여 보충.

는 것으로는 산자만 한 것이 없다. 한구라는 이름을 얻은 이유는 바로 오래 두어도 상하지 않기 때문이다. 따라서 한식(寒食)처럼 불 사용을 금할 때 음식으로 쓸 수 있었으므로 한구가 산자임이 분명하다.

임홍은 유독 두보의 〈10월 초하루(十月一日)[31]〉라는 시의 '거여가 인정을 만드네.'[32]라는 구절에 근거하여 《초사》의 두 구에서 말한 것은 자연히 3가지 음식이다. 《초사》의 거여는 바로 10월의 개로병(開爐餠)이고, 밀이는 바로 밀면(蜜麵)이고, 장황은 바로 한구이다.'[33]라고 여겼다. 그러나 이는 잘못이다.

한구는 겨울에서 봄까지 일상적인 식품이니, 만약 거여가 반드시 10월의 절식(節食, 명절 음식)이라고 한다면 장황은 반드시 연기를 금할 때(한식)의 절식일 것이다. 그렇다면 《초사》에서 신에게 제사지낼 때 어찌 같은 절기에 나란히 때를 달리하는 두 제물을 올렸겠는가? 게다가 자서를 상고해 보면 장황은 설탕이나 엿의 또 다른 이름이지 한구를 말하는 것이 아니다. 《옹치잡지》[34]

산자 만드는 법 : 가장 좋은, 백정향(白丁香, 흰 정향나무)의 색을 띤 찹쌀을 가루로 빻아 고운체로 친다.

得名, 政爲久留不敗者, 可③備禁煙時用, 則寒具之爲饊子也審矣.

林洪獨據杜甫《十月一日》詩'粗粆作人情'之句, 謂"《楚辭》二句自是三品, 粗粆乃十月開爐餠, 蜜餌乃蜜麵, 餦餭乃寒具."乃誤矣.

寒具④自是冬春間尋常食品, 苟謂粗粆必謂十月之節物, 餦餭必爲禁煙時食, 則《楚辭》之祀神, 何爲竝擧二物於一時耶? 且考之字書, 餦餭乃餳、餳之一名, 非寒具之謂也.《饔饎雜志》

饊子造法 : 上好白丁香色糯米, 擣粉細羅過. 入少

---

31 시월 초하루(十月一日) : 본문의 시구는〈희작배혜체견민(戲作俳諧體遣悶)〉이라는 시에 있는데, 비슷한 시기를 노래한 시라서 시집이나 주석서에 항상 나란히 기록되어 있으므로 인용할 때 착오가 있었던 것으로 보인다.

32 거여가……만드네:《杜詩詳註》卷20〈戲作俳諧體遣悶音排〉(《文淵閣四庫全書》1070, 801쪽).

33 초사의……한구이다:《山家淸供》卷上〈寒具〉(《叢書集成初編》1473, 5쪽).

34 출전 확인 안 됨;《金華耕讀記》卷4〈寒具〉, 18쪽.

③ 可 : 저본에는 "不". 오사카본·규장각본·고대본에 근거하여 수정.

④ 乃寒……寒具: 저본에는 없음. 오사카본·규장각본·고대본에 근거하여 보충.

여기에 밀가루를 조금 넣고 소금물에 반죽한 다음 나무밀판 위에서 아주 얇게 밀어서 편다. 이를 칼로 직경 0.1척 정도 되는 편으로 썬다.

이 편을 쟁개비나 삼발이솥 안에서 참기름으로 지진다【혹 중국인들은 창이자(蒼耳子, 도꼬마리)기름으로 한구를 지진다고 하는데, 시험해보아야 할 것이다】. 지질 때는 구멍 뚫린 국자로 자주 눌러서 산자몸통이 부풀어 오르지 못하게 한다. 지진 뒤 젓가락으로 건져 올려 깨끗한 소반 위에 둔다.

따로 벌꿀·흰엿을 서로 섞어서 녹인 다음 이를 산자 위에 끼얹어 섞는다. 이어서 이 산자를 강반(穅飯)35 속에 넣어 몇 차례 굴리면, 강반이 알알이 산자 편 위에 달라붙어 산자의 옷이 된다. 깨물면 바삭거리는 소리가 난다. 몇 개월을 두어도 상하지 않는다.《옹치잡지》36

3) 교맥산자(蕎麥饊子, 메밀산자) 만들기(교맥산자방)

메밀쌀을 빻아 가루 낸 뒤, 고운체로 친 다음 여기에 약간의 밀가루를 넣고 소금물에 반죽한다. 이를 밀고 편 다음 칼로 직경 0.1척 정도의 편으로 썬다. 이를 기름에 지지고 엿을 끼얹는 일은 위의 방법과 같다. 그리고 흑임자는 껍질을 벗기고 향이 나도록 볶은 다음 엿을 끼얹은 산자에 옷을 입힌다.《옹치잡지》37

小麥麵, 鹽水溲爲劑, 木案上, 薄薄捍開, 刀切作徑寸片.

銚、鐺內用脂麻油煎之【或言中國人用⑤蒼耳子油煎寒具, 當試之】. 煎時, 以漏杓頻頻鎭按, 勿令泡脹, 以箸撈起, 置淨盤上.

另用蜂蜜、白餳, 相和溶化, 拌饊子上, 拖餦飯中, 翻轉數回, 則餦飯粒粒黏着于饊子片上爲衣. 嚼之有聲, 可留數月不敗. 同上

蕎麥饊子方
蕎麥米擣粉, 細羅過, 入少小麥麵, 鹽水溲爲劑, 捍開, 刀切作徑寸片. 油煎餳沃, 如上法, 而黑胡麻去皮, 炒香爲衣.《饔饎雜志》

---

4) 매화산자(梅花饊子, 매화모양 찹쌀튀밥 입힌 산자) 만들기(매화산자방)

梅花饊子方

아주 좋은 찹쌀을 빻아 가루 낸 뒤 고운체로 친다. 여기에 술밑[酒酵][38]을 넣고 반죽한 다음 칼로 편으로 썬다. 이때 편은 사방 0.2~0.3척이 되고 두께가 0.04~0.05척이 되도록 한다. 이를 따뜻한 온돌 위에 깨끗한 종이를 펴고 널어서 말린 다음 참기름에 지져낸다. 혹 발효가 고르지 않아 우둘투툴 가지런하지 않은 곳이 있으면 칼로 평평하고 네모반듯하게 잘라낸다. 여기에 꿀과 엿을 끼었은 다음 찹쌀튀밥[糯花]을 입힌다.

上好糯米擣粉, 細羅過. 酒酵爲劑, 刀切作片, 方可數寸, 厚可四五分. 煖埃上鋪淨紙攤乾, 麻油煎出. 或有發酵未均, 凸陷不齊處, 以刀削平方正, 沃以蜜、餹, 衣以糯花.

찹쌀튀밥 만들기 : 아주 좋은 찹쌀을 쇠쟁개비 안에 넣고 센 불로 볶으면 알알이 터져 사방으로 피어난 매화모양이 된다. 이 중에서 타거나 말리거나 한쪽으로 비틀어진 튀밥은 가려내고, 다만 모양이 온전하고 깨끗하여 눈처럼 흰찹쌀튀밥만을 취한다. 꿀을 산자 편에 펴 바르되, 상하사방에 골고루 펴 바른다. 홍색을 내려면 튀밥을 기름에 튀겨 자초(紫草)로 염색하고, 황색을 내려면 잣을 수직으로 가르고 얇은 편을 만들어 옷을 입힌다. 《옹치잡지》[39]

糯花造法 : 用絶好糯稻入鐵銚內, 武火炒之, 則粒粒爆炸, 作四出梅花形, 揀去其焦卷偏歪者, 只取完淨雪白糯花. 蜜排嵌着于饊子片, 上下四隅, 周遭排嵌. 欲紅色則油煮紫草染之, 欲黃色則海松子仁竪剖, 作薄片衣之. 《饔饎雜志》

《본초강목》에 "옥수수알맹이는 흰 꽃처럼 터지게 볶을 수 있는데, 찹쌀을 볶아서 터졌을 때의 모양과 같다."[40]라 했다. 《화한삼재도회》에 "옥수수를

《本草綱目》云 : "玉蜀黍米可炒折白花, 如炒折糯穀之狀."《和漢三才圖會》云 : "納

---

38 술밑[酒酵] : 술을 빚기 위해서 미리 만들어둔 발효제.

39 출전 확인 안 됨.

40 옥수수는……같다 :《本草綱目》卷23〈穀部〉"玉蜀黍", 1478쪽.

둥구미[篃]에 넣고 물에 적신 다음 쟁개비 안에 넣고 저으면서 볶으면 알알이 매화모양으로 부풀면서 터지며, 맛이 연하고 좋다."⁴¹라 했다. 이것은 우리나라 사람들이 잘 몰랐던 방법이니, 마땅히 시험해보아야 할 것이다.《옹치잡지》⁴²

篃濡, 著人熱銚內攪炒⑥, 則粒粒脹折如梅花樣, 味脆美." 此東人之所昧也, 當試之. 同上

5) 감저자(甘藷子, 고구마산자) · 갱자(粳子, 멥쌀산자) 만들기(감저갱자방)

甘藷、粳子方

찹쌀을 쌀이 시어질 때까지 물에 5~7일 동안 담근다. 이를 깨끗이 일어 볕에 말린 다음 빻아 고운 가루를 만든다. 맑게 갠 날을 골라 찹쌀가루를 생수에 넣고 섞어서 술잔주둥이크기만 한 둥근 덩이를 만든다. 바로 고구마를 닦고 껍질을 벗긴 다음 깨끗이 씻는다. 이를 모랫돌 위에서 서서히 갈아 장(漿, 과즙)을 만들어둔다. 이때 매우 곱게 갈되 물을 넣지 말아야 한다.

將糯米水浸五七日, 以米酸爲度, 淘淨曬乾, 擣成細粉. 看晴天, 將糯粉入生水, 和作團子如杯口大, 卽⑦將藷根拭去皮洗淨, 沙石上徐徐磨作漿, 要極細勿攪水.

둥근 찹쌀덩이를 푹 삶고 건져서 단지 속에 넣는다. 이를 나무막대기로 있는 힘을 다하여 저으면서 죽으로 만든다. 열기가 대략 손을 넣을 수 있을 때까지 적당히 식으면 고구마 갈아놓은 장을 부어 넣는다. 찹쌀가루 30승마다 고구마 갈아놓은 장 1근을 넣고 저어서 매우 고르게 한다.

將糯團煮熟, 撈入瓶中, 用木杖盡力攪作糜. 候冷熱得所, 大約以可入手爲度, 將藷漿傾入, 每糯粉三斗, 入藷漿一斤攪極均.

먼저 마른 밀가루를 평평한 밀판 위에 체로 쳐둔

先將乾小粉篩平板上, 次

---

41 둥구미[篃]에……좋다:《和漢三才圖會》卷103〈穀菽類〉"玉蜀黍"(《倭漢三才圖會》12, 246쪽).
42 출전 확인 안 됨.
⑥ 納篃……攪炒:《和漢三才圖會·穀菽類·玉蜀黍》에는 "濡著篃於水攪沙鍋".
⑦ 卽 : 저본에는 "則". 오사카본·《廣群芳譜·蔬譜·甘藷》에 근거하여 수정.

다. 다음으로 찹쌀과 고구마죽 덩이를 가루 위에 올린다. 또 마른 가루를 반죽 위에 뿌리면서 반죽을 얇게 민 다음 볕에 반쯤 말린다. 이를 주사위모양으로 썰고 볕에 바싹 말려 저장해둔다.

쓸 때는 뭉근한 불로 노구솥에 불을 지펴 솥을 뜨겁게 한다. 이어서 말린 반죽 0.2승 정도를 넣고 뭉근한 불로 아주 잠깐 볶으면 점점 부드러워지고 점점 부풀면서 둥근 공모양이 된다. 다음으로 백설탕과 참깨를 넣거나 다시 향료를 더하여 고루 볶아준다. 이것이 식으면 매우 가볍고 부드럽다.

멥쌀 2승마다 고구마장 10승을 넣고 볶아서 산자를 만들 수도 있다. 우장(芋漿, 토란즙)이나 산약장(山藥漿, 마즙)을 넣고서도 만들 수 있다. 《군방보》[43]

6) 당비(糖榧, 비자모양 산자) 만들기(당비방)

흰밀가루에 술밑을 넣어 발효가 되면 끓는 물에 반죽한 다음 이를 비자(榧子)[44]모양으로 자른다. 펄펄 끓는 기름에 넣고 튀겨서 꺼낸 다음 설탕과 밀가루 혼합물에 넣어 옷을 입힌다. 산자에 옷을 입힐 설탕과 밀가루는 1대1로 섞어 만든다. 《준생팔전》[45]

7) 약과(藥果) 만들기(약과방)

【안 우리나라 사람들은 참기름과 꿀로 밀가루를 반죽하여 참기름에 튀긴 것을 '약과(藥果)'라고 한다】

將糜置粉上. 又著乾粉, 捍薄曬半乾, 切如骰子樣, 曬極乾收藏.

用時, 慢火燒鍋令熱, 下二合許, 慢火炒少刻, 漸軟漸發, 成團毬子. 次下白餹·芝麻, 或更加香料炒均, 候冷極浮脆.

每粳二升, 可炒一斗. 芋漿、山藥漿亦可作. 《群芳譜》

糖榧方

白麵入酵, 待發, 滾湯搜成劑, 切作榧子樣. 下十分滾油煠過, 取出, 糖麵內纏之. 其纏糖與麵對和成劑. 《遵生八牋》

藥果方

【案 東人謂油、蜜溲麵而油煎者, 爲"藥果"】

---

43 《廣群芳譜》卷16〈蔬譜〉"甘藷", 384~385쪽.
44 비자(榧子) : 비자나무과 식물인 비자나무의 말린 열매.
45 《遵生八牋》卷13〈飮饌服食牋〉"甜食類" '糖榧方'(《遵生八牋校注》, 471쪽).

밀가루 10승에 벌꿀 1승, 참기름 0.8승을 넣고 손으로 재빨리 고르게 반죽한다. 이때는 오래 치대지도 말고 오래 다지지도 말아야 한다. 이는 반죽에 점성이 생겨 부드럽지 않을까 걱정해서이다. 반죽을 가볍고 가볍게 밀어 펴서 두께가 대략 0.05~0.06척이 되면 네모난 편으로 자르되, 크기는 마음대로 한다.

따로 참기름 3승을 바닥이 평평한 쇠쟁개비에 붓고 여기에 바로 약과를 넣은 다음 장작불로 튀긴다. 이때 숟가락으로 약과를 자주자주 뒤집어주어서 쟁개비바닥에 눌어붙어 타지 않도록 한다. 튀기다가 약과가 저절로 기름 위에 뜨면 익은 것이다.

약과를 꺼내서 깨끗한 그릇에 두고 꿀 3승으로 잰다【꿀은 먼저 졸여두어야 한다】. 꿀이 약과에 다 스며들면 약과를 평평한 소반 위에 내어둔 다음 바람에 식혀 저장한다.

반죽할 때 잣가루 0.5승, 후춧가루 0.1승, 계핏가루 0.03승를 넣으면 더욱 좋다. 또 볶은 참깨 0.2승을 더하기도 한다. 이는 수원부(水原府)[46]에서 약과를 튀기는 법이다.《증보산림경제》[47]

眞麵一斗, 用蜂蜜[8]一升, 麻油八合, 急手搜均. 勿久打久築, 恐膠生不軟. 須輕輕捍開, 略厚五六分, 切作方片, 大小隨意.

另用麻油三升注平底鐵銚中, 旋下藥果, 以柴火煮之. 以匙頻頻翻轉[9], 令不貼銚底焦了. 煎至藥果自浮油面則熟矣.

取出置淨器, 以蜜三升漬之【蜜[10]須先煉過】. 待蜜[11]盡透入, 出置平盤上, 風冷收貯.

搜劑時, 入海松子屑五合、胡椒屑一合、桂屑三勺則尤佳. 或又加炒芝麻二合, 此水原府煎藥果法也.《增補山林經濟》

---

46 수원부(水原府) : 조선 후기 수도 방위를 위해 한성부 주변의 행정적·군사적으로 중요한 지역인 수원에 설치한 특수 행정 체계. 수원부는 1793년(정조 17)에 개성유수·강화유수보다 한 등급 높은 정2품 유수가 임명되는 유수부로 승격되어 유수 2인(1인은 경기관찰사 겸임), 판관 1인, 검률 1인이 소속되었다.

47 《增補山林經濟》卷8〈治膳上〉 "煎油蜜果煎蜜果菓飴餹諸品" '煎油蜜藥果法'(《農書》4, 38쪽).

[8] 蜂蜜 :《增補山林經濟·治膳·煎油蜜果煎蜜果菓飴餹諸品》에는 "好淸". 好淸은 조청으로 꿀 대용으로 사용하는 양념이다.

[9] 轉 : 저본에는 없음. 오사카본·규장각본·고대본에 근거하여 보충.

[10] 蜜 :《增補山林經濟·治膳·煎油蜜果煎蜜果菓飴餹諸品》에는 "淸".

[11] 蜜 :《增補山林經濟·治膳·煎油蜜果煎蜜果菓飴餹諸品》에는 "淸".

또 약과를 만들고 남은 반죽을 손으로 주물러 송편모양을 만든 뒤 붉은 대추·곶감을 빻고 이것으로 소를 만들어 넣은 음식이 있다. 이를 '만두과(饅頭果)'라 부른다. 잣가루를 그 위에 뿌린다.

【안】 또 약과반죽을 목권(木圈, 나무다식판) 안에 넣고 찍어서 꽃잎모양을 만든 다음, 이를 기름에 튀겼다가 꿀에 담그기는 위의 방법과 같이 한 것이 있다. 이를 '다식과(茶食果)'라 부른다.

또 다른 방법이 있다. 밀가루 10승, 백밀 3승을 물에 섞고 반죽한 다음 반죽을 밀어 펴고 먹모양으로 자른다. 이를 끓는 기름 안에 넣어 튀긴다. 색이 노릇노릇해지면 이를 꺼내서 식도록 두었다가 저장한다. 이를 '중계(中桂)'라 부른다. 중계의 뜻은 미상이다】《증보산림경제》[48]

又有以藥果之餘[12]劑，手捻作松餅樣，以紅棗、乾柹擣作餡者，名"饅頭果"，用海松子屑糝其上[13].

【案】又有以藥果之劑，入木圈內，摸印作花瓣狀，油煎蜜漬，如上法者，名"茶食果".

又有以眞麵一斗、白蜜三升，和水溲之，捍開切作墨錠形，入滾油內煤之[14]，待色深黃．取出放冷收貯者，名"中桂"．中桂之義[15]未詳】《增補山林經濟》

정조지 권제3 끝

鼎俎志卷第三

---

48 《增補山林經濟》卷8〈治膳上〉"煎油蜜果煎蜜果菜飴饉諸品" '煎油蜜藥果法'(《農書》4, 39쪽).

[12] 餘 : 저본에는 없음. 《增補山林經濟·治膳·煎油蜜果煎蜜果菜飴饉諸品》에 근거하여 보충.

[13] 糝其上 : 저본에는 "其上糝". 오사카본·규장각본·고대본에 근거하여 수정.

[14] 捍開……煤之 : 저본에는 없음. 오사카본·규장각본·고대본에 근거하여 보충.

[15] 義 : 저본에는 "宜". 오사카본·규장각본·고대본에 근거하여 수정.

4 정조지 권제 4

鼎俎志 卷第四

임원십육지 44

林園十六志 四十四

I. 채소음식(교여지류)

자(煮)는 채소를 삶아서 국을 만드는 것이고, 잡(煠)은 채소를 데쳐서 나물을 만드
는 것이다. '흐물흐물하게 삶고 익도록 데쳐[爛煮熟煠, 난자숙잡] 막힌 것을 소통시키
고 혈액을 돌게 한다[疏壅導血, 소옹도혈]', 이것이 채소를 요리하는 8자비결이다. 맛
이 진한 생선으로 채소 본연의 맛을 빼앗지 말고, 누린내 나는 고기로 채소의 본
성을 어지럽히지 말라.

채소음식(교여지류)

咬茹之類

1. 채소 절이기(엄장채)

醃藏菜

1) 총론

송우(宋宇)[1]가 정조(鼎俎, 음식) 30가지를 도왔으니[2] 많기도 하다! 주옹(周顒)[3]의 봄 올부추와 가을 늦배추는[4] 맛있기도 하다! 그러나 동산의 초목이 마르면 이때에는 배추 생산이 그치니, 이 때문에 엄장법(醃藏法)이 있게 되었다. '엄(醃)'이라는 말은 담근다[漬]는 뜻으로, 담가서 사물을 저장하는 방법이다.

담글 때 소금이나 술지게미나 향료를 쓰는데, 이는 모두 채소를 저장하여 겨울에 대비하기 위함이다. 시인이 말한 '맛있는 것을 쌓아 겨울에 대비한다.'[5]라는 것이 바로 이것이다. 그러나 저장할 때 알맞은 방법으로 하지 않으면 재료가 쉬어버린다. 그러

總論

宋宇之助鼎俎三十品，多乎哉！周顒之春早韭、秋末晚菘，旨乎哉！然園枯則休，於是有醃藏之法。醃者漬也，漬以藏物也。

或以鹽焉，或以糟焉，或以香料焉，皆所以畜聚而御冬。詩人所稱"旨畜御冬"是也。藏之不得其法則蔫，故醃藏菜蔌之法，巖棲谷

---

1 송우(宋宇) : 미상.
2 정조(鼎俎)……도왔으니 : "송우(宋宇)가 채소 30가지를 심었는데 때마침 비가 내리자, 채소밭에 가서 '하늘이 이 채소들을 내서 내 음식을 도우니 내 집안은 다시 무엇을 근심하리요?'(宋宇種蔬三十品, 時雨之後, 按行園圃, 曰 : "天苗此徒, 助予鼎俎, 家復何患?")"라고 한 데서 온 말이다. 《雲仙雜記》卷3〈種蔬助鼎俎〉(《文淵閣四庫全書》1035, 657쪽).
3 주옹(周顒) : ?~?. 중국 남조(南朝) 제(齊)나라 음운학자·시인·불교학자. 여남(汝南) 안성(安城) 사람. 자는 언륜(彦倫). 송나라 해릉국시랑(海陵國侍郞)을 거치고, 후에 섬현령(剡縣令)이 되어 치적을 쌓았다. 제나라에 들어 중서랑(中書郞)·국자박사(國子博士) 겸 저작(著作)이 되었다. 언사(言辭)와 문장이 뛰어나고, 백가(百家)를 두루 섭렵했으며, 불리(佛理)에 정통했다. 저서로, 《삼종론(三宗論)》·《사성절운(四聲切韻)》이 있다.
4 봄……배추는 : 중국 남조 제(齊)나라 무제(武帝)의 맏아들인 문혜태자(文惠太子, ?~?)가 주옹에게 어떤 채소가 가장 맛있느냐고 묻자 주옹이 대답한 내용(文惠太子問周顒曰 : "何菜爲最?" 顒曰 : "春初早韭, 秋末晚菘.")이다. 《山家淸供》卷下〈鬆玉〉(《叢書集成初編》1473, 20쪽).
5 맛있는……대비한다 : 《詩經》〈國風〉 "邶風"谷風(《十三經注疏整理本》4, 180쪽).

므로 채소를 절여 저장하는 법은 바위굴이나 산골짜기에 사는 사람도 빨리 익혀야 하는 방법이다.《옹치잡지》6

處者所宜亟講也.《饔饎雜志》

2) 항아리에 물기 적게 절인 채소 담아 밀폐하여 저장하기(건폐옹채방)

乾閉甕菜方

채소 10근, 볶은 소금 40냥을 준비해서 항아리에 채소를 절인다. 채소 한 켜마다 소금을 한 켜씩 뿌려 3일간 절인다. 채소를 꺼내 동이 안에 넣고 소금기가 고루 묻도록 한 번 뒤적인 다음 따로 둔 항아리 1개에 옮긴다. 소금물은 거두어 다음의 쓰임에 대비한다. 또 3일이 지나면 다시 꺼내 또 소금기가 고루 묻도록 한 번 뒤적인 다음 채소를 따로 둔 항아리 1개에 채소를 옮긴다. 소금즙은 남겨서 다음의 쓰임에 대비한다.

菜十斤、炒鹽四十兩, 用缸醃菜. 一皮菜, 一皮鹽, 醃①三日. 取起菜, 入盆內揉②一次, 將另過一缸, 鹽滷收起聽用. 又過三日, 又將菜取起, 又揉一次, 將菜另過一缸, 留鹽汁聽用.

이와 같이 9번을 다 하고 나면 채소를 항아리 안에 넣는다. 채소 한 켜 위에 화초(花椒)와 소회향(小茴香)을 한 켜 뿌리고 또 채소를 쟁여넣는다. 이와 같이 채소를 꼭꼭 다져 잘 쟁여넣은 뒤에, 앞에서 채소를 절이고 남겨둔 소금물을 단지마다 3주발을 붓는다. 이를 진흙으로 밀봉한 뒤 1년이 지나면 먹을 수 있다.《중궤록》7

如此九遍完, 入甕內, 一層菜上, 灑花椒、小茴香一層, 又裝菜. 如此緊緊實實裝好, 將前留起菜滷, 每罈澆③三碗, 泥起, 過年可吃.《中饋錄》

---

6 출전 확인 안 됨.
7 《說郛》卷95上〈中饋錄〉"製蔬"'乾閉甕菜'(《文淵閣四庫全書》881, 410쪽).
① 醃 : 저본에는 없음. 오사카본·규장각본·고대본·《說郛·中饋錄·製蔬·乾閉甕菜》에 근거하여 보충.
② 揉 : 저본에는 "采". 오사카본·규장각본·고대본·《說郛·中饋錄·製蔬·乾閉甕菜》에 근거하여 수정.
③ 澆 :《說郛·中饋錄·製蔬·乾閉甕菜》에는 "澆".

3) 채소 절여 저장하기(저장채방)

순무·배추·아욱·갓을 소금에 절이는[鹹菹] 법은 모두 같다【안 이는 이른바 절임[菹]이지, 담금[淹菹]을 가리키는 것이 아니다. 바로 채소를 절여 저장하는 법이다】. 채소를 거둘 때는 좋은 것을 골라 골풀이나 부들로 묶는다. 소금물을 만들되 매우 짜게 한다. 이 소금물 속에서 채소를 씻은 다음, 즉시 항아리 속에 넣는다. 만약 먼저 담수(淡水, 맹물)로 씻어버리면 채소를 절일 때 문드러진다.

그 채소를 씻은 소금물은 맑게 가라앉혀 웃물을 취한 뒤 항아리 안에 쏟아 붓는다. 채소가 다 잠기면 그치고 더 이상의 소금은 섞지 않는다. 절인 채소의 색이 파랗게 되면 물로 소금물을 씻어낸다. 이 채소를 삶아서 나물을 무치면 맛이 생채소와 다르지 않다.

위의 채소 중에 순무·갓 두 종류는 3일 만에 꺼낸다. 메기장을 가루 낸 뒤 묽은 죽을 쑤고, 밀누룩[麥麴㸬]을 찧어서 가루 낸 다음【안《집운》에는 "'㸬'은 음이 환(桓)이고 누룩이다. 밀로 만든다."[8]라 했다】 명주체로 체질하여 고운 가루를 얻는다. 항아리에 채소 한 켜를 깔고, 그 위에 누룩가루를 얇게 뿌린 다음, 곧 뜨거운 묽은 죽을 붓는다. 항아리가 가득찰 때까지 층층이 이렇게 한다.

채소를 항아리에 까는 법은 켜마다 반드시 줄기와 잎이 반대 방향이 되게 안치는 것이다.

菹藏菜方

蕪菁、菘、葵、蜀芥、鹹菹皆同【案 此所謂菹, 非指淹菹, 卽醃藏菜法也】. 收菜時, 卽擇取好者, 菅、蒲束之. 作鹽水, 令極鹹, 於鹽水中洗菜, 卽納甕中. 若先用淡水洗者, 菹爛.

其洗菜鹽水, 澄取淸者, 瀉著甕中, 令沒菜肥卽止, 不復調和. 菹色仍靑, 以水洗去鹹汁, 煮爲茹, 與生菜不殊.

其蕪菁、蜀芥二種, 三日抒出之. 粉黍米作粥淸, 擣麥麴㸬作末【案《集韻》"㸬, 音桓, 女麴也, 小麥爲之"】, 絹篩. 布菜一行, 以㸬末薄坌之, 卽下熱粥淸. 重重如此, 以滿甕爲限. .

其布菜法, 每行必莖、葉顚倒安之.

---

8 㸬은……만든다 :《康熙字典》卷36〈麥部〉"㸬"(《文淵閣四庫全書》231, 566쪽).

사진1 채소절임

이전에 썼던 소금물을 다시 항아리에 쏟으면 절임의 색이 누렇게 되면서 맛이 좋다.

심심한 절임를 만들 때는 메기장으로 쑨 묽은 죽과 밀누룩가루를 써도 맛이 좋다.《제민요술》9

舊鹽汁還瀉甕中, 菹色黃以味美.

作淡菹, 用黍米粥淸及麥䴸末, 味亦勝.《齊民要術》

4) 오향채(五香菜) 절이기(엄오향채방)

싱싱하고 통통한 채소를 뿌리는 떼어 제거하고, 누런 잎을 따버리고 깨끗이 씻은 다음 넣어서 물기를 말린다. 채소 10근마다 소금 10냥, 감초 몇 줄기를 깨끗한 항아리에 담는다. 채소줄기가 갈라지는 사이사이에 소금을 뿌려 넣고, 항아리 안에 배치한 다음, 시라(蒔蘿)10나 회향(茴香)을 넣고 손으로 꾹꾹 눌러 내용물이 항아리의 반이 되게 한다.

다시 감초 몇 줄기를 넣고 항아리가 가득 찰 만한 큰 돌로 눌러둔다. 3일이 지난 뒤에 채소를 거꾸

醃五香菜方

好肥菜削去根, 摘去黃葉, 洗淨控乾. 每菜十斤, 用鹽十兩、甘草數莖, 以淨甕盛之. 將鹽撒入菜丫④內, 排於甕中, 入蒔蘿、茴香, 以手按實, 至半甕.

再入甘草數莖, 及滿甕用大石壓定, 至三日後, 將菜

사진2 오향채 절이기

---

9 《齊民要術》卷9〈作菹藏生菜法〉"葵菘蕪菁蜀芥鹹菹法"(《齊民要術校釋》, 656~657쪽).

10 시라(蒔蘿) : 미나리과 식물인 소회향의 익은 열매를 말린 것. 열매가 익은 다음 열매가 달린 가지를 뜯어 햇볕에 말려서 털어 잡물을 없앤다. 맛은 맵고 성질은 따뜻하다.

④ 丫 : 저본에는 "了". 오사카본·규장각본·고대본·《傳家寶·多能集·醃五香鹹菜法》에 근거하여 수정.

로 잡고, 짜서 소금물을 제거한 다음 마르고 깨끗한 그릇 안에 따로 둔다. 생수는 금하고 소금물을 채소 안에 끼얹는다. 7일이 지나면 앞의 방법대로 채소를 다시 거꾸로 잡고 소금물을 제거한다. 그런 다음 새로 길은 물에 담그고 바로 큰 돌로 눌러두면 그 채소의 맛이 좋고 향이 나며 연하다.

만약 봄이 되어도 다 먹지 못하면 끓는 물 속에서 데친 다음 볕에 말려 저장하거나, 혹은 삶거나 쪄서 볕에 말려둔다. 여름이 되면 이 말린 채소를 따뜻한 물에 담갔다가 눌러서 말린다. 먹을 때는 향유(香油, 참기름)를 넣고 고루 섞어서 자기사발에 담은 뒤, 밥 위에 얹고 쪄서 먹으면 제일 좋다.

혹은 고기를 삶거나 두부나 면근(麵筋)[11]을 지질 때 음식에 넣어도 모두 맛이 빼어나다. 또 화촛가루를 더하면 더욱 좋다. 《다능집》[12]

5) 겨울채소 절이기(엄동채방)

11월에 겨울채소를 절인다. 상품의 좋은 채소를 가져다 깨끗이 씻고 풀로 묶는다. 꼬박 하루가 지나면 항아리에 넣되, 채소 100근마다 소금 7근을 넣고 돌멩이로 눌러둔다. 3일 뒤에 1차로 뒤집어주고 돌을 제거하여 소금물이 채소에 들어가기를 기다린다. 또 3일 뒤에 먼젓번처럼 돌로 눌러둔다. 15일이 지나면 먹을 수 있다. 채소몸통마다 비틀어서 단단

倒過, 扭去滷水, 於乾淨器中另放. 忌生水, 却以滷水澆菜內, 候七日, 依前法再倒, 用新汲水[5]淹浸, 仍以大石壓之, 其菜味美香脆.

若至春日, 食不盡者, 或於沸湯內焯過, 曬乾收貯, 或煮蒸曬乾. 俟夏月, 將菜溫水浸過, 壓乾. 入香油拌均, 以磁碗盛之, 於飯上蒸食最佳.

或用煮肉, 煎豆腐、麵筋俱妙. 再加入花椒末, 更佳. 《多能集》

醃冬菜方

十一月醃冬菜, 取上好菜, 洗淨用草束. 一周時下缸, 每百觔, 入鹽七斤, 壓以石塊. 三日後番一次去石, 待鹽水入菜. 三日後, 仍以石壓. 半月可食. 每株絞緊, 入罈內納實, 以原鹹水浸

---

11 면근(麵筋) : 밀가루에 물을 타서 그 안에 포함된 전분을 씻어낸 뒤 굳힌 혼합단백질.

12 《傳家寶》 卷8〈多能集〉 "醃五香鹹菜法", 277쪽.

5 却以……汲水 : 저본에는 없음. 규장각본·고대본·《傳家寶·多能集·醃五香鹹菜法》에 근거하여 보충.

히 묶어 단지 안에 꼭꼭 채워 넣고, 원래의 소금물을 부어 잠기게 하면 다음해 여름이 와도 상하지 않는다.《가숙사친(家塾事親)13》14

일반적으로 채소 100근에 소금 8근을 쓴다. 소금이 이보다 많으면 맛이 짜고 이보다 적으면 맛이 싱겁다. 1일 낮과 1일 밤 동안 절이면서 뒤집어준다. 또 항아리 안에 담고 큰 돌로 눌러 두었다가 3~4일이 되면 모양을 잡아서 잘 쟁여놓는다.《다능집》15

6) 술지게미에 채소 저장하기(조장채방)

일반적으로 술지게미에 채소를 저장할 때는, 먼저 소금을 넣은 술지게미에 절였다가 10여 일 정도 지나면 꺼내어 묵은 술지게미를 모두 제거하고 깨끗하게 닦아 말린다. 특별히 1등급의 좋은 술지게미를 쓰면 이 채소의 맛이 빼어나다. 대체로 골마지가 많으면 처음부터 술지게미가 시어져 묵은 물을 내기 때문에 반드시 술지게미를 1번 바꿔야 한다. 좋은 술지게미라야 온전히 좋은 맛을 얻을 수 있고 오래 간다.《군방보》16

之, 可至來夏不壞.《家塾事親》

凡菜一百斤, 用鹽八斤, 多則味鹹, 少則味淡, 醃一日一夜, 翻覆. 又貯缸內, 用大石壓住, 至三四日打稿裝.《多能集》

糟藏菜方

凡糟菜, 先用鹽糟, 過十數日, 取起盡去舊糟, 淨拭乾. 別⑥用一項好糟, 此爲妙. 大抵花釀多, 因初糟醋, 出宿水之故, 必換一次, 好糟方得全美久留.《群芳譜⑦》

---

13 가숙사친(家塾事親) : 중국 명(明)나라 곽성(郭晟, ?~?)이 편찬한 요리책.
14 출전 확인 안 됨.
15 《傳家寶》卷8〈多能集〉"醃菜法", 276~277쪽.
16 출전 확인 안 됨.
⑥ 別 : 저본에는 없음. 오사카본·규장각본·고대본에 근거하여 보충.
⑦ 群芳譜 : 저본에는 없음. 오사카본·규장각본·고대본에 근거하여 보충.

7) 소금에 부추 절이기(엄염구방)

서리가 내리기 전에 통통한 부추 중에 끝이 누렇게 되지 않은 것을 골라 깨끗이 씻은 다음 널어서 물기를 말린다. 자기동이 안에 부추를 한 켜 깔고 소금을 한 켜 뿌려 소금과 부추를 켜켜이 모두 고르게 깔 때까지 한다. 이렇게 1~2일 밤을 절이면서 여러 차례 뒤집어준다. 절인 부추를 자기그릇 속에 쟁여넣은 뒤, 절이면서 나온 원래 소금물에 향유를 조금 더해서 부추에 부어주면 맛이 더욱 빼어나다. 《중궤록》[17]

醃鹽韭方

霜前, 揀肥韭無黃梢者, 擇淨洗控乾. 於磁盆內, 鋪韭一層, 糝鹽一層, 候鹽韭均鋪盡爲度, 醃一二宿, 翻數次. 裝入磁器內, 用原滷加香油少許尤妙.《中饋錄》

사진3 소금에 부추 절이기

술지게미에 부추 절이는 법 : 통통하고 어린 부추를 뜨거운 볕에 쬔다. 부추가 마르려고 하면 숙성된 술지게미를 옹기에 한 켜 펴고, 부추를 한 켜 배치한다. 술지게미와 부추를 켜켜이 이와 같이 깔고 꾹꾹 눌러두었다가 거두어 쓴다.《군방보》[18]

糟韭法 : 肥嫩者, 赤日曝, 至將乾, 以甕鋪熟糟一層, 排韭一層, 相間如此, 壓緊收用.《群芳譜》

---

17 《說郛》卷95上〈中饋錄〉"製蔬" 醃鹽韭法(《文淵閣四庫全書》881, 411쪽).
18 《廣群芳譜》卷13〈蔬譜〉"韭", 309쪽.

사진4 술지게미에 부추 절이기　　　　　사진5 부추꽃 절이기

부추꽃 절이는 법 : 부추꽃이 피고 씨가 절반쯤 맺혔을 때 거두어, 꽃받침과 줄기를 떼어내고, 꽃 1근에 소금 3냥을 넣고 함께 잘 빻아 항아리 안에 넣는다.

혹은 부추꽃을 절이는 도중에 작은 가지[茄]나 작은 노각오이를 절이기도 한다. 이때는 먼저 따로 소금에 절였다가 물기를 제거하고 3일간 볕에 쬐어 말린 다음, 절인 부추꽃 속에 넣고 고루 섞는다. 동전 3~4문(文)을 병바닥에 놓고 부추꽃을 넣으면 맛이 빼어나다.《군방보》19

醃韭花法 : 韭花半結子時, 收摘去蔕梗, 一斤用鹽⑧ 三兩, 同搗爛入罐中.

或就中醃小茄、小黃瓜, 先別用鹽醃, 去水晾三日, 入韭花中拌均. 用銅錢三四文, 著瓶底, 却入韭花妙. 同上

19 《廣群芳譜》卷13〈蔬譜〉"韭", 310쪽.
⑧ 鹽 : 저본에는 없음. 오사카본·규장각본·고대본·《廣群芳譜·蔬譜·韭》에 근거하여 보충.

8) 술지게미에 생강 절이기(조강방)

생강 1근, 술지게미 1근, 소금 5냥으로 사일(社日)[20]이 되기 전에 날을 골라서 절임을 한다. 이때 술지게미가 물에 닿지 않아야 상하지 않는다. 따라서 생강껍질은 마른 포로 비벼서 진흙을 제거하고, 볕에 말려서 반건조시킨 뒤에 술지게미와 소금을 섞어 항아리에 넣는다. 《중궤록》[21]

사일(社日) 전에 어린 생강을 가져다 뿌리를 제거하고 비벼서 깨끗이 손질한다. 여기에 술로 술지게미와 소금을 고루 섞어 자기병에 넣는다. 위에는 설탕한 덩이를 놓은 뒤, 댓잎으로 입구를 막고 진흙으로 봉하면 7일 만에 먹을 수 있다. 《구선신은서》[22]

날이 맑을 때 어린 생강을 거두어, 음지에서 5일 동안 말린 다음 마포(麻布, 삼베)로 붉은 껍질을 닦아 제거한다. 생강 1근마다 소금 2냥, 술지게미 3근으로 7일 동안 절였다가, 꺼내어 깨끗이 닦는다. 따로 소금 2냥, 법대로 만든 술지게미 5근을 고루 섞어 새 자기항아리에 넣는다. 먼저 호두[核桃] 2개를 잘게 부수어 항아리바닥에 깔면 생강이 맵지 않게

糟薑方

薑一斤、糟一斤、鹽五兩, 揀社[9]日前, 可糟不要見水, 不可損了. 薑皮用乾布, 擦去泥, 曬半乾後, 糟、鹽拌之入甕.《中饋錄》

社前取嫩薑, 去蘆擦淨. 用酒和糟、鹽拌均, 入磁壜中. 上用砂糖一塊, 箸葉扎口泥封, 七日可食.《臞仙神隱書》

嫩薑天晴時收, 陰乾五日, 以麻布拭去紅皮. 每一斤, 用鹽二兩、糟三斤, 醃七日, 取出拭淨. 別用鹽二兩[10]、法糟五斤拌均, 入新磁罐. 先以核桃二枚搥碎, 安罐底, 則薑不辣. 然後入薑,

---

20 사일(社日) : 입춘·입추 후 5번째 무일(戊日)로, 춘사(春社)일·추사(秋社)일이라고 한다. 춘사에는 한 해 농사가 잘 되도록 도와달라고 기원하는 뜻에서, 추사에는 농사가 풍성하게 된 것을 기뻐하고 감사하는 뜻에서 지신(地神)과 농신(農神)에게 제사를 지냈다.

21 《說郛》卷95上〈中饋錄〉 "製蔬" '糟薑方'(《文淵閣四庫全書》881, 409쪽).

22 《臞仙神隱書》〈八月〉 "修饌" '糟薑'(《四庫全書存目叢書》260, 65쪽);《山林經濟》卷2〈治膳〉 "蔬菜"(《農書》2, 292쪽).

[9] 社 : 저본에는 "四". 오사카본·규장각본·고대본·《說郛·中饋錄·製蔬·糟薑方》에 근거하여 수정.

[10] 糟三斤……別用鹽二兩 : 저본에는 없음. 오사카본·규장각본·고대본·《廣群芳譜·蔬譜·薑》에 근거하여 보충.

된다. 그 다음에 생강을 넣어 술지게미 표면과 평평하게 한 다음 조금 익힌 밤의 가루를 그 위에 뿌리면 생강에 찌꺼기가 생기지 않는다. 일반적인 방법과 같이 진흙으로 아가리를 견고하게 봉한다. 생강을 붉게 만들고 싶으면 빛깔이 진한 우화(牛花)[23]를 넣어 술지게미와 섞는다. 《군방보》[24]

술지게미생강을 담은 병 안에 매미껍질을 깔면 비록 묵은 생강이라도 심이 없어진다. 《물류상감지》[25]

9) 갓 저장하기(장개방)

통통한 갓을 물에 닿지 않게 손질하고 볕에 말리다가 6/10~7/10 정도가 마르면 잎을 제거한다. 1근마다 소금 4냥을 넣고 하룻밤을 담갔다가 꺼낸다. 줄기마다 묶어서 작은 단을 만든 다음 작은 병 안에 두고, 거꾸로 세워서 소금물의 방울이 다 떨어지도록 한다. 이를 앞에서 갓을 절여낸 물과 같이 달여 맑은 즙을 취한다. 식으면 병에 갓과 함께 넣고 단단히 봉해두었다가 여름에 먹는다. 《중궤록》[26]

가을에는 어린 갓을, 봄에는 쇠지 않은 갓을 음

平糟面, 以小熟栗末糝上則薑無渣. 如常法, 泥封固. 如要色紅, 入釅牛[11]花拌糟. 《群芳譜》

糟薑瓶內安蟬殼, 雖老薑亦無筋. 《物類相感志》

藏芥方

芥菜肥者, 不犯水, 曬至六七分乾, 去葉. 每斤鹽四兩, 淹一宿取出. 每莖扎成小把[12], 置小瓶中, 倒瀝盡其水. 幷前醃出水同煎, 取清汁, 待冷, 入瓶封固, 夏月食. 《中饋錄》

秋間嫩春不老芥菜, 陰半

---

23 우화(牛花) : 꼭두서니과에 속하는 복우화(伏牛花)로 추정된다. 늦가을에 맺히는 복우화열매는 매우 붉다. 가지에는 호랑이[虎]를 찌를[刺] 만큼 단단한 가시가 있어 호자(虎刺)나무 또는 격호자(隔虎刺)라고도 부른다.
24 《廣群芳譜》 卷13 〈蔬譜〉 "薑", 298쪽.
25 《物類相感志》 〈飮食〉 (《叢書集成初編》 1344, 6쪽).
26 《說郛》 卷95上 〈中饋錄〉 "製蔬" '藏芥' (《文淵閣四庫全書》 881, 408쪽).
[11] 牛 : 저본에는 "生". 《廣群芳譜·蔬譜·薑》에 근거하여 수정.
[12] 把 : 저본에는 "肥". 오사카본·규장각본·고대본·《說郛·中饋錄·製蔬·藏芥》에 근거하여 수정.

지에서 반쯤 말렸다가, 누런 잎과 쇤 줄기는 골라서 제거한다. 뿌리는 갈라서 여러 가닥으로 나눈다. 갓 1근마다 볶은 소금 3.5냥을 준비한 다음 소금을 갓 안에 계속 뿌려 넣으며 주무른다.

그 방법은 다음과 같다. 맑은 날 새벽마다 소금을 한 차례 뿌려주며 주무른다. 이때 먼저 힘껏 뿌리를 주무르고, 다음은 살살 줄기와 잎을 한 차례 주무른다. 해가 서쪽에 이르면 또 위의 방법대로 한 차례 소금을 뿌리며 주무른다. 이렇게 7일이 지나면 적당하다.

갓을 주무를 때는 세심하게 주물러야 하고 가는 소금을 써야 한다. 갓 1뿌리마다 줄기가 나오는 중심부의 우묵한 곳을 벌려서 화초·회향을 넣는다. 이를 단지 안에 넣은 다음 원래의 소금물을 취하여 끼얹어 넣은 뒤, 진흙으로 단단히 봉한다. 입춘이 되면 방 안으로 옮겨서 시렁에 올린다. 《군방보》[27]

乾, 擇去黃葉、老梗. 將根劈爲數瓣, 每斤用炒鹽三兩五錢, 將鹽陸續揉入菜內.

每淸晨, 卽用鹽揉一次, 先着力揉根, 次稍揉梗葉一次. 至日西, 又照上法揉一次, 至七日卽中矣.

須要細揉, 用細鹽. 每根用花椒、茴香入中心窩起, 入罈內, 仍取原汁澆入, 用泥固封. 至立春卽移房內架起.《群芳譜》

10) 술지게미에 무 절이기(조나복방)

무 1근, 소금 3냥을 준비한다. 무는 물을 묻히지 말고 무에 달린 잔뿌리를 문질러 깨끗이 닦은 다음, 무뿌리를 절반으로 갈라서 볕에 말린다. 술지게미는 준비한 소금과 섞어 놓고, 여기에 무를 약간 넣은 다음 또 이 혼합물을 항아리에 넣는다. 이 방법은 급하게 먹으려는 것이 아니다 【안 급하게 먹으려는

糟蘿蔔方

蘿蔔一斤、鹽三兩. 以蘿蔔不要見水, 揩淨帶鬚[13], 半[14]根曬乾. 糟與鹽拌過, 少入蘿蔔, 又拌過入甕. 此方非暴喫者【案 非暴喫云者, 謂此是藏法, 非爲

27 《廣群芳譜》卷14〈蔬譜〉 "芥", 338쪽.
[13] 鬚 :《說郛·中饋錄·製蔬·糟蘿蔔方》에는 "須".
[14] 半 : 저본에는 "拌".《說郛·中饋錄·製蔬·糟蘿蔔方》에 근거하여 수정.

사진6 술지게미에 무 절이기

것이 아니라는 말은, 이는 저장법이지 당장 먹을 수 있도록 하기 위해 만드는 것이 아님을 뜻한다].《중궤록》[28]

　소금물에 무 절이는 법 : 무는 잔뿌리를 제거하고 깨끗이 씻은 다음 소금으로 비벼서 항아리 안에 둔다. 5~6일이 지나 무에서 물이 빠졌을 때, 다시 고루 뒤섞는다. 한 달 뒤에 먹을 수 있다. 1~2개의 아리(鵝梨)[29]배를 더하면 향이 나고 부드러워진다.

　먹고 남은 무는 소금물로 푹 삶은 뒤 널어서 물기를 말리고 장에 넣는다. 또는 가는 가닥으로 잘라 볕에 말려 거두었다가, 먹을 때가 되면 끓인 물에 무를 완전히 불린 다음 볶아 먹도록 한다.《군방보》[30]

卒暴可喫而造也】.《中饋錄》

水醃蘿菔法 : 蘿菔削去根鬚洗淨, 以鹽擦放甕內. 五六日下水時, 復攪均, 一月後可食. 加以一二鵝梨則香脆.
若食不盡者, 就以鹵水煮蘿菔透, 控乾入醬. 或切細條曬乾收, 臨食時, 熱湯泡透, 炒食聽用.《群芳譜》

28 《說郛》卷95上〈中饋錄〉"製蔬" '糟蘿菔方'(《文淵閣四庫全書》881, 409쪽).
29 아리(鵝梨) : 배의 한 종류로, 껍질이 얇고 물이 많으며, 맛은 매우 좋지는 않지만 향이 많이 난다. 금리(錦梨)라고도 한다.
30 《廣群芳譜》卷16〈蔬譜〉"蘿菔", 389~390쪽.

11) 술지게미에 오이나 가지 절이기(조과가방)

오이·가지 등의 채소는 5근마다 소금 10냥에 술지게미를 고루 섞는다. 동전 50문을 술지게미와 섞은 오이나 가지의 층마다 위에 깐다. 10일이 지나면 동전은 꺼내어 쓰지 않고, 다른 술지게미로 바꾸어 섞고 병에 넣은 다음 잘 거두어둔다. 오래되면 새것처럼 비취색이 난다.《중궤록》[31]

가결(歌訣)에 "가지 5근, 술지게미 6근, 소금 17냥, 하천의 물 또 더하니 꿀처럼 다네."라 하였다. 그 방법은 가지 5근마다 술지게미 6근, 소금 17냥, 하천의 물 2~3사발을 섞는다. 앞서 준비한 술지게미와 가지를 섞으면 그 가지의 맛이 저절로 달아진다. 이 방법은 가지 저장법이지 당장 먹기 위한 것이 아니다.《중궤록》[32]

절이는 법 : 새로 딴 오이를 갈라서 두 쪽으로 만든 다음 씨와 속은 말끔하게 버린다. 소금에 2~3일을 절인 다음, 볕에 쪼여 말리고 노장(滷醬, 앞에서 절인 소금물)에 넣어 10여 일을 절인다. 오이를 꺼내어 끓는 물에 넣었다가 식으면, 깨끗이 씻어 볕에 쪼여 말린다. 그 뒤 좋은 면장(麵醬)[33]에 넣어 절여놓으면 오이가

糟瓜茄方

瓜、茄等物, 每五斤, 鹽十兩和糟拌均. 用銅錢五十文, 逐層鋪上. 經十日, 取錢不用, 別換糟入瓶收, 久翠色如新.《中饋錄⑮》

訣云："五茄六糟鹽十七, 更加河水甜如蜜." 其法茄子五斤, 糟六斤, 鹽十七兩, 河水兩三碗, 拌糟, 其茄自甜. 此藏茄法也, 非暴吃者. 同上

醃法：新摘瓜開作兩片, 將子與瓤去淨. 鹽醃二三⑯日, 晾乾入滷醬, 醃十餘日. 滾水候⑰冷, 洗淨晾乾, 入好麵醬, 醃極嫩. 黃瓜整醃之, 尤肥美. 茄同

---

31 《說郛》卷95上〈中饋錄〉"製蔬"'糟瓜茄'(《文淵閣四庫全書》881, 411쪽).
32 《說郛》卷95上〈中饋錄〉"製蔬"'糟茄子法'(《文淵閣四庫全書》881, 409쪽).
33 면장(麵醬) : 밀가루로 만든 장.《정조지》권6〈조미료〉"장" '소맥면장'에 자세히 보인다.
⑮ 中饋錄 : 저본에는 없음. 오사카본·규장각본·고대본에 근거하여 보충.
⑯ 二三 : 저본에는 "三二".《廣群芳譜·蔬譜·黃瓜》에 근거하여 수정.
⑰ 候 : 저본에는 "眼".《廣群芳譜·蔬譜·黃瓜》에 근거하여 수정.

매우 연해진다. 노각오이를 가지런히 절이면 더욱 풍부한 맛이 난다. 가지절임도 이와 같다.《군방보》[34]

술지게미에 절이는 법 : 작은 오이 5근마다 소금 7냥에 술지게미를 고루 섞어 절인다. 이때 오래된 동전 50문을 층마다 깔아둔다. 10여 일 뒤에 꺼낼 때는 동전과 이전의 술지게미를 제거하고, 좋은 술지게미로 바꾸어 전과 같이 절인다. 이를 항아리에 넣은 다음 잘 저장해 두었다가 필요할 때 쓴다.《군방보》[35]

술지게미에 채과(菜瓜, 울외) 저장하는 법 : 석회·백반을 넣고 채과를 끓인 다음 찬물에 넣어서 24시간 동안 담근다. 그런 다음 뜨거운 술에 술지게미와 소금을 담그고 여기에 동전 100여 문을 넣는다. 이를 고루 섞어 이 반죽으로 10일 동안 채과를 절였다가 꺼내고 널어서 물기를 말린다.

此.《群芳譜》

糟法 : 稍瓜每五斤, 用鹽七兩, 和糟均醃. 用古錢五十文, 逐層頓, 十餘日取出, 去錢幷舊糟, 換好糟依前醃之, 入甕收貯待用. 同上

糟菜瓜法 : 菜瓜以石灰、白礬煎滾、冷浸一伏時. 用煮酒泡、糟、鹽, 入銅錢百餘文, 拌均, 醃十日取出控乾.

사진7 시중에서 판매하는 울외절임

34 《廣群芳譜》卷17〈蔬譜〉 "黃瓜", 399쪽.
35 《廣群芳譜》卷17〈蔬譜〉 "稍瓜", 397쪽.

사진8 가지절임(통으로 술지게미에 박았다가 썰어서 묽은 간장물에 적셔둔 가지)

따로 좋은 술지게미에 소금을 적당히 넣고 뜨거운 술을 채과와 함께 다시 섞는다. 이를 단지에 넣은 다음 저장하고 댓잎으로 입구를 막은 뒤, 진흙으로 봉한다.《군방보》36

술지게미에 가지 절이는 법 : 날씨가 갠 날 정오(正午)에 어린 가지를 따서 꼭지를 제거한다. 이를 끓는 물에 데쳤다가 식으면 부드러운 비단헝겊으로 물기를 닦아 말린다. 가지 10근마다 소금 20냥, 수비[飛過]한 백반가루 1냥을 저울에 달아서 법대로 만든 술지게미 10근과 고루 섞는다. 단지에 이를 넣고 진흙으로 봉한다. 오래되면 가지의 빛이 더욱 완전히 누렇게 되고 검지는 않다.《군방보》37

오이 절이는 법 : 일반적으로 오이 1단에 소금

別用好糟, 入鹽適中, 煮酒泡再拌, 入罈收貯, 箬 扎口泥封. 同上

糟茄法 : 天晴日停午, 摘嫩茄去蔕. 用沸湯焯⑱過, 候冷, 以軟帛拭乾. 每十斤, 用鹽二十兩, 飛過白礬末, 稱一兩, 法糟十斤拌均, 入罈泥封. 久而茄色愈黃透不黑. 同上

醃瓜法 : 凡瓜一担, 下鹽

---

36 《廣群芳譜》卷17〈蔬譜〉"菜瓜", 396쪽.
37 《廣群芳譜》卷17〈蔬譜〉"茄子", 411쪽.
⑱ 焯 : 저본에는 "淖".《廣群芳譜·蔬譜·茄子》에 근거하여 수정.

5~6승을 넣는다. 오이를 일일이 반으로 갈라서 속을 제거하고, 가른 오이의 속이 위를 보도록 놓은 다음 소금을 채운다. 이어 돌로 눌러서 하룻밤을 절인다. 다음날 일찍 오이를 볕에 말려 놓는다. 오후 늦게 원래의 소금을 끓여 완전히 식힌 데에다 오이를 담근다. 이와 같이 2~3차례 볕에 말리기와 담그기를 한다. 따로 매괴(玫瑰)[38]를 항아리 안에 여기저기 섞어 둔다.《다능집》[39]

술지게미에 가지를 절일 때 석록(石綠)[40]을 넣으면, 나중에 가지를 잘라서 벌렸을 때 가지의 표면이 검지 않다.《물류상감지》[41]

12) 상추 절이기(엄와거방)

상추 100뿌리에 소금 1.25근을 넣고 하룻밤을 절인다. 다음날 아침 일찍 볕에 말려 놓는다. 원래 절였던 소금물을 끓여 식힌 뒤 여기에 다시 상추를 넣고, 소금물 안에 담근 채로 볕에 말린다. 이와 같이 2차례 한 다음, 볕에 마른 상추를 단지 안에 거둔다. 따로 매괴를 써서 사이사이에 섞고 한 단지에 같이 쟁여두면 상추의 맛이 더욱 좋고 향기롭다.《다능집》[42]

五六升. 每瓜剖兩半去穰, 仰放盛鹽, 用石壓住醃一夜. 次早曬起. 晚間, 以原滷煎沸冷透, 將瓜浸入. 如此二三次曬存. 另用玫瑰捲放於罈內.《多能集》

糟茄入石綠, 切開不黑.《物類相感志》

醃萵苣方

萵苣一百根, 入鹽一斤四兩, 醃一夜. 次早曬起, 以原滷煎滾, 冷定, 復入萵苣, 在內曬乾. 如此二次, 曬乾收罈內. 另用玫瑰, 間雜同裝一罐, 其味更美而香.《多能集》

---

38 매괴(玫瑰) : 해당화(海棠花), 혹은 해당화(海棠花)의 뿌리와 껍질에서 빼 낸 염료(染料). 향이 좋은 식물로 이를 식품에 넣어 색과 향을 더했다.

39 《傳家寶》卷8〈多能集〉"醃瓜法", 278쪽.

40 석록(石綠) : 구리광석이 돌로 산화되어 형성된 물질. 짙고 선명한 녹색의 바탕 위에 뚜렷하게 그린 듯한 줄무늬가 아름다운 공작의 날개를 연상하게 하므로 공작석(孔雀石)이라 부른다. 장신구를 만들거나, 안료로 사용되었다.《섬용지》권3〈색을 내는 도구[設色之具]〉"채색(彩色)" '석록(石綠)'에 자세히 보인다. 서유구 지음, 임원경제연구소 옮김,《임원경제지 섬용지(林園經濟志 贍用志)》2, 풍석문화재단, 2016, 298~299쪽.

41 《物類相感志》〈飮食〉(《叢書集成初編》1344, 5쪽).

42 《傳家寶》卷8〈多能集〉"醃萵苣法", 277~278쪽.

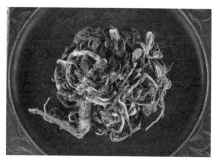
사진9 상추 절이기

사진10 상추절임밥

상추 절인 소금물을 여름 동안 보존했다가 그 물에 고기를 삶아 먹으면 오래 지나도 고기가 상하지 않고 사람에게 최고로 이롭다.《다능집》43

상추잎을 절였다가 꺼내서 볕에 말린다. 여름에 이를 참기름에 섞은 뒤 밥에 올려 쪄서 익히면 밥맛이 최고로 빼어나다. 게다가 뱃속의 여러 기생충을 죽이므로 고기와 같이 삶아 먹어도 그 효능이 빼어나다.《다능집》44

13) 술지게미에 마늘 절이기(조산방)

마늘 1근마다 석회 끓인 물에 데치고 볕에 쪼여 물기를 없앤다. 소금 1.5냥, 술지게미 1.5근을 고루 섞어 항아리 안에 넣고 진흙으로 봉해두면 2개월 뒤에 먹을 수 있다.《군방보》45

醃萵苣滷留存夏月, 煮肉吃, 經久不壞, 最益人. 同上

萵苣葉醃起曬乾, 夏月[19] 拌麻油, 飯上蒸熟, 吃飯最妙. 且能殺腹中諸蟲, 合肉煮食亦妙. 同上

糟蒜方

每蒜一斤, 石灰湯煠過, 晾去水乾. 鹽兩半、糟一斤半, 拌均, 入罐內泥封, 兩月後可食.《群芳譜》

---

43 《傳家寶》卷8〈多能集〉"醃萵苣法", 278쪽.
44 《傳家寶》卷8〈多能集〉"醃萵苣法", 277쪽.
45 《廣群芳譜》卷13〈蔬譜〉"蒜", 317쪽.
[19] 萵……月: 저본에는 없음. 규장각본·고대본·《傳家寶·多能集·醃萵苣法》에 근거하여 보충.

14) 술지게미에 배추 절이기(엄조백채방)

배추는 뿌리와 누렇게 시든 잎을 떼어내고, 깨끗이 씻은 다음 널어서 물기를 말린다. 배추 10근마다 소금 10냥에 감초 몇 줄기를 써서 깨끗한 옹기에 담아 둔다.

그 방법은 다음과 같다. 소금을 배춧잎 사이사이에 뿌려 넣고 항아리 속에 배치한다. 여기에 시라를 조금 넣고 손으로 꾹꾹 눌러 항아리에 반쯤 차게 한다. 다시 감초 몇 뿌리를 넣고 항아리가 가득 차면 돌로 눌러 고정해둔다.

3일 뒤에 배추를 거꾸로 잡고 소금물을 짜서, 마르고 깨끗한 그릇 안에 따로 둔다. 배추를 맹물이 닿지 않도록 두었다가, 받아두었던 소금물을 배추 안에 끼얹는다. 7일이 지나면 전과 같은 방법으로 다시 거꾸로 잡고 소금물을 뺀 뒤, 새로 길어온 물에 담가 그 상태로 벽돌로 눌러두면 그 배추의 맛이 좋고, 향기로우며 부드럽다.

醃糟白菜方

白菜削去根及黃老葉, 洗淨控乾. 每菜十斤, 鹽十兩, 用甘草數莖, 放在潔淨甕盛.

將鹽撒入菜丫內, 排頓甕中, 入蒔蘿少許, 以手實捺, 至半甕. 再入甘草數莖, 候滿甕, 用石壓定.

三日後, 將菜倒過, 拗出滷水, 于乾淨器內. 另放忌生水, 却將滷水澆菜內. 候七日, 依前法再倒, 用新汲水淖浸, 仍用磚石壓之, 其菜味美香脆.

사진11 배추 절이는 법

만약 봄이 되도록 배추를 다 먹지 못하면 끓는 물에 데쳐 볕에 말렸다가 저장해둔다. 여름에 이 배추를 따뜻한 물에 담갔다가 물을 다 짜낸 다음 향유에 고루 섞는다. 이를 자기사발에 담아 밥 위에 놓고 찌면 그 맛이 더욱 좋다.《농상촬요》46

若至春間, 食不盡者, 于沸湯灼[20]過, 曬乾收貯. 夏間, 將菜溫水浸過, 壓水盡出, 香油均拌, 以磁碗盛, 頓飯上烝之, 其味尤美.《農桑撮要[21]》

술지게미에 배추 절이는 법(조승법) : 먼저 재작년에 압착하여 술을 거른 술지게미로서, 멀건 술[小酒]도 더 나오지 않는 술지게미를 단지에 담아 봉해둔다. 1근마다 소금 4냥을 고루 섞는다. 실하고 통통한 대나무줄기 같이 싱싱한 배추를 깨끗이 씻어 잎을 제거한다. 이를 음지에 걸어 두고 물기를 말린다.

배추 2근마다 술지게미 1근을 쓰되, 한 켜에는 배추를, 한 켜에는 술지게미를 쌓은 다음 격일로 한 번씩 뒤집어준다. 배추가 절여져서 익으면 술지게미를 쓸어내고, 앞서 술지게미를 담아 봉해두었던 항아리에 담는다. 술지게미에 배추 절였던 즙을 그 위에 끼얹어둔다. 필요할 때 꺼내 먹으면 맛이 좋다.《군방보》47

糟菹法 : 先將隔年壓過酒糟未出小酒者, 罈封. 每一斤, 鹽四兩, 拌均. 好肥箭幹白菜洗淨去葉, 搭陰處晾乾水氣.

每菜二斤, 糟一斤, 一層菜, 一層糟, 隔日一翻騰. 待熟挽定入罈, 上澆糟菜水汁, 取用味美.《群芳譜》

배추 절이는 법 : 배추 통통한 것을 골라 심을 제거하고 깨끗이 씻는다. 배추 100근에 소금 5근을,

醃菹法 : 白菜揀肥者, 去心洗淨, 一百斤用鹽五斤, 一

---

46 출전 확인 안 됨;《農桑衣食撮要》卷下〈十月〉"醃鹹菜"(《文淵閣四庫全書》730, 311쪽).
47 《廣群芳譜》卷14〈蔬譜〉"白菜", 333~334쪽.
[20] 灼 ; 저본에는 "淖".《農桑衣食撮要·十月·醃鹹菜》에 근거하여 수정.
[21] 農桑撮要 : 저본에는 없음. 오사카본·규장각본·고대본에 근거하여 보충.

한 켜는 배추, 한 켜는 소금을 넣고 돌로 2일 동안 눌러두면 쓸 수 있다.《군방보》48

또 다른 법 : 배추 100근을 볕에 말리고 털어서 흙을 제거한다. 먼저 소금 2근으로 3~4일 동안 배추를 절인 다음 절였던 소금물 속에서 깨끗이 씻는다. 다시 포기마다 줄기가 갈라져 나오는 우묵한 곳을 벌려서 소금 3근을 뿌린 뒤, 단지 안에 넣어두면 오래 저장할 수 있다.《군방보》49

15) 곰취 절여 저장하기(엄장웅소방)

4월에 누에를 누에채반에 올릴 때쯤, 곰취잎을 따고 찢어져 상한 것을 제거한 다음, 말끔하고 좋은 잎을 고른다. 이를 여러 겹 포갠 뒤, 소량의 물에 적신다. 함지박[木瓢] 안에서 이를 마찰하여 그 즙이 다 흘러 나가게 한 뒤에 곰취를 항아리에 넣는다. 이를 돌로 누른 다음 물을 부어 물에 잠기게 하는데, 물이 잎 위를 넘도록 한다. 겨울이 되어 곰취잎을 꺼낸다. 색이 누렇고 연하여 밥을 싸서 먹으면 매우 좋다.《산림경제보》50

層菜, 一層鹽, 石壓兩日可用. 同上

又法㉒ : 白菜一百斤, 曬乾抖搜去土. 先用鹽二斤, 醃三四日, 就滷內洗淨, 每柯㉓窩起純用鹽三斤, 入罈內, 可㉔長久. 同上

醃藏熊蔬方

四月蠶上簇時, 摘葉, 去其破傷者, 擇精好者, 累疊之, 少以水漬之, 磨於木瓢中, 使其汁盡出後, 入甕以石壓之, 注水淹浸, 令水過葉上. 至冬取出, 色黃而軟, 裹飯吃之甚佳.《山林經濟補》

---

48 《廣群芳譜》卷14〈蔬譜〉"白菜", 334쪽.
49 《廣群芳譜》, 위와 같은 곳.
50 출전 확인 안 됨:《山林經濟》卷2〈治膳〉"蔬菜"(《農書》2, 294쪽).
㉒ 法 : 저본에는 없음.《廣群芳譜·蔬譜·白菜》에 근거하여 보충.
㉓ 柯 : 저본에는 "阿". 오사카본·규장각본·고대본·《廣群芳譜·蔬譜·白菜》에 근거하여 수정.
㉔ 可 : 저본에는 "包".《廣群芳譜·蔬譜·白菜》에 근거하여 수정.

2. 채소 말리기(건채)

乾菜

1) 총론

건채(乾菜, 말린 채소)는 생채소를 볕에 말려 포(脯, 말린 음식)로 만든 것으로, 만드는 방법이 일정하지 않다. 썰어서 편으로 만들거나, 깎아서 가락으로 만들거나, 소금과 술지게미를 섞거나, 향약(香藥, 향기가 나는 약재)으로 만들기도 한다. 대체로 모두 음식을 저장하여 겨울에 대비하는[1] 한 가지 방법이다. 《옹치잡지》[2]

總論

乾菜用生菜曬而脯之也，其法不一. 或切作片焉, 或削作條焉, 或以鹽糟拌之, 或以香藥爹之. 大抵皆旨[1] 畜御冬之一法也.《饔饎雜志》

2) 채소 쪄서 말리기(증건채방)

3~4월 사이에 큰 포기의, 품질이 좋은 채소를 골라서 깨끗이 씻고 물기를 말린다. 이를 끓는 물에 넣고 데쳐서 5/10~6/10이 익으면 볕에 말린다. 이를 소금과 간장, 시라(蒔蘿)[3], 화초(花椒, 산초), 설탕, 굴껍질을 넣고 함께 푹 익힌다. 이를 꺼내서 또 볕에

烝乾菜方

三四月間, 將大窠好菜擇, 洗淨乾, 入沸湯內焯, 五六分熟, 曬乾. 用鹽醬、蒔[2] 蘿、花椒、砂糖、橘皮同煮極熟. 又曬乾, 并烝片時,

---

1 음식을……대비하는 : 원문의 "旨畜御冬"은 "我有旨蓄, 亦以御冬."이라는 구절에서 왔다. 《詩經》〈邶風〉 "谷風"(《十三經注疏整理本》, 180쪽).

2 출전 확인 안 됨.

3 시라(蒔蘿) : 목란과 식물의 열매를 가리킨다. 흥분(興奮)·구풍제(驅風劑)로서, 산증(疝症)과 각기(脚氣) 등의 증상에 약재로 사용된다. 대회향(大茴香)의 이칭이다.

[1] 旨 : 저본에는 없음. 오사카본·규장각본·고대본에 근거하여 보충.

[2] 蒔 : 저본에는 없음. 오사카본·규장각본·고대본·《遵生八牋·飮饌服食牋·蒸乾菜》에 근거하여 보충.

말리고, 아울러 편으로 잘라 찔 때는 자기그릇에 저장해둔다. 사용할 때 향유를 발라 주무른 뒤, 식초를 약간 넣고 자기그릇에 넣은 다음 밥 위에 올려 쪄 먹는다. 《중궤록》[4]

以磁器收貯. 用時, 著香油揉, 微用醋, 飯上烝食. 《中饋錄》

3) 약채(藥菜, 약채소) 말리기(건약채방)

구기자·지황·감국·청양(青蘘, 생강과의 여러해살이풀)·우슬·회화나무싹·백출·춘아(春芽, 봄에 딴 차싹)【향기가 나는 것】·질경이·황정(黃精)[5]·합환(合歡, 자귀나무)·상륙(商陸, 자리공뿌리)·결명자·목료(木蓼)【누렇고 나무에 붙은 싹】 등의 각각 어린 것을 가져다 양에 관계없이 데쳐서 장수(漿水, 좁쌀죽웃물)로 윤이 나게 한다. 이를 소금물 속에 넣었다가 꼭 짜서 악즙(惡汁)을 제거한 다음 대그릇에 널어 볕에 말린다. 이때 종이를 덮어 바람으로 인한 먼지가 들어가지 못하게 한다.

사용할 때는 따뜻한 물에 담가 부드럽고 깨끗하면서 윤기가 나게 하고 악즙을 제거한다. 다시 다른 물로 끓여 푹 익힌 뒤에 문드러지도록 볶아서 간을 맞춰 먹는다. 우엉·서여(薯蕷, 마)·백합 등의 재료도 겨울의 적당한 때에 수고롭지 않게 미리 거두어둔다. 《거가필용》[6]

乾藥菜方

枸杞、地黃、甘菊、青蘘、牛膝、槐芽、白朮、春芽【香者】、車前、黃精、合歡、商陸、決明、木蓼【黃連樹芽】各取嫩者, 不限多少煠之, 漿水澤了. 入鹽汁中, 握去惡汁, 曬乾於竹器中, 以紙覆之, 勿令風塵入.

用時, 以煖湯漬軟淨澤, 去惡汁. 更以別湯煮令熟, 然後爛炒, 調和食之. 其牛蒡、薯蕷、百合等物, 冬中是時, 不勞預收. 《居家必用》

---

4 《說郛》卷95上〈中饋錄〉"製蔬"'烝乾菜'(《文淵閣四庫全書》881, 410쪽);《遵生八牋》卷12〈飮饌服食牋〉中"蒸乾菜"(《遵生八牋校注》, 438쪽).

5 황정(黃精) : 백합과 식물인 낚시둥굴레의 뿌리줄기. 비위와 폐를 보호하고 기침을 멈추게 하며 정수(精髓)를 불려준다. 마른기침이나 폐결핵, 당뇨병 등에도 쓴다. 토죽(兔竹)·녹죽(鹿竹)·계격(雞格)·중루(重樓)라고도 한다.

6 《居家必用》己集〈飮食類〉"蔬食"'收乾藥菜法'(《居家必用事類全集》, 253~254쪽).

4) 납채(臘菜)[7] 바람에 말리기(풍채방)

납채는 어린 심(心)을 새끼로 묶은 다음 바람이 드는 곳에 드문드문 걸어 바람에 말린다. 편리한 대로 사용하는데, 삶거나 볶거나 모두 맛이 빼어나다. 《다능집》[8]

5) 납채 삶아 말리기(자건납채방)

납함채(臘鹹菜, 소금에 절인 겨자) 남은 것은 청명(淸明)[9]이 되기 전에 삶아야 한다. 하오(下午, 오후 12시~오전 12시)에 삶되 뒤집어서 다시 삶는다. 뚜껑을 덮고 하룻밤이 지난 뒤, 다음날 아침에 볕에 말렸다가 단지 안에 저장해둔다. 더러는 시루에 넣고 문드러지도록 찌기도 한다. 그러면 맛이 더욱 빼어나다.

함채(鹹菜, 소금에 절인 채소)는 먼저 볕에 말려서는 안 된다. 만일 지나치게 말리면 문드러지도록 삶기가 어렵다. 간혹 흑료두(黑料豆, 검정콩)를 넣고 함께 달이면 맛이 더욱 빼어나다. 《다능집》[10]

6) 마늘 볕에 말리기(쇄산방)

마늘종[蒜苗, 산묘][11] 다루는 법 : 마늘종에 소금을 조금 넣고 절여서 하룻밤을 보낸다. 이를 볕에 말린 뒤 끓는 물에 데친다. 다시 볕에 말려 감초탕(甘草湯,

風菜方

臘菜取嫩心用繩紮之, 稀稀掛在風處, 風乾. 隨便用之, 或煮或炒, 俱妙. 《多能集》

煮乾臘菜方

臘鹹菜剩餘的, 須在淸明前煮, 下午煮, 起翻轉再煮. 蓋過夜, 次早曬乾, 收貯罈內. 或以甑蒸爛, 更妙.

鹹菜不可先曬乾. 如過乾則難爛. 或放黑料豆同煮, 更妙. 《多能集》

曬蒜方

做蒜苗法 : 苗用些少鹽淹一宿, 晾乾, 湯焯過. 又晾乾, 以甘草湯拌過, 上

7　납채(臘菜) : 겨자의 이칭. 겨자[芥]는 모양과 색깔, 먹는 시기에 따라 여러 가지 이칭이 있는데, 겨울철에 먹는 겨자를 민간에서 납채(臘菜)라고 했다.
8　《多能集》〈風菜法〉(《傳家寶》1, 277쪽).
9　청명(淸明) : 24절기의 하나. 춘분(春分)과 곡우(穀雨)의 사이로, 양력 4월 5~6일 즈음이다.
10　《多能集》〈煮乾臘菜法〉(《傳家寶》1, 278쪽).
11　마늘종[蒜苗, 산묘] : 마늘의 꽃줄기. 장아찌를 담그거나 볶음 등으로 먹는다. 마늘속대라고도 한다.

감초 끓인 물)에 섞고 시루에 얹어 찐 뒤, 볕에 말려 항아리에 넣는다. 《중궤록》12

마늘종[蒜薹, 산대] 볕에 말리는 법 : 싹이 통통하고 어린 마늘종을 양에 관계없이 끓는 소금물에 데쳐서 볕에 말린다. 사용하고 싶을 때는 끓인 물에 담가 부드럽게 한 뒤, 간을 맞춰 먹는다. 기름진 고기를 함께 넣어 만들면 더욱 빼어나다. 《거가필용》13

말린 마늘종[蒜薹]을 소금에 3일 동안 절여 볕에 말린다. 3일 동안 절였던 소금물을 끓이고 여기에 마늘종을 데친다. 다시 볕에 말렸다가 푹 쪄서 자기 항아리에 담으면 오래 두어도 맛이 변하지 않는다. 《군방보》14

7) 갓 말리기(건개방)
채소를 말릴 때는 갓·고속(苦蕒)15 등에 관계없이 모두 끓는 물에 데친 다음 볕에 말렸다가 거두어들여 겨울에 사용한다. 《군방보》16

甑蒸之, 曬乾入甕. 《中饋錄》

曬蒜薹法 : 將肥嫩者③, 不拘多少, 用鹽湯焯過, 曬乾. 欲用時湯浸軟, 調和食之. 與肥肉同造, 尤妙. 《居家必用》

乾蒜薹鹽醃三日, 曬乾, 元滷煎滾煠過. 又曬乾蒸熟, 磁罐盛之, 久留不壞. 《群芳譜》

乾芥方
乾菜不拘芥菜、苦蕒等, 俱以滾湯煠過, 曬乾收起, 冬月應用. 《群芳譜》

---

12 《說郛》卷95上〈中饋錄〉"製蔬" '做蒜苗方'(《文淵閣四庫全書》881, 409쪽).
13 《居家必用》己集〈飮食類〉"蔬食" '曬蒜薹法'(《居家必用事類全集》, 254쪽).
14 《廣群芳譜》卷13〈蔬譜〉"蒜", 317쪽.
15 고속(苦蕒) : 국화과에 속하는 풀로 논둑이나 벌판에 흔히 자란다. 어린 순과 줄기를 나물로 먹는다. 우리나라에서는 벌씀바귀라 한다.
16 출전 확인 안 됨.
③ 者 : 저본에는 "煮". 오사카본·규장각본·고대본·《居家必用·飮食類·曬蒜薹法》에 근거하여 수정.

사진 12 고속(벌씀바귀)

8) 무청(蕪菁, 순무) 쪄서 말리기(증건무청방)

무청뿌리를 끓인 물에 깨끗하게 씻은 다음 잘 걸러서 1곡(斛)17들이 항아리 속에 넣는다. 갈대나 억새로 항아리 안을 채워서 주둥이를 막는다. 솥 위에 항아리를 거꾸로 안치고 천으로 항아리와 솥이 만나는 곳을 잘 둘러 묶은 뒤, 말린 소똥에 불을 지펴 밤새도록 찐다. 굵고 가느다란 무청뿌리가 고루 익으면 씹을 때 쫀득쫀득한 느낌이 참으로 사슴꼬리요리[鹿尾]와 비슷하다.《제민요술》18

蒸乾蕪菁方

作湯淨洗蕪菁根, 漉著一斛甕子中, 以葦、荻塞甕裏以蔽口. 著釜上繫甑帶, 以乾牛糞然火, 竟夜蒸之. 麤細均④熟, 謹謹⑤著牙, 眞類鹿尾.《齊民要術》

9) 무 말리기(건나복방)

무를 주사위크기로 자른 다음 볕에 말려 저장한다. 엄개채(醃芥菜, 절인 갓)를 절이면서 나온 소금물을

乾蘿蔔方

蘿蔔切作骰子大, 曬乾取貯. 候醃芥菜滷水煮, 加

---

17 곡(斛) : 곡식의 분량을 헤아리는 데 쓰는 용기, 또는 단위로, 1곡은 10두이다. 조선에서는 16두로 쓰이기도 했으나, 서유구는 10두로 쓰자고 제안한 바 있다.

18 《齊民要術》卷3〈蔓菁〉第18 "蒸乾蕪菁根法"《齊民要術校釋》, 188쪽).

④ 均 : 저본에는 "約".《齊民要術·蔓菁·蒸乾蕪菁根法》에 근거하여 수정.

⑤ 謹謹 : 저본에는 "僅僅".《齊民要術·蔓菁·蒸乾蕪菁根法》에 근거하여 수정.

끓인 뒤 무에 붓는다. 여기에 천초·시라를 더하여 고루 섞은 뒤, 볕에 말리고 저장해둔다. 오래 두어도 상하지 않고 맛도 매우 좋다. 《군방보》[19]

川椒、蒔蘿拌均, 曬乾收貯. 久留不壞, 味極美. 《群芳譜》

또 다른 방법 : 무를 잘라서 소금에 하룻밤 절였다가 한낮에 볕에 말린 다음 사용한다. 《군방보》[20]

又法 : 切過, 鹽淹一宿, 日中曬乾用. 同上

10) 누호(蔞蒿, 물쑥) 말리기(건누호방)

乾蔞蒿方

누호줄기를 채취하여 약간의 소금에 절였다가 볕에 말리면 맛이 매우 좋고, 멀리 보낼 수도 있다. 《군방보》[21]

採蔞蒿莖, 微用鹽醃, 曬乾, 味甚美, 可以寄遠. 《群芳譜》

어린 누호싹을 끓는 물에 데쳐 장수(漿水)에 담가 놓으면 누호절임이 된다. 만약 맑은 물이나 석회수·반수(礬水)[22]로 절임을 헹궈서 강한 맛을 제거하고 볕에 말리면 오래 두었다가 음식을 만들 수 있다. 절여서 불에 말리면 향이 매우 좋다. 《군방보》[23]

嫩苗以沸湯瀹過, 浸于漿水則成虀. 如以淸水或石灰水、礬水拔之, 去其猛氣, 曬乾, 可留製食. 醃焙乾, 極香美. 同上

11) 유채[蔓菁, 운대] 볕에 말리기(쇄운대방)

曬蔓菁方

춘분(春分)[24]이 지난 뒤에 유채의 꽃을 채취한다. 양에 관계없이 끓는 물에 데친 다음 널어서 물기

春分後, 摘蔓菁花, 不拘多少, 沸湯焯[6]過, 控乾.

---

19 《廣群芳譜》卷16〈蔬譜〉"蘿蔔", 389쪽.
20 《廣群芳譜》, 위와 같은 곳.
21 《廣群芳譜》卷14〈蔬譜〉"蔞蒿"(《文淵閣四庫全書》845, 516쪽).
22 반수(礬水) : 명반(明礬)을 녹인 물.
23 《廣群芳譜》, 위와 같은 곳.
24 춘분(春分) : 24절기의 하나. 경칩(驚蟄)과 청명(淸明)의 사이로, 양력 3월 21일 즈음이다.
⑥ 焯 : 저본에는 "淖".《廣群芳譜·蔬譜·蔓菁菜》에 근거하여 수정.

사진13 유채 볕에 말리기

를 말린다. 소금 약간을 고루 섞어 한참 동안 볕에 말린 뒤, 종이주머니에 저장해둔다. 사용할 때 끓인 물에 담갔다가 기름·소금·생강·식초를 섞어 먹는 다.《군방보》[25]

少用鹽拌均, 良久曬乾, 以紙袋收貯. 臨用湯浸, 油、鹽、薑、醋拌食.《群芳譜》

12) 죽순(竹筍) 말리기(건죽순방)

말리는 법 : 큰 죽순을 생으로, 뾰족한 머리 부분을 제거하고 가운데를 쪼갠다. 여기에 소금을 많이 넣고 오래 담가두었다가 볕에 말린다. 사용할 때는 오랫동안 물에 담그는데, 물을 갈아가면서 담근다. 이것으로 국을 끓이면 햇죽순 같다.《순보(筍譜)[26]》[27]

乾竹筍方

乾法 : 將大筍生去尖銳頭, 中折之, 多鹽漬停久, 曝乾. 用時久浸, 易水而漬. 作羹如新筍.《筍譜》

포 만드는 법 : 죽순을 포를 떠서 익히고 잘게 자른 뒤, 생강·식초에 담근다. 이를 불에 말린 뒤 동이에 저장한다. 이때 바람이 닿지 않게 한다.《순보》[28]

脯法 : 作熟脯搥碎, 薑、醋漬之, 火焙燥後, 盎中藏. 無令風犯. 同上

---

25 《廣群芳譜》卷15〈蔬譜〉"蘘荷菜", 551쪽.
26 순보(筍譜) : 중국 송나라의 승려 찬녕(贊寧, 919~1001)이 죽순에 관해서 지은 책. 죽순의 명칭, 형태, 특성, 산지 등을 설명했다.
27 《筍譜》〈三之食〉(《文淵閣四庫全書》845, 197쪽).
28 《筍譜》, 위와 같은 곳.

말린 죽순 만드는 법 : 5월에 죽순살(껍질 벗긴 속살) 100근에 소금 5승, 물 1작은통을 준비한다. 죽순에 소금을 섞고 물에 반나절 동안 담근 뒤 꺼내서 주물렀다가 말린다. 처음에 죽순을 담갔던 소금물을 맑게 가라앉히고 이 물로 죽순을 삶아 익힌 다음 건져내고 물기를 짜서 볕에 말린다. 사용할 때 물에 담가 부드럽게 한 뒤 죽순을 담갔던 물로 달이면 그 맛이 더욱 좋다.《구선신은서》[29]

做筍乾法 : 五月取筍肉一百斤, 用鹽五升、水一小桶, 調鹽漬水半餉, 取出揉乾. 以原滷水澄淸, 煮筍令熟, 撈出壓之, 曬乾. 臨用時, 以水浸軟, 就以浸筍水煮之, 其味尤佳.《臞仙神隱書》

싱거운 죽순을 볕에 말리는 법 : 신선한 죽순을 양에 관계없이 껍질을 제거하고 편이나 가락으로 썬다. 이를 끓는 물에 데친 다음 볕에 말려 저장해둔다. 사용할 때는 쌀뜨물에 담가 부드럽게 하면 은(銀)처럼 하얗게 된다. 이를 끓는 소금물에 데치면 이것이 바로 죽순절임이다.《중궤록》[30]

曬淡筍法 : 鮮筍猫耳頭, 不拘多少, 去皮切片條, 沸湯焯過, 曬乾收貯. 用時, 米泔水浸軟, 色白如銀, 鹽湯焯, 卽醃筍矣.《中饋錄》

13) 고사리 말리기(건궐방)

3월에 어린 고사리를 채취한 다음 푹 찐다. 여기에 마른 재를 섞어 볕에 말렸다가 재를 씻어 버린 뒤, 다시 볕에 말려 거둔다. 먹을 때 끓는 물에 담가서 부드럽게 하고 파·기름·간장으로 볶아 익히면 맛이 좋다.《구선신은서》[31]

乾蕨方

三月採嫩蕨, 烝熟, 以乾灰拌之, 曬乾洗去灰, 又曬乾收之. 臨食, 以湯浸令軟, 蔥、油、醬炒熟, 味佳.《臞仙神隱書》

---

29 《增補山林經濟》卷9〈治膳〉下 "菜品收藏法"(《農書》4, 15~16쪽).
30 《說郛》卷95上〈中饋錄〉 "製蔬" '曬淡筍乾'(《文淵閣四庫全書》881, 412쪽).
31 《增補山林經濟》卷9〈治膳〉下 "菜品收藏法"(《農書》4, 17~18쪽).

14) 쇠비름[馬齒莧, 마치현] 말리기(건마현방)

부드러운 쇠비름싹을 푹 삶은 다음 볕에 말리면 채소가 될 수 있지만, 말리기가 몹시 어렵다. 싹을 회화나무로 만든 망치로 두드린 다음 해를 향한 곳에 시렁을 만들고 여기에서 여러 날 볕에 쬐면 바로 마른다. 《군방보》32

乾馬莧方

軟苗煮熟, 曬乾, 可爲蔬, 然至難燥. 槐木椎碎, 向日作架, 曬數日卽乾. 《群芳譜》

15) 명아주 말리기(건려방)

명아주가 어릴 때 잎을 채취하여 끓는 물에 데친 다음 볕에 말리면 겨울의 쓰임에 대비할 수 있다. 《군방보》33

乾藜方

嫩時採葉, 滾水煠之, 曬乾, 可備冬月之用. 《群芳譜》

16) 우엉포[牛蒡脯, 우방포] 만들기(우방포방)

한겨울이 지난 뒤에 우엉뿌리를 캔 다음 껍질을 제거하고 깨끗이 씻어서 달이되, 지나치지 않도록 한다. 이를 두드려서 납작하게 만든 다음 소금·간장·회향·시라·생강·후추·숙유(熟油) 등 여러 양념 1냥을 곱게 갈아서 우엉에 바른 뒤, 불에 쬐고 말려 먹으면 육포와 같은 맛이 난다. 죽순포(竹筍脯)·연포(蓮脯)도 같은 방법으로 만든다. 《산가청공》34

牛蒡脯方

孟冬後, 采根去皮, 淨洗煮, 毋失之過. 槌匾壓, 以鹽、醬、茴、蘿、薑、椒、熟油諸料, 研細一兩, 火焙乾食之, 如肉脯之味. 筍與蓮脯同法. 《山家淸供》

17) 파초포[蕉脯, 초포] 만들기(초포방)

파초뿌리에는 2가지 종류가 있다. 1가지는 끈끈

蕉脯方

蕉根有兩種, 一種粘者⑦

---

32 《廣群芳譜》卷14 〈蔬譜〉 "馬齒莧", 341쪽.
33 《廣群芳譜》卷15 〈蔬譜〉 "藜", 360쪽.
34 《山家淸供》卷下 〈牛蒡脯〉 (《叢書集成初編》1473, 22쪽).
⑦ 者 : 저본에는 "煮". 《廣群芳譜·卉譜·芭蕉》에 근거하여 수정.

한 뿌리로, 찰파초[糯蕉, 나초]라 하며 먹을 수 있다. 이를 채취하여 큰 편(片)으로 만든 뒤 잿물에 삶아 익히고 잿물을 버린다. 또 맑은 물로 삶되 물을 바꿔가며 잿물맛을 완전히 없앤 뒤 짜서 말린다. 소금·간장·무이(蕪荑)·산초·말린 생강·숙유·후추 등 여러 재료를 넣고 간 것 1냥에 축축하게 하룻밤 동안 절였다 꺼내서 불에 말린다. 살짝 두드려 부드럽게 만들면 고기의 맛과 거의 비슷해진다. 《군방보》[35]

18) 연방포(蓮房脯) 만들기(연방포방)

어린 연방을 채취하여 꼭지를 제거하고 또 껍질을 벗긴다. 우물에서 새로 길은 물에 재를 넣고 삶아 축축하게 하는데, 이는 파초포 만드는 법과 같다. 불에 쬐어 말린 다음 돌로 눌러 납작하게 한 뒤, 조각으로 만들어 거둔다. 《군방보》[36]

19) 물이끼포[水苔脯, 수태포] 만들기(수태포방)

봄에 처음 채취한 어린 물이끼를 물에 씻으면서 좋은 것만 골라 아주 깨끗하게 한다. 이를 다시 씻어 모래와 벌레를 제거한 뒤, 돌로 눌러 짜서 말린다. 사용할 때 소금·기름·화초·썬 부추를 함께 섞어 병에 넣는다. 여기에 다시 초강(醋薑, 식초에 절인 생강)을 더하여 먹으면 맛이 매우 좋다. 《증보도주공서(增補陶朱公書)》[37][38]

為糯蕉, 可食. 取作大片, 灰汁煮令熟, 去灰汁. 又以淸水煮, 易水令灰味盡, 取壓乾. 以鹽、醬、蕪荑、椒、乾薑、熟油、胡椒等雜物, 研浥一兩, 宿出焙乾. 略搥令軟, 全類肉味. 《群芳譜》

蓮房脯方
取嫩蓮房, 去蔕又去皮, 用井新水入灰煮浥, 一如芭蕉脯法. 焙乾, 以石壓令匾, 作片收之. 《群芳譜》

水苔脯方
春初採嫩者, 淘擇令極淨, 更洗去砂石、蟲子, 以石壓乾. 用時, 入鹽、油、花椒、切韭菜同拌入瓶, 再加醋薑食之, 甚美. 《增補陶朱公書》

---

35 《廣群芳譜》 卷89 〈卉譜〉 "芭蕉", 2152쪽.
36 《廣群芳譜》 卷66 〈果譜〉 "蓮", 1556쪽.
37 증보도주공서(增補陶朱公書) : 저자 미상. 도주공(陶朱公)은 중국 춘추시대 월(越)나라 왕 구천(句踐)의 신하인 범려(范蠡)이다. 범려는 화식(貨殖)에 뛰어났기에 상왕(商王)으로 불렸기 때문에 그의 이름에 가탁하여 쓴 책으로 추정된다.

20) 봉선화포[鳳仙脯, 봉선포] 만들기(봉선포방)

봉선화는 머리싹을 채취하여 끓는 물에 데친 다음 소금을 조금 더하여 볕에 말리면 1년 남짓 둘 수 있다. 참깨를 섞어서 상에 올린다. 새것은 차에 넣으면 가장 좋고, 밀가루 1근과 함께 볶아 먹어도 좋다. 두부·채소와 삶아도 좋으니, 어느 것 하나 안 되는 것이 없다. 《증보도주공서》[39]

鳳仙脯方

鳳仙花採頭芽湯焯, 少加鹽曬乾, 可留年餘. 以芝麻拌供. 新者可入茶最宜, 炒麪勄食佳. 燒豆腐、素菜, 無一不可. 《增補陶朱公書》

21) 오이 말리기(건과방)

오이[越瓜, 월과] 말리는 법 : 햇오이를 세로로 갈라 8개 편(片)으로 만든 다음 속을 파낸다. 뜨거운 돌 위에 소금을 뿌리고 오이를 여기에 넣어 6~7일 동안 볕에 쪼였다가 마르면 자기그릇에 거두어 넣는다. 사용할 때 소금과 모래를 씻어내고, 편(片)으로 썰어 술에 담가 먹으면 연하고 맛있다. 《화한삼재도회》[40]

乾瓜方

乾越瓜法 : 用新瓜縱剖八片, 劈去瓤. 糝鹽于暑熱石上, 曬乾六七日, 候乾收入磁器. 用時, 洗去鹹沙, 切片酒浸食, 脆美. 《和漢三才圖會》

22) 호로(葫蘆)[41]와 가지 말리기(호로가건방)

가지는 편(片)으로 썰고, 호리병박[葫蘆匏子]은 가락으로 썬 뒤 볕에 말리고 거두어들인다. 건채(乾菜) 만드는 법을 따른다. 《농상의식촬요(農桑衣食撮要)[42]》[43]

葫蘆、茄乾方

茄削片, 葫蘆匏子削條, 曬乾收, 依做乾菜法. 《農桑撮要》

---

38 출전 확인 안 됨.

39 출전 확인 안 됨.

40 《和漢三才圖會》卷100〈蓏菜類〉"越瓜"《倭漢三才圖會》12, 133쪽).

41 호로(葫蘆) : 박과의 1년생 재배식물 호리병박. 박의 변종으로 박과 매우 닮은 잎과 꽃이 달리는 덩굴성이다.

42 농상의식촬요(農桑衣食撮要) : 중국 원(元)나라의 농학연구자인 노명선(魯明善, 1271~1368)의 저술. 이 책의 내용은 농작물·채소·과일·죽목(竹木) 재배·가축·가금(家禽)·농산물의 가공·저장과 양조(釀造) 등을 담고 있다. 《농상촬요(農桑撮要)》·《양민월요(養民月要)》라고도 부른다.

43 《農桑衣食撮要》卷下〈七月〉"做葫蘆茄匏乾"《文淵閣四庫全書》730, 308쪽).

호리병박(《왜한삼재도회》)

박고지[瓠蓄] 만드는 법 : 토용(土用)[44] 기간에 박을 따서 편을 가로로 썬 다음 껍질을 벗기고 속을 파낸다. 이어서 흰 살을 얇게 깎아서 1~2장(丈) 길이로 이은 뒤, 종이같이 꼬고 시렁에 걸어 볕에 말린다. 만일 비를 맞아 색이 변하면 좋지 않다. 유희(劉熙)[45]의 《석명(釋名)》[46]에 "박껍질로 포를 만들고 저장했다가[蓄積] 겨울의 쓰임에 대비한다."[47]라 했으므로

瓠蓄法 : 土用中取瓠, 橫切片, 去皮及瓤, 用白肉薄剝, 連一二丈, 如紙紉掛架, 曬乾. 如逢雨變色, 不佳. 劉熙《釋名》云"皮瓠以爲脯, 蓄積以待冬月時用之", 故名"瓠蓄"是.

---

44 토용(土用) : 토왕지절(土旺之節)의 첫날. 토왕지절은 오행에 나오는 토기(土氣)가 왕성한 절기로, 춘하추동에 각각 한 절기씩 1년에 4번 있으며, 입춘·입하·입추·입동 각 18일 동안이다. 이때에 흙일을 하면 해롭다는 속신(俗信)이 전해지기도 한다. 토왕용사(土王用事)라고도 한다.

45 유희(劉熙) : ?~160?. 중국 후한(後漢)의 경학자·훈고학자. 훈고학의 중요한 저작인 《석명(釋名)》을 지었다.

46 석명(釋名) : 중국 한(漢)나라 말기의 훈고학자 유희(劉熙, ?~?)가 백과사전의 성격을 지닌 《이아(爾雅)》를 모방하여 1,502개의 사물의 명칭을 27개 부문으로 분류하고 뜻풀이한 사전.

47 《釋名》 卷4〈釋言語〉"釋飮食"(《文淵閣四庫全書》221, 404쪽).

'호축(瓠蓄)'이라 이름지은 것이 이것이다.

【안】 호박도 이 방법을 따라 만들 수 있는데, 다만 맛이 상당히 떨어진다】《화한삼재도회》[48]

【案】南瓜亦可倣此法造, 但味頗遜之】《和漢三才圖會》

싱거운 가지 말리는 방법 : 큰 가지를 깨끗이 씻어 솥 안에 넣고 삶는다. 물을 묻히지 말고 가른 다음 돌로 눌러서 말린다. 날이 갤 때마다 먼저 와기를 볕에 달군 다음, 와기 위에 가지를 펼쳐 말린다. 1~2월까지 저장했다가 양념과 고루 섞어 먹으면 그 맛이 햇가지의 맛과 같다.《중궤록》[49]

淡茄乾方 : 用大茄洗淨, 鍋內煮過. 不要見水, 劈開用石壓乾. 趁日色晴, 先把瓦曬熱, 攤茄子於瓦上, 以乾爲度. 藏至正二月內, 和物均食, 其味如新茄之味.《中饋錄》

가지 말리는 법 : 큰 가지는 3조각[片], 작은 가지는 2조각으로 잘라 강물에 1시간 담갔다가 건져서 솥 안에 넣는다. 여기에 소금을 뿌린 뒤 물을 넣고 1번 삶는다. 다시 꺼내어 저녁까지 볕에 말렸다가 그대로 처음 끓였던 물에 넣고 다시 1번 삶아서 솥 안에 둔다. 다음날 아침에 다시 1번 삶고, 다시 저녁까지 볕에 말린 다음 전과 같이 다시 삶는데, 끓는 물이 다 없어질 때까지 삶는다. 이를 볕에 바싹 말리고 단지 안에 넣어 거둔다.

乾茄法 : 茄大切三片, 小二片, 用河水浸半時, 撈入鍋內, 加鹽用水煮一滾. 取出曬至晚, 仍入原湯, 再煮一滾, 留鍋內. 明早復煮一滾, 再曬至晚, 如前再煮, 以湯盡爲度, 曬至極乾, 入罈內收.

작은 오이는 속과 즙을 제거하고 얇은 모시[夏布]로 닦아 위의 방법대로 한 뒤 오이채를 썬다. 거친 껍질을 깎아내는 방법 또한 위의 방법대로 한다.《군방보》[50]

稍瓜去瓤汁, 夏布拭過, 照上法做絲瓜, 刮去粗皮, 亦照上法.《群芳譜》

48 《和漢三才圖會》卷100〈蓏菜類〉"胡盧"(《倭漢三才圖會》12, 126쪽).
49 《說郛》卷95上〈中饋錄〉"製蔬" '淡茄乾方'(《文淵閣四庫全書》881, 410쪽).
50 《廣群芳譜》卷17〈蔬譜〉"茄子", 412쪽.

23) 우백(芋白)[51] 말리기(건우백방)

서리가 내린 뒤, 알토란[芋子]의 윗부분에 있는 우백을 쪼개어 장수(漿水)에 담근 다음 데치고 볕에 말린다. 겨울에 볶아 먹으면 맛이 부들이나 죽순보다 낫다. 《무본신서(務本新書)[52]》[53]

토란대와 잎도 엮어서 걸어두고 바람에 말리면 겨울의 쓰임에 대비할 수 있다. 《옹치잡지》[54]

24) 송이 말리기(건송이방)

햇송이의 기둥을 제거한 다음 송이의 갓 부분을 2~3일 동안 볕에 쬐어 말린 뒤에 그늘에서 말리고 거둔다. 이듬해 봄이나 여름이 되어도 상하지 않고, 삶으면 매우 향기롭다. 기둥은 딱딱해서 먹을 수 없다. 《화한삼재도회》[55]

또 다른 방법 : 갓을 펴지 않은 햇송이의, 갓이 될 부분과 아래쪽 손잡이 부분을 잘라서 2단으로 분리한다. 물 10승, 소금 3승을 8승이 될 때까지 달였다가 식히고 안정되게 해서 이를 송이에 붓고, 판자를 덮어 돌로 눌러둔다. 이때 다만 갓이 상하지

乾芋白方

霜後, 芋子上芋白擘下, 以液漿水, 煤過曬乾. 冬月炒食, 味勝蒲、筍.《務本新書》

莖葉亦可編掛風乾, 以備冬月之用.《饔饎雜志》

乾松茸方

新松茸去莖, 用傘二三日曝乾後, 陰乾取收之. 至翌春夏, 亦不敗, 煮之甚香. 莖則硬, 不堪食.《和漢三才圖會》

又法：新松茸未張傘者傘與柄, 切作兩段. 水一斗、鹽三升, 煎至八升, 冷定漬之, 覆板壓石. 但要[9]令傘不損, 曬乾收貯. 用

---

51 우백(芋白) : 토란대의 맨 아래 흰 부분.
52 무본신서(務本新書) : 중국 원(元)나라 초기의 저작이나, 저자 미상.《농상집요(農桑輯要)》,《왕정농서(王禎農書)》,《농정전서(農政全書)》에 일부가 전한다.
53 출전 확인 안 됨;《農政全書》卷27〈樹藝〉"蓏部"(《文淵閣四庫全書》731, 386쪽).
54 출전 확인 안 됨.
55《和漢三才圖會》卷101〈芝栭類〉"松蕈"(《倭漢三才圖會》12, 145쪽).
9 要 : 저본에는 "無要". 오사카본·규장각본·고대본·《和漢三才圖會·芝栭類·松蕈》에 근거하여 수정.

송이(《왜한삼재도회》)

않게 해야 한다. 물이 빠지면 볕에 말려 저장해둔
다. 사용할 때는 하룻밤을 물에 담가서 소금기가 깨
끗이 가시게 한다.《화한삼재도회》[56]

時, 一日夜漬水, 令鹽味
淨盡. 同上

---

[56] 《和漢三才圖會》卷101〈芝栭類〉"松蕈"(《倭漢三才圖會》12, 145~146쪽).

3. 식향채(食香菜, 식향을 가미한 채소)　食香菜

1) 총론　總論

식향(食香)은 음식 재료로서 향약(香藥, 향료)의 쓰임을 겸한 것으로, 회향·시라·자소(紫蘇, 차조기)·계피·산초와 같은 종류이다. 다른 채소와 섞으면 맛이 온전해지고 향기롭게 할 수 있다. 이는 중국 사람들에게는 일상적이지만, 우리나라 풍속에는 잘 알려지지 않았다. 지금 따로 기록하고 상세하게 나열하여 알토란[芋魁]이 용뇌(龍腦)와 만나고[1], 천축(天竺, 인도)의 음식인 수타(酥酡)[2]의 느끼한 맛을 잡고자 한다.[3]《옹치잡지》[4]

食[1]香者, 謂食料而兼香藥之用, 如茴香、蒔蘿、紫蘇、桂、椒之類. 用以拌和他菜, 能令味全而氣香. 此華人之茶飯, 而東俗之所昧也. 今另錄而詳列之, 庶令芋魁遭遇, 竺酡失腴也.《饔饎雜志》

2) 채상(菜鮺, 식향을 가미한 채소포) 만들기(채상방)　菜鮺方

가시나 거친 줄기를 제거하고 잎만 소금에 절인 채소를 얇은 떡의 크기로 펴고 다른 양념을 뿌려 섞는다. 양념으로는 진피·사인·홍두·행인(살구속씨)·감초·시라·회향·화초를 곱게 간 다음 쌀가루와

鹽虀菜去梗用葉, 鋪開如薄餠大, 用料物糝之. 料用陳皮、砂仁、紅豆、杏仁、甘草、蒔蘿、茴香、花椒, 碾

1　알토란[芋魁]가……만나고 :《香乘》卷3〈香品〉"松窓龍腦香"(《文淵閣四庫全書》844, 376쪽).

2　수타(酥酡) : 고대 인도에서 만들어 먹던, 요거트와 비슷한 종류의 유제품.

3　천축(天竺, 인도)의……한다 :《古今事文類聚》後集卷22〈穀菜部〉"蔬菜" '老圃賦'(《文淵閣四庫全書》926, 353쪽).

4　출전 확인 안 됨.

[1]　食 : 저본에는 없음. 오사카본·고대본에 근거하여 보충.

고루 섞어 채소 위에 뿌리는 것이다.

채소를 한 켜 펴고 다시 양념을 1번 뿌린다. 이와 같이 양념 뿌리기를 다섯 켜로 한 뒤, 무거운 물건으로 눌러둔다. 이를 나중에 대바구니 안에서 찐 다음 작은 덩어리로 자른다. 콩가루를 탄 뻑뻑한 반죽물에 담갔다가 향유에 데쳐 익힌다. 식으면 자기그릇에 넣고 저장해둔다.《거가필용》[5]

細同米粉拌均, 糝菜上. 鋪菜一層, 又糝料物一次. 如此鋪糝五層, 重物壓之, 却於籠內蒸過, 切作小塊. 調豆粉稠水蘸之, 香油煠熟, 冷定納磁器, 收貯. 《居家必用》

3) 식향나복(食香蘿蔔, 식향을 가미한 무) 만들기(식향나복방)

食香蘿蔔方

무를 주사위모양으로 썰어 만들고 소금에 하룻밤 절였다가 한낮에 볕에 말린다. 썰어놓은 생강채·귤껍질채·시라·회향과 이를 고루 섞고 팔팔 끓인 뒤, 식초를 뿌리고 자기그릇에 담는다. 이를 한낮에 볕에 쬐어 말린 다음 저장해둔다.《거가필용》[6]

切作骰子塊, 鹽醃一宿, 日中曬乾. 切薑絲、橘絲、蒔蘿、茴香拌均, 煎滾常醋潑, 用磁器盛, 日中曝乾, 收貯.《居家必用》

사진14 식향나복

---

5 《居家必用》己集〈飮食類〉"蔬食" '造菜虀法'(《居家必用事類全集》, 251쪽).

6 《居家必用》, 위와 같은 곳.

식향을 가미한 무 만드는 법 : 단단하고 속이 꽉 찬 흰 무를 작은 덩어리로 썰어 2일간 볕을 쬔다. 무 1근마다 소금 1냥을 넣고 절였다가 베에 싸고 주물러 물기를 짠다. 다시 볕에 쪼이고 또 주물러 물기를 짜고, 다시 볕에 쪼이고 또 주물러 물기를 짜서 적당하게 말린다. 무 1근마다 백설탕 4냥, 식초 1사발, 소회향·화초·사인·진피 각 0.1냥을 곱게 빻은 다음 이를 무와 고루 섞은 뒤, 자기항아리에 저장해 둔다. 청과정(靑瓜丁, 오이를 설탕과 향료에 절인 음식)도 이 방법에 의거하여 만들 수 있다. 《군방보》[7]

香蘿蔔法 : 白蘿蔔堅實者, 切小塊, 晾二日. 每一斤, 鹽一兩淹過, 布揉去水. 再晾又揉, 又晾又揉, 乾濕得宜. 每一斤, 用白沙糖四兩、醋一碗、小茴香·花椒·砂仁·陳皮各一錢, 擣細拌均, 磁罐收貯. 靑瓜丁亦可照此法做. 《群芳譜》

4) 식향숭개(食香菘芥, 식향을 가미한 배추나 갓) 만들기 (식향숭개방)

큰 포기의 배추나 갓을 깨끗이 씻고 볕에 살짝 말렸다가 끓는 물에 데쳐서 5/10~6/10이 익으면 볕에 말린다. 여기에 소금·간장·시라·회향·화초·진피·설탕을 넣고 같이 푹 삶은 뒤 볕에 말렸다가 다시 잠깐 찐다. 《군방보》[8]

食香菘、芥方

大科菘菜、芥菜, 洗淨略曬, 沸湯內煠, 五六分熟, 曬乾. 用鹽醬、蒔蘿、茴香、花椒、陳皮、砂糖同煮熟, 曬乾, 再烝少時②. 《群芳譜》

5) 식향곡채(食香穀菜, 식향을 가미한, 곡식모양의 채소) 만들기(식향곡채방)

춘불로채(春不老菜)의 채대(菜薹)[9] 【안 춘불로채는 일명 '팔근채(八斤菜)'로, 잎은 배추와 비슷하지만

食香、穀菜方

用春不老菜薹 【案 春不老菜, 一名"八斤菜", 葉似白

---

7 《廣群芳譜》卷16〈蔬譜〉"蘿蔔", 389쪽.
8 《廣群芳譜》卷14〈蔬譜〉"白菜", 334쪽.
9 채대(菜薹) : 십자화과 채소의 꽃줄기로, 춘불로채대(春不老菜薹)외에도 유채대(油菜薹)나 개채대(芥菜薹) 따위가 있다.
② 時 : 저본에는 "許".《廣群芳譜·蔬譜·白菜》에 근거하여 수정.

그보다 크고 매우 연하고 부드럽다】는 잎을 제거하고 깨끗이 씻은 다음 엽전구멍만 한 크기로 잘게 썬다. 물기를 볕에 말리는데, 너무 말리지는 않는다. 여기에 생강채를 넣고 누런메주콩크기로 볶는다. 채대 1근마다 소금 1냥을 식향에 넣고 기다렸다가 소금기가 고루 스미도록 주무른 뒤, 항아리 안에 쟁여넣고 익으면 필요할 때 사용한다.《중궤록》10

菜, 而大甚脆嫩】, 去葉洗淨, 切碎如錢眼子大. 曬乾水氣, 勿令太③乾. 以薑絲炒黃豆大④. 每菜一斤, 用鹽一兩, 入食香相停, 揉回滷性, 裝入罐內, 候熟隨用.《中饋錄》

6) 식향과(食香瓜, 식향을 가미한 오이) 만들기(식향과방)

오이를 양에 관계없이 바둑알크기로 자른다. 오이 1근마다 소금 8돈과 식향을 넣고 오이와 고루 섞는다. 이를 항아리 안에서 1~2일 동안 절였다가 꺼내고 널어서 물기를 말린 다음 볕에 말린다. 저녁에 다시 소금물 안에 넣고, 다음날에 다시 꺼내 볕에 말리기를 일반적으로 3번 하는데, 너무 마르지는 않게 한다. 적당히 마른 오이를 단지 안에 쟁여넣고 사용한다.《중궤록》11

食香瓜方

不拘多少, 切作棊子, 每斤用鹽八錢, 食香同瓜拌均, 於缸內, 醃一二日, 取出控乾, 日曬. 晚復入滷水內, 次日又取出曬, 凡經三次, 勿令大乾. 裝入罈內用.《中饋錄》

오이[靑瓜] 담그는 법 : 단단하고 늙고 큰 오이를 세로로 잘라서 2조각으로 만들고 속을 긁어낸 다음 대강 소금을 쳐서 그 물기를 빼낸다. 생강·진피·박하·자소를 모두 채 썰고 회향·볶은 사인·설탕을 고루 섞어 오이 속에 넣은 다음 오이의 짝을 맞추고

釀瓜法 : 靑瓜堅老而大者, 切作兩片, 去瓤, 略用鹽出其水. 生薑、陳皮、薄荷、紫蘇, 俱切作絲, 茴香、炒砂仁、砂糖, 拌均入瓜內,

---

10 《說郛》卷95上 〈中饋錄〉 "製蔬" '造穀菜法'(《文淵閣四庫全書》881, 411쪽);《遵生八牋》卷12 〈飮饌服食牋〉中 "家蔬類" '造穀菜法'(《준생팔전교주(遵生八牋校注)》, 440쪽).

11 《說郛》卷95上 〈中饋錄〉 "製蔬" '食香瓜茄'(《文淵閣四庫全書》881, 410~411쪽).

③ 太 : 규장각본·고대본에는 "火".

④ 大 :《遵生八牋·飮饌服食牋·家蔬類》에는 "瓣".

실로 묶어 고정한다. 낱개로 장항아리 안에 넣었다가 5~6일이 지난 뒤에 꺼낸다. 오이를 늘어놓고 볕에 말렸다가 저장해두는데, 이때 오이를 잘게 썰어 볕에 말린다. 《중궤록》12

오이를 양에 관계없이 얇게 썰어서 약간의 소금에 담가 하룻밤 절였다가 걸러낸다. 처음 절였던 소금물로 팔팔 끓여 데친 뒤 볕에 말린다. 이를 보통 식초로 달였다가 식힌 뒤, 설탕·생강채·자소·시라·회향을 넣고 고루 섞는다. 이어서 자기그릇에 담고 한낮에 볕에 쪼이다가 마르면 저장해둔다. 《거가필용》13

10가지 식향을 가미한 채소 만드는 법 : 누런메주콩 1승을 문드러지게 삶아 끓인 물을 버리고 건져낸 다음 밀가루 4근을 고루 섞는다. 이 장(醬) 재료를, 말린 갈대멍석 위에 0.2척 두께로 편 다음 부들로 빈틈없이 덮는다. 14일이 지난 뒤에 차가와지면 꺼낸 뒤 볕에 말려 쓰임에 대비한다.

오이가 나올 때 오이 21근을 네모지게 자른 다음 소금 2근에 하룻밤 절였다가 꺼내어 볕에 말린다. 절였다가 말린 오이에 생강채 2~3근, 진피채 0.5근, 껍질 벗긴 행인 3승을 더하고, 메주 1승과 오이

用線扎定成. 個入醬缸內, 五六日, 取出連瓜. 曬乾收貯, 切碎了曬. 同上

菜瓜不以多少, 薄切, 使少鹽淹一宿漉起, 用原滷煎湯焯過, 晾乾. 用常醋煎滾, 候冷, 調砂糖、薑絲、紫蘇、蒔蘿、茴香, 拌均, 用磁器盛, 日中曝之, 候乾收貯. 《居家必用》

十香菜法 : 黃豆一⑤斗, 煮爛去湯撈起, 用麪四斤, 拌均. 醬⑥二寸厚用乾蘆席上, 蒲包蓋密, 二七候冷取出, 曬乾聽用.

菜瓜出時, 用卄⑦一斤切丁, 鹽二斤醃一宿, 取出朗乾. 加薑絲二三斤、陳皮絲半斤、去皮杏仁三升, 每黃

12 《說郛》卷95上〈中饋錄〉"製蔬" '釀瓜'(《文淵閣四庫全書》881, 408쪽).

13 《居家必用》己集〈飮食類 〉"蔬食" '食香瓜兒'(《居家必用事類全集》, 251쪽).

⑤ 一 : 규장각본·고대본에는 "十".

⑥ 醬 : 저본에는 "盦". 《廣群芳譜·蔬譜·菜瓜》에 근거하여 수정.

⑦ 卄 : 저본에는 "甘". 《廣群芳譜·蔬譜·菜瓜》에 근거하여 수정.

절였던 물 3사발마다 품질이 좋은 술 1병을 더하여 고루 섞는다.

여기에 다시 화초 4냥, 대회향·소회향 각 2냥, 감송(甘松)·산내(山奈)[14]·백지·시라 각 0.5냥을 고루 섞는다. 이를 깨끗한 단지에 가득 채운 다음 댓잎끼리 겹치도록 입구를 덮은 뒤, 진흙으로 봉한다. 단지 밖의 네 방위에 '동서남북' 4글자를 쓰고 매일 1면씩 돌려가며 볕에 말린다. 21일이 지난 뒤에 사용할 수 있다.《군방보》[15]

당초과법(糖醋瓜法, 새콤달콤한 식향을 가미한 오이 만드는 법) : 생오이 1근을 작은 덩이로 잘라 소금 1.5냥에 하룻밤 절였다가 건져낸다. 오이 절였던 소금물을 달였다가 식으면 오이를 넣어 고루 섞은 뒤 다시 볕에 말린다. 다시 설탕 4냥, 식초 1사발을 오이가 잠기도록 함께 자기그릇에 담고, 소회향·사인·화초·자소·생강 약간을 넣는다.《군방보》[16]

7) 식향가(食香茄, 식향을 가미한 가지) 만들기(식향가방)

당초가법(糖醋茄法, 새콤달콤한 식향을 가미한 가지 만드는 법) : 어린 햇가지를 삼각형모양의 덩어리로 썰어 끓는 물에 데쳤다가 면포에 싼 다음 물기를 짜서 말린다. 이어서 소금에 하룻밤 절였다가 볕에 말린다.

豉一升、醃瓜水三碗, 加好酒一瓶, 拌均.

再加花椒四兩、大·小茴香各二兩、甘松·三奈·白芷·蒔蘿各半兩, 拌均, 以淨罈盛滿, 箬扎口泥封. 外寫 "東西南北"四字, 每日曬一面, 三七後可用.《群芳譜》

糖醋瓜法 : 生菜瓜一斤切小塊, 鹽一兩五錢, 醃一宿撈起, 以汁[8]煎滾, 候冷, 入瓜拌透, 又曬. 再用糖四兩、醋一碗, 磁器浸入小茴香、砂仁、花椒、紫蘇、薑少許. 同上

食香茄方

糖醋茄法 : 取新嫩茄, 切三角塊, 沸湯漉過, 布包榨乾, 鹽淹一宿, 曬乾. 用薑絲、紫蘇拌均煎滾, 糖醋潑

---

14 산내(山奈) : 생강과 식물인 산내(山奈)의 뿌리와 줄기를 말린 것으로, 중초(中焦)를 따뜻하게 하고 소화를 촉진시킨다. 사강(沙薑)·산랄(山辣)이라고도 한다.
15 《廣群芳譜》 卷17 〈蔬譜〉 "菜瓜", 395쪽.
16 《廣群芳譜》 卷17 〈蔬譜〉 "菜瓜", 396쪽.
[8] 汁 : 저본에는 없음. 오사카본·규장각본·고대본·《廣群芳譜·蔬譜·菜瓜》에 근거하여 보충.

사진15 식향과

여기에 생강채·자소를 고루 섞어 달이고, 설탕과 식초를 뿌려 스며들게 한 다음 자기그릇 안에 거두어 넣는다. 오이도 이 방법과 같다. 《중궤록》[17]

암순가법(鵪鶉茄法, 메추라기같은 가지 만드는 법) : 어린 가지를 골라서 가는 실의 모양으로 자른 다음 끓는 물에 데친 뒤, 널어서 물기를 말린다. 소금·간장·화초·시라·회향·감초·진피·행인·홍두를 곱게 가루 낸 뒤, 가지와 고루 섞어 볕에 말린 다음 쪄서 거둔다. 사용할 때 끓는 물에 불려 부드럽게 한 뒤, 향유에 담가 데친다. 《중궤록》[18]

당증가법(糖烝茄法, 데친 가지에 새콤달콤한 식향을 가미하는 법) : 부드럽고 큰 우내가(牛嬭茄)[19]는 꼭지까지는 자르지 않은 채 세로로 잘라 6가닥으로 나눈다. 가지 50근마다 소금 1냥을 고루 섞은 다음 끓는 물에 넣고 데치다가 색이 변하면 건져내어 볕에 말린다. 박하·회향가루를 가지의 가닥과 가닥 사이에 채워 넣고, 이를 설탕 3근, 식초 0.5잔에 3일 동안 담갔다가 볕에 말린다. 다시 소금물에 담갔다가 말리기를 소금물이 다 없어질 때까지 한다. 그런 뒤 우내가를 눌러 납작하게 말린 다음 거두어 저장한다. 《중궤록》[20]

浸, 收入磁器內. 瓜同此法. 《中饋錄》

鵪鶉茄法 : 揀嫩茄, 切作細縷, 沸湯焯過, 控乾. 用鹽醬、花椒、蒔蘿、茴香、甘草、陳皮、杏仁、紅豆, 研細末, 拌均曬乾, 烝過收之. 用時, 以滾湯泡軟, 蘸香油煠之. 同上

糖烝茄法 : 牛嬭茄嫩[9]而大者, 不去蔕, 直切成六稜. 每五十斤, 用鹽一兩拌均, 下湯焯, 令變色瀝乾. 用薄荷、茴香末, 夾在內, 砂糖三斤、醋半鍾[10], 浸三宿, 曬乾. 還滷直至滷盡, 茄乾壓匾, 收藏之. 同上

---

17 《說郛》卷95上〈中饋錄〉 "製蔬" '糖醋茄'(《文淵閣四庫全書》881, 411쪽).
18 《說郛》卷95上〈中饋錄〉 "製蔬" '鵪鶉茄'(《文淵閣四庫全書》881, 410쪽).
19 우내가(牛嬭茄) : 가지과의 일종. 품질이 우수하며, 껍질이 얇고 씨앗이 적다.
20 《說郛》卷95上〈中饋錄〉 "製蔬" '糖蒸茄'(《文淵閣四庫全書》881, 408쪽).
9 嫩 : 규장각본에는 "軟".
10 鍾 : 저본에는 "種". 오사카본·규장각본·고대본·《說郛·中饋錄·製蔬·糖蒸茄》에 근거하여 수정.

4. 자채(鮓菜, 담금[1]채소)

鮓菜

1) 총론

자(鮓, 젓)는 곧 생선을 저장한다는 말로, 소금과 쌀로 생선살을 담가 만들기 때문에 어(魚)와 사(乍)를 합해 쓴다. 후대에 쌀·누룩·소금·기름으로 채소를 담근 것도 자(鮓)라고 했는데, 이는 가차한 것이다. 《고사십이집》[2]

總論

鮓卽藏魚之稱, 以鹽、米釀魚肉作之, 故以魚以乍. 後世用米、麴、鹽、油釀菜, 而亦謂之鮓, 假借也. 《攷事十二集》

2) 호라복자(胡蘿蔔鮓, 당근담금) 만들기(호라복자방)

당근을 편[片子]으로 자른 다음 끓는 물에 살짝 데치고 넣어서 물기를 말린다. 다진 파[蔥花]·대회향·소회향·생강채·귤껍질채·화초가루·홍국 조금씩을 문드러지게 갈아서 소금과 고루 섞는다. 여기에 당근을 2시간 동안 절였다가 먹는다.《중궤록》[3]

胡蘿蔔鮓方

切作片子, 滾湯略焯, 控乾. 入少許蔥花、大小茴香、薑、橘絲、花椒末、紅麴研爛, 同鹽拌均, 醃①一時, 食之.《中饋錄》

3) 삼백자(三白鮓, 3가지 흰 채소 담그기) 만들기(삼백자방)

흰 무·줄풀 줄기[茭白]·생죽순 자른 것 3가지를 푹 삶고 당근 담그는 법을 본떠 담가 상에 올려 먹

三白鮓方

白蘿蔔、茭白、生切筍, 煮熟三物, 倣②胡蘿蔔鮓法,

---

1 담금 : 원문의 '鮓'를 풀이한 것으로, 김치·술·장·젓갈 따위를 만드는 재료를 버무리거나 물을 부어서, 익거나 삭도록 그릇에 넣어 두는 발효처리과정을 말한다.

2 《攷事十二集》卷11〈戊集五六〉 "豆腐造法"(《保晚齋叢書》10, 469~470쪽).

3 《說郛》卷95上〈中饋錄〉 "製蔬" '胡蘿蔔鮓'(《文淵閣四庫全書》881, 409쪽).

① 醃 : 저본에는 "罨".《說郛·中饋錄·製蔬·胡蘿蔔鮓》에 근거하여 수정.

② 倣 : 저본에는 "做". 오사카본·규장각본에 근거하여 수정.

는다.《중궤록》[4]

作鮓供食.《中饋錄》

4) 교백자(茭白鮓, 줄풀줄기담금) 만들기(교백자방)

茭白鮓方

신선한 줄풀을 편으로 자른 다음 데치고 널어서 물기를 말린다. 가늘게 썬 파채·시라·회향·화초·홍국을 문드러지게 갈아 소금과 고루 섞는다. 여기에 줄풀을 2시간 동안 절였다가 먹는다.《중궤록》[5]

鮮茭切作片子, 焯過控乾以細蔥絲、蒔蘿、茴香、花椒、紅麴, 研爛, 并鹽拌均, 同醃一時食.《中饋錄》

5) 죽순자(竹筍鮓, 죽순담금) 만들기(죽순자방)

竹筍鮓方

봄에 어린 죽순을 잘라 늙은 머리 부분을 깨끗이 벗겨 없앤다. 이를 썰어 너비 0.04척, 길이 0.1척의 덩어리로 만든 다음 대바구니에 얹어 푹 찐다. 면포로 싸고 물기를 짜서 바싹 말린 뒤, 그릇에 넣고 기름을 부어 만드는 방법은 이전의 법[6]과 같다.《중궤록》[7]

春間取嫩筍, 剝淨去老頭, 切作四分大一寸長塊. 上籠烝熟. 以布包裹榨, 作極乾, 投於器中, 下油製造, 如前法.《中饋錄》

죽순담금 만드는 법 : 죽순을 삶은 다음 소금과 쌀죽을 섞어 저장하는데, 산초와 같이 매운맛이 나는 재료를 더한다. 간혹 숙유(熟油)로 볶아서 장아찌로 만들고 저장해뒀다가 먹으면 맛이 몹시 좋다. 《순보》[8]

竹筍鮓法 : 煮用鹽米粥藏之, 加以椒辛物. 或炒熟油藏爲醃, 食極美.《筍譜》

3월에 죽순을 편으로 썬 다음 끓는 물에 살짝 데치고 널어서 물기를 말린다. 파채·회향·화초·

三月切作片子, 沸湯略焯過, 控乾. 入蔥絲、茴香、

---

4 《說郛》卷95上〈中饋錄〉"製蔬" '又方'(《文淵閣四庫全書》881, 409쪽).

5 《說郛》卷95上〈中饋錄〉"製蔬" '茭白鮓'(《文淵閣四庫全書》881, 411쪽).

6 이전의 법 :《說郛·中饋錄·製蔬·筍鮓》에는 '부자(麩鮓, 밀기울에 죽순을 담그는 법)와 같다'라 했다.

7 《說郛》卷95上〈中饋錄〉"製蔬" '筍鮓'(《文淵閣四庫全書》881, 412쪽).

8 《筍譜》〈三之食〉(《文淵閣四庫全書》845, 197쪽).

사진16 줄풀줄기

사진17 죽순자

홍국을 문드러지게 갈아서 죽순에 넣고 아울러 소금과 고루 섞어 2시간 동안 절였다가 먹는다.《구선신은서》[9]

花椒、紅麴、研爛、并鹽拌均、同淹一時、食之.《臞仙神隱書》

6) 포순자(蒲筍鮓, 포순담금) 만들기(포순자방)

3월에 생포순(蒲筍, 부들순) 1근을 취하여 0.1척 길이로 자른 다음 끓는 물에 데친 뒤 면포로 싸서 물기를 짠다. 말린 생강채·숙유·귤껍질채·홍국·멥쌀밥·화초·회향·파채를 부들순에 넣고 고루 섞은 다음 자기그릇 안에 넣어 하룻밤 묵히면 먹을 수 있다.《구선신은서》[10]

蒲筍鮓方

三月取生者一斤, 寸剉, 沸湯焯過, 布裹壓. 乾薑絲、熟油、橘絲、紅麴、粳米飯、花椒、茴香、蔥絲, 拌均, 入磁器內, 一宿可食.《臞仙神隱書》

7) 우초자(藕梢鮓, 우초담금) 만들기(우초자방)

4월에 생우초(藕梢, 연줄기)를 채취하여 0.1척 길이로 자른 다음 끓는 물에 데치고 소금에 절였다가 물을 제거한다. 파·기름 조금, 생강채·귤껍질채,

藕梢鮓方

四月採取生者, 寸截, 沸湯焯過, 鹽醃去水. 蔥、油小許, 薑·橘絲, 茴香、粳米

---

9 《臞仙神隱書》〈三月〉"修饌" '造熟筍鮓'(《四庫全書存目叢書》260, 50쪽);《山林經濟》卷2〈治膳〉"蔬菜"(《農書》2, 290~291쪽).
10 《臞仙神隱書》, 위와 같은 곳;《山林經濟》卷2〈治膳〉"蔬菜"(《農書》2, 291쪽).

회향·멥쌀밥·홍국을 곱게 가루 낸 것, 이상의 재료를 모두 연줄기와 고루 섞는다. 이를 연잎으로 싸두었다가 하룻밤 지나면 먹는다. 《구선신은서》[11]

飯、紅麴研細, 拌均, 荷葉包隔, 宿食之. 《臞仙神隱書》

8) 담복자(薝蔔鮓, 치자꽃담금) 만들기(담복자방)

4월에 어린 치자꽃을 따서 장아찌를 담으면 매우 향기롭고 맛이 좋다. 《구선신은서》[12]

薝蔔鮓方

四月採嫩花作鮓, 極香美. 《臞仙神隱書》

치자꽃은 반쯤 핀 것을 따서 백반 녹인 물에 데친다. 가늘게 썬 파채, 대회향·소회향·화초·홍국·황미반(黃米飯)을 문드러지게 간 것을 넣고 소금과 함께 치자꽃을 고루 섞은 다음 한나절 동안 꼭 눌러서 절였다가 먹는다. 《증보도주공서》[13]

梔子花採半開者, 礬水焯過, 入細蔥絲, 大·小茴香、花椒、紅麴、黃米飯研爛, 同鹽拌均, 醃壓半日, 食之. 《增補陶朱公書》

사진18 담복자 만들기

11 《臞仙神隱書》〈四月〉 "修饌" '藕梢鮓'(《四庫全書存目叢書》260, 54쪽);《山林經濟》卷2〈治膳〉"蔬菜"(《農書》2, 291쪽).
12 《臞仙神隱書》, 위와 같은 곳;《山林經濟》, 위와 같은 곳.
13 출전 확인 안 됨.

5. 제채(菹菜, 절임채소)

菹菜

1) 총론

제(菹)는 혹은 제(韲)로도 쓴다. 《주례(周禮)》〈천관(天官)〉 "해인(醢人)"에 "해인(젓갈 담당 관리)은 5가지 무침, 7가지 젓갈, 7가지 김치를 공급한다."[1]라 했다. 주(註)에 "무침 5가지는 곧 창본(昌本)【창포뿌리】·비석(脾析)【우백엽(牛百葉)[2]】·신(蜃)【대합】·돈박(豚拍)【돼지 어깨부위】·심포(深蒲)【갓 난 아욱】이다."라 했다.

《석명(釋名)》에 "제(菹)는 제(濟, 돕다)이니, 여러 맛과 서로 도와 맛을 완성한다."[3]라 했다. 이것에 근거하면 제(菹)는 자(鮓)가 소금과 쌀로 생선살을 삭힌 것과 그 방법이 비슷하다. 그러나 유우석(劉禹錫)[4]이 술로 인해 병이 났을 때, 백거이(白居易)[5]에게 국묘제(菊苗菹, 감국싹무침)와 여복자(蘆菔鮓, 무담금)를 보내고 그 댓가로 육반차(六班茶, 녹차의 일종으로 추정)를 바꿔 먹고서 술이 깼다고 하는 고사를 본다면, 제(菹)와

總論

菹, 或作韲, 《周禮·醢人》: "五菹、七醢、七菹." 註云: "五菹, 卽昌本【菖蒲根】、脾析【牛百葉】、蜃【大蛤】、豚拍【豕肩】、深蒲【葵始生者】也."

《釋名》云: "菹, 濟也, 與諸味相濟成也." 據此則與鮓之用鹽米釀魚肉者, 其法似同. 然劉禹錫病酒, 乃饋菊苗菹、蘆菔鮓於白居易, 換六班茶以醒酒, 則菹與鮓, 又是二味也. 《攷事十二集》

---

1 해인은……공급한다 : 《周禮》卷6〈天官冢宰〉下 "醢人"(《十三經注疏整理本》7, 167쪽).

2 우백엽(牛百葉) : 소의 천엽. 백엽은 소나 양의 겹주름 위(胃)를 말한다.

3 제(菹)는……완성한다 : 《釋名》卷4〈釋言語〉 "釋飮食"(《文淵閣四庫全書》221, 402쪽).

4 유우석(劉禹錫) : 772~842. 중국 당나라의 관료·문인. 자는 몽득(夢得), 호는 여산인(廬山人).

5 백거이(白居易) : 772~846. 중국 당나라의 시인. 자는 낙천(樂天), 호는 향산거사(香山居士).

자(鮓)는 또한 2가지의 서로 다른 음식이다. 《고사십이집》[6]

제(虀)와 자(鮓)는 비슷하지만 자(鮓)는 소금과 쌀로 담가 만든 음식일 뿐이고 제(虀)는 일반적으로 젓갈, 간장, 생강, 마늘 일체의 짜거나 매운 재료가 모두 서로 도와 맛을 완성할 수 있는 음식이니, 이것이 이들의 다른 점이다.

《주례(周禮)》〈천관(天官)〉"해인(醢人)"의 주(註)에 "일반적으로 가늘게 썬 재료에 식초나 간장을 섞어 제(虀)를 만든다."[7]라 했다. 다른 곳에서는 "제(虀)는 매운맛이 나는 재료를 빻아 만들기도 하는데, 매운 재료는 생강이나 마늘같은 종류이다."[8]라 했다. 자전(字典)에 "제(虀)는 쇄(碎)이고, 화(和)이며, 제(制)이다."[9]라 했다. 쇄(碎)는 잘라서 부수는 것을 말하고, 화(和)는 간장이나 식초를 섞어 간을 맞추는 것을 말하며, 제(制)는 다른 맛과 서로 어우러져 그 다른 맛을 눌러주는 것을 말한다. 이 여러 가지 설을 상세히 살펴보면 제(虀)가 제(虀)인 까닭을 알 수 있을 것이다. 《옹치잡지》[10]

虀與鮓類也，而鮓以鹽米釀成而已，虀則凡醯、醬、薑、蒜一切鹹辛之物，皆可相濟而成，此其所異也.

《周禮·天官·醢人》註曰："凡醯、醬所和細切爲虀." 一曰："擣辛物爲之，辛物，薑、蒜之類." 字書云："虀，碎也，和也，制也." 碎者謂切而碎之也，和者謂以醬、醋調和也，制者謂與他味相制也. 詳此數說，而虀之所以爲虀可知矣. 《饔饎雜志》

---

6 《攷事十二集》卷11〈戌集五六〉"諸虀造法"(《保晚齋叢書》10, 473~474쪽).
7 일반적으로……만든다 :《周禮》卷6〈天官冢宰〉下 "醢人"(《十三經注疏整理本》7, 167쪽).
8 매운맛이……종류이다 :《御定康熙字典》卷36〈亥集下〉"齊部" "虀"(《文淵閣四庫全書》231, 588쪽)
9 제(虀)는……제(制)이다 :《御定康熙字典》, 위와 같은 곳.
10 출전 확인 안 됨.

2) 절임채소 만들기(조제법)

먼저 물로 채소를 깨끗이 씻어 누렇게 뜬 잎을 가려 제거한다. 채소 1종마다 소금 10냥을 물에 녹이고 물이 따뜻해지면 채소를 씻어 항아리에 넣는다. 날씨가 따뜻한지 살펴보고 따뜻해지면 다음날 곧바로 채소를 절이다가, 이어서 밑에 있던 채소는 위로 올려준다. 한 켜는 채소, 한 켜는 늙은 생강을 넣는데, 대략 채소 100근에 늙은 생강 2근의 비율이다. 날씨가 추우면 하루를 늦춰서 하는데, 채소를 자주 뒤집어주면서 돌로 누른다. 이때 소금물에 채소가 잘 잠기게 한다.《거가필용》[11]

3) 상공제[相公䪡, 절임상공(相公)][12] 만들기(상공제방)

무를 얇은 편으로 써는데, 상추줄기처럼 얇게 한다. 또는 어린 순무나 배추를 무의 가락처럼 얇게 썬 다음 각각 소금을 뿌리고 쬐어 말린다. 한참 지나서 끓는 물에 데친 뒤 새로 길어온 물에 넣는다. 그런 다음에 신맛이 나는 장수(漿水)에 넣고 한소끔 끓인 뒤, 사발로 덮어서 우물 안에 넣고 식힌다.《거가필용》[13]

4) 개제(芥䪡, 절임갓) 만들기(개제방)

절임갓을 만들려면 9~10월에 파랗고, 자색이고, 흰 갓을 취하여 잘게 썬 다음 끓는 물에 데친 뒤, 건

造䪡法

先將水洗淨菜, 揀去黃損者, 每菜一科, 用鹽十兩, 湯泡化, 候大溫, 逐窠洗菜, 就入缸. 看天道涼煖, 煖則來日菜卽淹①下, 隨卽倒下者居上. 一層菜②, 一層老薑, 約菜百斤, 老薑二斤. 天寒遲一日, 倒倒訖以石壓, 令水淹過菜.《居家必用》

相公䪡方

蘿蔔切作薄片萵苣條, 或嫩蔓菁、白菜, 切如蘿蔔條, 各以鹽曬之. 良久用滾湯焯過, 入新水中, 然後煎酸漿水泡之, 以碗蓋覆, 入井中浸冷.《居家必用》

芥䪡方

芥菜䪡九月十月, 取青、紫、白芥菜, 切細, 于沸湯內焯

---

11 《居家必用》己集〈飮食類〉"蔬食" '造䪡菜法'(《居家必用事類全集》, 253쪽).

12 상공(相公) : 미상.

13 《居家必用》己集〈飮食類〉"蔬食" '相公䪡法'(《居家必用事類全集》, 253쪽).

① 淹 : 저본에는 "淽". 규장각본·고대본에 근거하여 수정.

② 一層菜 : 저본에는 없음. 규장각본·고대본·《居家必用·飮食類·蔬食》에 근거하여 보충.

사진19 상공제　　　　　　　　　　사진20 개제

져서 끓인 물과 같이 동이 안에 건져낸다. 여기에 생
상추와 함께 숙유, 갓꽃이나 지마(芝麻, 참깨), 흰소금
을 적당량 넣고 같이 고루 섞는다. 독 안에 2~3일
동안 눌러두었다가 누렇게 변하면 먹을 수 있다. 봄
이 되어도 맛이 변하지 않는다. 《군방보》[14]

　　마른 채소의 절임을 만들 때는 큰 갓 100근마다
소금 22냥을 사이사이 고루 뿌린 다음 동이나 단지
에 겹겹이 안치고 그 위에 큰 돌로 며칠간 눌러 절인
다. 물기가 빠져 채소가 소금물에 잠기면 돌과 채소
를 건져내어 채소는 볕에 말린다. 이를 본래의 소금

過, 帶湯撈于盆內, 與生萵
苣同熟油、芥花, 或芝麻、
白鹽約量, 拌均. 按于甕
內三二日, 變黃可食. 至春
不變味. 《群芳譜》

乾薑菜, 大芥菜每一百斤,
用鹽二十二兩, 摻撈得均,
以盆或缸, 疊疊放定, 上
用大石, 壓醃數日. 出水浸
過, 石撈起曬乾後, 以本

---

14 《廣群芳譜》卷14〈蔬譜〉 "芥", 338쪽.

물에 삶아 반쯤 익힌 다음 다시 볕에 말리고 저장한다. 만약 다시 쪄내면 색깔은 흑색이 되면서 부드러워진다.

이를 깨끗하고 마른 단지에 저장한 뒤 봉하면 몇 해가 지나도 상하지 않아서 길을 나설 때에 쓸 채소를 가공하는 데 매우 편리하다. 6월 복날[15]에, 볶아 말린 고기를 다시 위에서 절인 채소와 같이 볶으면 10일 동안 놓아둬도 부패하지 않는다.

일반적으로 6월의 더위에는 음식을 보존할 수가 없다. 다만 말린 채소의 절임과 같이 볶으면, 끓는 물에 넣었다가 식힌 다음 다시 거두어 10일 동안 내놔도 향미가 줄어들지 않으니, 매우 빼어나다. 만약 갓을 소금물에 절이고, 메주콩을 삶아 바싹 말리고, 무를 네모지게 썰어 볕에 말렸다가 함께 저장해두면 해가 지나도 먹을 수 있다. 《군방보》[16]

5) 숭제(菘虀, 절임배추) 만들기(숭제방)

큰 배추를 포기째로 채취하여 십자[十]로 가른다. 견실하고 작은 무를 취해서 2개로 쪼갠다. 배추와 무를 함께 해를 향하도록 한 뒤, 볕에 말려 물기를 제거한다. 2가지를 정방형 조각으로 얇게 썰어 엽전 구멍크기로 만든다. 이를 깨끗한 항아리에 넣은 다음 마근(馬芹)[17]·회향·술·식초·물 등을 알맞게 섞은 뒤 깨끗한 소금을 끼얹는다. 이어서 손 가는 대로

汁滷, 煮滾半熟, 再曬乾, 收貯. 若復烝過, 則黑而軟.

置淨乾甕中, 藏封任留, 數年不壞, 出路作菜極便. 六月伏天, 用炒過乾肉, 復同薑菜炒, 放旬日不腐.

凡六月天熱, 饌不堪留. 只以乾薑同炒, 不要入湯水, 放冷再收起, 可放經旬, 不氣息極妙. 若醃芥鹽汁, 煮黃豆極乾, 蘿蔔丁曬乾收貯, 經年可食. 同上

菘虀方

大菘菜叢採, 十字劈裂. 萊菔取緊小者, 破作兩半, 同向日中曬去水. 脚二件, 薄切作方片, 如錢眼子大. 入淨罐中, 以馬芹、茴香、雜酒、醋、水等, 令得所調, 淨鹽澆之, 隨手擧罐, 撼

---

15 복날 : 초복(初伏)·중복(中伏)·말복(末伏)이 되는 날.
16 《廣群芳譜》, 위와 같은 곳.
17 마근(馬芹) : 미나리과에 속하는 식물인 커민의 씨를 이용해 만든 향신료.

항아리를 들어 50~70번을 흔들어준 다음 항아리 주둥이를 단단히 밀봉하여 따뜻한 술단지 위에 둔다. 이 상태에서 하루에 1번씩 이전의 법과 같이 항아리를 흔들어주면 3일이 지난 뒤에 상에 올릴 수 있다. 절인 채소의 색은, 청색과 백색이 서로 섞인 모양이 선명하고 깨끗하여 아낄 만하다. 《군방보》[18]

흑엄제(黑醃虀) : 흰 배추도 위와 같은 방법으로 잘 절인 다음 꺼내어 횃대 위에 걸고 볕에 바싹 말린다. 이를 시루에 얹어 푹 찐 다음 다시 볕에 말렸다가 거두어들이면 매우 오랫동안 저장할 수 있다. 여름에 이 절임과 고기를 섞어서 볶으면 오래 두어도 악취가 나지 않는다. 시루가 불편하면 물에 인 것을 삶은 다음 볕에 말려도 좋다. 다만 찐 것만큼 좋지는 않다. 갓도 마찬가지이다. 《군방보》[19]

절임을 햇볕에 말려서 절임배추 만드는 방법 : 배추의 어린 줄기를 끓는 물에 데쳐 반쯤 익힌 다음 묶어서 말린다. 이를 썰어서 조각으로 만든 뒤, 기름을 조금 두르고 약간 볶아서 그릇에 넣는다. 여기에 식초를 약간 넣고 잠시 두었다가 먹는다. 《중궤록》[20]

6) 호유제(胡荽虀, 절임고수) 만들기(호유제방)

고수김치[胡荽菹] 만드는 방법 : 고수를 끓는 물에

觸五七十次, 密蓋罐口, 置壜上溫處. 仍日一次, 如前法撼觸, 三日後可供. 菜色青白間錯, 鮮潔可愛. 《群芳譜》

黑醃虀 : 白菜如法醃透, 取出掛于桁上, 曬極乾. 上甑烝熟, 再曬乾收之, 極耐久藏. 夏月以此虀和肉炒, 可以久留不臭. 甑不便者, 經以水煮虀, 曬乾亦可, 但不如烝者佳. 芥菜同. 同上

暴虀方 : 菘菜嫩莖, 湯焯半熟, 紐乾. 切作碎段, 少加油, 略炒過, 入器內, 加醋些少, 停少頃食之. 《中饋錄》

胡荽虀方

作胡荽菹法 : 湯中渫出之,

---

18 《廣群芳譜》卷14〈蔬譜〉"白菜", 334쪽.

19 《廣群芳譜》, 위와 같은 곳.

20 《說郛》卷95上〈中饋錄〉"製蔬" '暴虀'(《文淵閣四庫全書》881, 409쪽).

데쳐 꺼낸 다음 큰 항아리 안에 넣고 따뜻한 소금물에 하룻밤을 담가둔다. 다음날 물을 길어 고수를 깨끗이 씻은 다음 다른 그릇에 고수를 소금·식초와 함께 넣고 담그면 맛이 향기롭고 빼어나며 쓰지 않다.

【안 이것에 비록 '저(葅, 김치)'로 이름을 붙였지만, 실제로는 제법(虀法, 절임법)이다】《제민요술》[21]

著大甕中, 以煖鹽水經宿[3] 浸之. 明日, 汲水淨[4]洗, 出別器中, 以鹽·酢浸之, 香美不苦.

【案 此雖以葅爲名, 其實虀法也】《齊民要術》

7) 호라복제(胡蘿菔虀, 절임당근) 만들기(호라복제방)

붉고 가는 당근을 취하여 편으로 썬다. 이를 썰어놓은 갓과 섞은 다음 식초를 넣고 잠깐만 살짝 절인 뒤 먹으면 매우 연하다. 또는 여기에 소금 약간·대회향·소회향·생강채·귤껍질채에 식초를 함께 넣고 섞어서 절여 먹기도 한다.《중궤록》[22]

胡蘿菔虀方

取紅細胡蘿菔, 切片. 同切芥菜, 入醋略醃片時, 食之甚脆. 仍用鹽些少, 大·小茴香、薑、橘皮絲, 同醋共拌醃食.《中饋錄》

사진21 호라복제

21 《齊民要術》卷3〈種胡荽〉第24 "作胡荽葅法"(《齊民要術校釋》, 210쪽).
22 《說郛》卷95上〈中饋錄〉"製蔬" '暴虀'(《文淵閣四庫全書》881, 409쪽).
③ 鹽水經宿 : 저본에는 "蓋經宿水". 《齊民要術·種胡荽·作胡荽葅法》에 근거하여 수정.
④ 淨 : 저본에는 "淨之". 규장각본·고대본·《齊民要術·種胡荽·作胡荽葅法》에 근거하여 삭제.

8) 과제(瓜齏, 절임참외) 만들기(과제방)

절임참외를 만들 때는 몸통에 띠가 생긴 참외 10개를 대나무꼬챙이로 완전히 뚫은 다음 소금 4냥을 참외 속에 고루 넣는다. 그런 다음 참외 안에 생긴 물을 걸러내고 말린다. 여기에 간장 10냥을 고루 섞은 다음 땡볕에 말리는데, 뒤집어가며 다시 볕에 말리기를 반복한다. 다 마르면 새 자기그릇 안에 넣어 갈무리한다. 소금과 간장을 쓸 때는 또한 참외의 크기를 보고 양을 헤아려야 알맞게 된다. 《거가필용》23

瓜齏方

甜瓜齏, 甜瓜十枚帶生者, 竹籤穿透, 鹽四兩, 拌入瓜內, 瀝去水, 令乾. 用醬十兩拌均, 烈日曬, 翻轉又曬. 令乾, 入新磁器內收之. 用鹽用醬, 又看瓜大小, 斟量用之, 得宜.《居家必用》

사진22 과제 만들기

사진23 과제(가운데)

절임참외를 만들 때는 덜 익은 참외를 골라 1근마다 몸통의 옆줄을 따라서 잘라낸 다음 속은 빼내고 쓰지 않는다. 이를 팔팔 끓인 물에 데친 다음 소금 5냥에 뒤집어가며 고루 비벼준다. 두시(豆豉)가루 0.5근, 식초 0.5근, 면장(麵醬) 0.5근, 마근(馬芹)·천초·말린 생강·진피·감초·회향 각 0.5냥, 무이 2냥

菜瓜齏, 揀未熟瓜, 每斤隨瓣切開, 去瓤不用. 就百沸湯焯過, 以鹽五兩, 均擦翻轉, 豆豉末半斤, 釅醋半斤, 麵醬斤半, 馬芹·川椒·乾薑·陳皮·甘草·茴香各半

---

23 《居家必用》己集〈飮食類〉"蔬食"'造瓜齏法'(《居家必用事類全集》, 253쪽).

Ⅰ. 채소음식(교여지류) **203**

을 함께 곱게 가루 낸다. 이를 참외와 같이 한 곳에서 고루 섞어 자기항아리에 넣고 서늘한 곳에 눌러 놓아둔다. 보름 정도 지나면 익어서 참외의 색이 투명해져서 마치 누런색 보석인 호박(琥珀)과 비슷해지며, 맛이 매우 향기롭고 빼어나다.

【안 참외·호과(胡瓜)는 모두 이 방법을 본떠 만들 수 있다】《군방보》24

오이 3번 달이는 법 : 단단하고 늙은 오이를 세로로 2조각으로 썬다. 1근마다 소금 0.5냥, 간장 1냥, 자소·감초 약간에 담근다. 복날에 소금기가 있는 채로 밤에는 삶고 낮에는 볕에 말린다. 모두 3번 삶은 뒤에 볕에 말리는데, 비가 내리면 시루 위에 올려서 찐 다음 볕에 말렸다가 저장한다. 《중궤록》25

9) 망우제[忘憂虀, 절임망우초(忘憂草)26] 만들기(망우제방)

혜강(嵇康)27이 "합환(合歡)28은 분노심을 없애고, 훤초(萱草, 망우초)는 근심을 잊게 한다."29라 했다. 최

兩、蕉黃二兩, 竝爲細末, 同瓜一處拌均, 入瓷甕內, 醃壓於冷處. 頓之經半月後則熟, 瓜色明透, 絕類琥珀, 味甚香美.

【案 甜瓜、胡瓜, 皆可倣法造】《群芳譜》

三煮瓜法 : 靑瓜⑤堅老者, 切作兩片, 每一斤, 用鹽半兩、醬一兩、紫蘇·甘草少許醃. 伏時, 連滷, 夜煮日曬. 凡三次煮後曬, 至雨天, 留甑上烝之, 曬乾收貯.《中饋錄》

忘憂虀方

嵇康云 : "合歡蠲忿, 萱草忘憂." 崔豹《古今注》則曰

24 《廣群芳譜》卷17〈蔬譜〉"菜瓜"(《文淵閣四庫全書》845, 568쪽).
25 《說郛》卷95上〈中饋錄〉"製蔬" '三煮瓜'(《文淵閣四庫全書》881, 408쪽).
26 망우초(忘憂草) : 백합과의 여러해살이풀 원추리. 뿌리는 한약 재료로 쓰고, 봄에 돋아나는 연한 잎은 나물로 쓴다. 훤초(萱草)·단극(丹棘)이라고도 한다.
27 혜강(嵇康) : 224~263. 중국 조위(曹魏)의 학자.
28 합환(合歡) : 콩과에 속한 낙엽성 큰키나무인 자귀나무. 밤이 되면 잎사귀들이 짝을 이루어 서로 붙기 때문에 이처럼 불렸다. 마영화(馬纓花)·야합화(夜合花)라고도 한다.
29 합환(合歡)은……한다 : 《嵇中散集》卷3〈養生論〉(《文淵閣四庫全書》1063, 347쪽).
⑤ 靑瓜 : 저본에는 "靑瓜法". 오사카본·규장각본·고대본·《說郛·中饋錄·製蔬·三煮瓜》에 근거하여 삭제.

표(崔豹)[30]의 《고금주(古今注)》[31]에는 '단극(丹棘)'이라 했고, '녹총(鹿蔥)'이라고도 했다. 봄에 연한 잎을 따서 끓는 물에 데친 다음 식초와 간장으로 절임을 만드는데, 간혹 고기로 만들기도 한다. 《산가청공》[32]

"丹棘", 又名"鹿蔥". 春菜苗, 湯瀹以醯醬爲韲, 或造以肉. 《山家淸供》

10) 불한제(不寒韲, 춥지 않은 계절의 발효절임배추) 만들기(불한제방)

법에 따라 맑고 묽은 밀가루풀에 배춧잎을 썰어 넣고 생강·산초·회향·시라를 섞는다. 빨리 숙성시키고 싶으면 이미 숙성된 절임 즙액 1잔을 섞어준다. 《산가청공》[33]

不寒韲方

法用極淸麵湯, 截菘葉, 和薑、椒、茴、蘿, 欲亟熟則以一杯元韲和之. 《山家淸供》

11) 경지제(瓊芝韲, 절임경지) 만들기(경지제방)

경지(瓊芝, 지초의 일종)를 쌀뜨물에 담갔다가 자주 뒤집어가며 볕에 말린다. 경지채가 하얗게 되면 깨끗이 씻고 흐물흐물하게 찧은 다음 푹 삶아낸다. 여기에 매화 10여 송이를 투입한다. 날씨가 추워지면 생강과 오렌지를 넣고 경지제를 만들어 상에 올린다. 《산가청공》[34]

瓊芝韲方

米泔浸瓊芝菜, 暴以日頻攪. 候白, 淨擣爛, 熟煮取出, 投梅花十數瓣, 候凍薑橙, 爲芝[6]韲供. 《山家淸供》

30 최표(崔豹) : ?~?. 중국 서진(西晉)의 관리·문신. 자는 정웅(正熊)·정능(正能). 혜제(惠帝) 때 상서좌병중랑(尚書左兵中郎)과 태부복(太傅僕)을 지냈다. 저서로 《논어집의(論語集義)》·《고금주(古今注)》등이 있다.

31 고금주(古今注) : 중국 서진의 관리 최표가 지은 명물 고증서. 여복(輿服)·도읍(都邑)·음악(音樂)·조수(鳥獸)·어충(魚蟲)·초목(草木)·잡주(雜注)·문답석의(問答釋義)의 8가지 항목으로 되어 있다.

32 《山家淸供》 卷下 〈忘憂韲〉 《叢書集成初編》 1473, 21쪽).

33 《山家淸供》 卷下 〈不寒韲〉 《叢書集成初編》 1473, 22쪽).

34 《山家淸供》 卷下 〈素醒酒水〉 《叢書集成初編》 1473, 22쪽).

[6] 芝 : 《山家淸供·素醒酒水》에는 "鱠".

12) 장과가(醬瓜茄, 간장절임오이와 간장절임가지) 만들기(장과가방)

【안】《식보(食譜)》에 소과(蔬瓜)를 만드는 것으로, 장엄(醬淹, 절임간장), 초양(醋釀, 식초에 담그기), 개장(芥醬, 겨자장)에 담그는 등의 여러 방법이 있는데, 모두 제(虀)의 종류이다. 지금 각각 종류별로 붙여둔다】

장황(醬黃, 누룩의 일종)【안】《군방보(群芳譜)》에 "곱고 흰밀가루를 양에 관계없이 복날에 새로 길어 온 물과 섞어 반죽 농도를 적절하게 한다. 이를 누룩틀에 넣고 단단하게 밟은 다음 손가락 2개 정도의 두께로 썬다. 이를 자리 위에 고루 깔아놓은 다음 황호(黃蒿)[35]로 덮어둔다. 21일이 지난 뒤에 누룩곰팡이가 골고루 피면 가져다 볕에 바싹 말린다. 이어서 물에 담그고 약간 축축하게 만들어 누렇게 핀 곰팡이를 벗기고 깨끗이 갈아 곱게 가루 낸다. 이를 '장황'이라 한다."[36]라 했다】과 오이나 가지를 양에 관계없이 먼저 장황을 자기항아리에 펴고, 다음으로 신선한 오이나 가지를 한 켜 펴고, 소금을 한 켜 뿌린다.

다시 장황을 넣고 또 오이나 가지를 한 켜 편 다음 소금을 한 켜 뿌린다. 이와 같이 사이사이에 층층이 넣고 7일밤을 절였다 땡볕에 말리면 장황이

醬瓜、茄方

【案】《食譜》製蔬瓜, 有醬淹、醋釀、芥[7]醬浸諸法, 皆虀之類也. 今各以類附之】

醬黃【案】《群芳譜》云 : "細白麵, 不拘多少, 伏中新汲水和, 軟硬得法, 模踏堅實, 切二指厚片, 放蓆上排均, 以黃蒿覆之. 三七後, 遍生黃衣, 取出曬極乾. 入水略濕, 刷去黃衣, 淨碾爲細末. 名曰"醬黃"】與瓜、茄, 不拘多少, 先以醬黃鋪在磁缸內, 次以鮮瓜、茄鋪一層, 糝鹽一層.

再下醬黃, 又鋪瓜、茄一層, 糝鹽一層. 如此層層相間, 醃七日夜, 烈日曬之,

---

35 황호(黃蒿) : 국화과의 한해살이풀. 제주도를 비롯한 우리나라 중·남부 지방의 바닷가 모래밭이나 돌 틈에 많이 자라고, 사철쑥과 비슷하다. 빈호(濱蒿)·북인진(北茵蔯)·소백호(小白蒿)라고도 한다.
36 곱고……한다 :《廣群芳譜》卷17〈蔬譜〉"稍瓜", 397쪽.
[7] 芥 : 저본에는 "瓜". 오사카본·규장각본·고대본에 근거하여 수정.

맛이 좋고 오이 역시 맛이 좋다. 만약 말린 오이를 만들고자 한다면 가져다 다시 볕에 말리고 그 장황은 별도로 쓴다. 이때 물을 쓰면 안 되니, 오이 속에서 저절로 소금물이 흘러나오기 때문이다. 소금을 쓸 때는 장황과 오이나 가지의 양을 헤아려서 소금을 계량한다.《거가필용》[37]

장황과 오이를 뒤집어주며 절이는 법 : 장황 1근마다 오이 1근, 볶은 소금 4냥을 쓴다. 7월에 작은 오이가 익어갈 때 어리고 온전한 오이를 가려 속을 굳이 제거할 필요 없이 먼저 오이 몇 개를 소금 안에 넣어 하룻밤 절인다. 다음날 소금과 장황[醬麵]을 고루 섞어 장황 한 켜, 오이 한 켜로 항아리에 담는다. 이때 켜마다 오이 사이에 가지를 하나씩 끼운다. 매일 맑은 새벽에 1번 뒤집어주고 저녁에 1번 뒤집어준다. 이렇게 항아리 안에서 10여 일 동안 뒤집어주면 곧 완성되는데, 이를 저장해두었다가 임의대로 쓴다.《군방보》[38]

장황에 채과(菜瓜, 오이) 절이는 법 : 장황 1근에 소금은 4냥을 쓴다. 먼저 오이를 잘라낸 다음 씨를 제거한다. 석회·백반을 양에 관계없이 가루 낸 뒤, 맑은 물을 가져다 섞는다. 여기에 오이를 하루 동안 담갔다 꺼내어 깨끗이 씻는다. 이어서 양을 헤아려

醬好而瓜兒亦好. 如欲作乾瓜兒, 取出[8]再曬, 其醬別用, 却不可用水, 瓜中自然鹽水出也. 用鹽時, 相度醬與瓜、茄多少酌量.《居家必用》

盤醬瓜法 : 每醬黃一斤, 用瓜一斤、炒鹽四兩. 七月間稍瓜熟時, 檢嫩全者, 不須去瓤, 先將數內醃, 醃瓜一宿. 次日將鹽與醬麵拌均, 一層醬, 一層瓜, 盛甕中, 每層瓜內, 間茄一個. 每日清晨盤一次, 日夕盤一次, 盤在盆內十數日卽成, 收貯任用.《群芳譜》

醬菜瓜法 : 醬黃一斤、鹽四兩, 先將青瓜剖開去子, 用石灰、白礬, 不拘多少爲末, 和取清水, 將瓜泡, 一日一夜, 取出洗淨. 量用鹽醃一

---

37 《居家必用》己集〈取乾藥菜法〉"蔬食" '醬瓜茄法'(《居家必用事類全集》, 253쪽).
38 《廣群芳譜》, 위와 같은 곳.
⑧ 出 :《居家必用·取乾藥菜法·醬瓜茄法》에는 "去".

소금에 하루를 절인 다음 끓는 물에 1번 데쳤다가 꺼내서 쬐어 말리는데, 직사광선에 말리면 안 된다. 오이 1근마다 장황 1근, 소금 4냥을 항아리에 섞어 넣는다.

1개월이 지난 뒤에 장황이 스며들면 오이를 가져다 장황이 약간 묻은 채로 단지에 넣고 저장해둔다. 사용할 때 매우 푸르고 부드러우며 맛이 달고 좋다. 그 장황은 먹기도 하고 다시 채소를 절이기도 한다. 《군방보》[39]

간장에 담근 가지는 9월에 좋은 어린 가지의 꼭지를 따고 가지의 양을 헤아려서 적당한 양의 소금에 5일 동안 절였다가 물을 버린다. 따로 시장에서 산 간장으로 가지를 5~7일 동안 절였다가 가지의 물이 다 빠져나가면 간장을 잘 닦고 1일 동안 볕에 말려야 좋은 간장 안에 넣을 수 있다. 《군방보》[40]

간장에 황과(黃瓜, 오이) 절이는 법 : 4~5월에 적전(耤田)[41]에서 황과가 처음으로 씨를 맺을 때, 고욤나무열매[群千子][42]크기와 같이 작고 어린 황과를 따다 칼로 꼭지를 잘라내고, 꼭지 주위를 따라 칼을 넣어 속을 제거한다. 두부·고기·파·산초 등을 흐물흐물

日, 滾湯一掠, 晾乾, 不可日曬. 每瓜一斤, 醬麪一斤, 鹽四兩, 拌入甕中.

一月後醬透, 取瓜少帶醬入罈, 收貯. 用甚青脆甘美. 其醬或食, 或再醬蔬菜. 同上

醬茄九月間, 將好嫩茄去蒂, 酌量用鹽醃五日去水, 別用市醬, 醃五七日, 其水盡去, 揩乾曬一日, 方可入好醬內. 同上

醬黃瓜法 : 四五月, 耤田瓜初結子時, 摘取小嫩瓜, 菫如群千子大者, 去蒂以刀, 從蒂邊入, 空去瓤. 用豆腐、肉料、蔥、椒等研, 爛,

---

39 《廣群芳譜》卷17〈蔬譜〉 "菜瓜", 395~396쪽.

40 《廣群芳譜》卷17〈蔬譜〉 "茄子", 411쪽.

41 적전(耤田) : 임금이 조묘(祖廟)에 진공(進供)할 미곡을 직접 갈고 심는 전지.

42 고욤나무열매[君遷子] : 감나무과에 속하는 낙엽활엽 교목의 열매. 식용·염료·약재로 쓰이는데, 염료로는 성숙하기 전의 것을 이용한다. 소시(小柿)·군천자(君遷子)·우내시(牛奶柿·牛嬭柿)·정향시(丁香柿)·흑조(黑棗)라고도 한다.

사진24 간장에 황과 절이는 법

사진25 장황과(쇠고기를 쓰지 않은 경우)

하게 갈아서 황과 뱃속에 메워 넣는다. 그리고 이보다 먼저 오래 묵은 좋은 간장에 살진 소고기를 넣고 푹 달인 다음 자기항아리에 담은 뒤, 속을 채워 넣은 황과를 집어넣는다. 하룻밤이 지나면 먹을 수 있다.《옹치잡지》43

填入瓜子腹內. 先將陳久好醬, 入肥牛肉煉熟, 盛瓷缸內, 以瓜子投之. 一宿可食.《饔饎雜志》

간장에 참외 절이는 법 : 7~8월에 참외가 이미 늙어서 넝쿨을 거두려고 할 때 참외뿌리 주위의 잎 아래마다 늦게 열려서 갓 맺혀 있는, 아직 익지 않은 참외 가운데 작기가 대추나 밤만 한 것이 있다. 그러면 그 중에서 완전하고 신선하며 검은 반점이 없는 참외를 가려 취한 다음 소금에 1~2일 동안 절인다. 이를 꺼내서 가로로 자른 다음 엽전구멍크기만 한 구멍을 내고 속을 파낸다. 이를 호마유(참기름)에 약간 볶은 뒤, 달여서 익힌 좋은 장 속에 넣어둔 다음 이전의 방법대로 같이 절임을 만든다.《옹치잡지》44

醬甜瓜法 : 七八月甜瓜旣老而將收蔓時, 每於根邊葉底, 有晚瓜新結而未熟, 小如棗、栗者, 揀取完鮮無黑瘢者, 鹽醃一兩日. 取出橫切, 作錢眼大. 用⑨胡麻油略炒, 投煉熟好醬中, 作葅如前法. 同上

---

43 출전 확인 안 됨.
44 출전 확인 안 됨.
⑨ 大用 : 저본에는 없음. 오사카본·규장각본·고대본에 근거하여 보충.

즙장에 오이나 가지 절이는 법 : 즙장누룩(즙장국)
【일반적으로 즙장누룩을 만들 때, 옛날의 법으로
는 황두(메주콩) 10승마다 밀기울 30승을 넣었다. 그
러나 콩이 많으면 맛이 달고 밀기울이 많으면 맛이
시다. 그러므로 지금의 법은 황두 10승마다 밀기울
5~6승의 비율로 한다.

그 법은 다음과 같다. 황두 10승을 물에 담가 황
두가 부풀어오르면 밀기울 6승과 섞어 흐물흐물하
게 찧고 시루에 푹 찐 다음 손으로 반죽하여 덩어리
를 만든다. 이를 닥나무잎으로 덮은 뒤, 위로 누룩
곰팡이가 피면 내다 볕에 말려 쓴다.

또 다른 방법 : 7월 보름이 지난 뒤에 대두(메주콩)
10승을 시루에 얹어 흐물흐물하게 찐다. 또 밀기울
5~6승을 체로 쳐서 거친 밀가루를 제거하고 찐 대
두와 섞는다. 이를 다시 시루에 얹어 푹 찐 다음 흐
물흐물하게 빻고 반죽하여 칼자루모양으로 만든 뒤,
짚둥구미 속에 넣는다. 이때 짚을 썰고 대두반죽 사
이에 층층이 넣어 서로 달라붙거나 파손되지 않도록
한다. 흰 곰팡이가 피면 내다 볕에 말려 쓴다.

또 전주(全州)에서 쓰는 방법은 다음과 같다. 깨
끗하게 정미한 가을보리쌀 10승을 볶고, 황대두 5
승을 볶아 껍질을 벗긴 다음 가을보리와 함께 빻아
가루 낸다. 이를 쌀뜨물과 섞어 호두크기의 덩어리

汁醬瓜、茄法 : 汁醬麴【凡
造汁醬麴, 古法每黃豆一
斗, 入小麥麩三斗. 然豆
多則味甘, 麩多則味酸. 故
今法每黃豆一斗, 入麥麩
五六升爲率.

其法 : 黃豆一斗, 水浸脹
潤, 同小麥麩六升, 擣爛烝
熟, 以手捻捏, 作團子. 以
楮葉醃罨, 待上黃衣, 取出
曬乾用.

又法 : 七月望後, 大豆一
斗, 上甑爛烝[10], 將小麥麩
五六升, 篩去麪和合. 再上
甑烝熟, 爛擣捻揉[11], 作[12]
刀柄樣, 納藁篅中. 以剉
藁, 層層隔住, 勿令相粘破
損. 待上白衣, 取出曬乾
用.

又全州方 : 秋麰米精鑿一
斗炒, 黃大豆五升炒去皮,
竝擣爲末, 米泔水和, 作
團子如胡桃大. 上甑蒸過,

<hr>

[10] 烝 :《增補山林經濟·治膳·造汁醬麴法》에는 "煮".
[11] 揉 : 저본에는 없음. 오사카본·규장각본·고대본에 근거하여 보충.
[12] 作 : 저본에는 "作探". 오사카본·규장각본·고대본·《增補山林經濟·治膳·造汁醬麴法》에 근거하여 삭제.

를 만든다. 이어서 이 덩어리를 시루에 얹어 찐 다음 닥나무잎이나 뽕나무잎으로 싼다. 겉에 누룩곰팡이나 흰 곰팡이가 피면 저절로 마르기를 기다렸다가 다시 볕에 말려 쓴다】을 빻아 가루 낸 뒤, 대나무체로 친다.

즙장누룩 10승마다 소금 1작은잔, 볶은 참깨의 가루 0.5승을 고루 섞는다. 다시 물 1사발을 오래 묵고 좋은 간장 1잔과 섞은 다음 누룩가루에 끼얹어 반죽의 되기 정도를 맞추고【즙이 너무 뻑뻑하면 간장 색깔이 오이나 가지 같은 종류에 물들지 않는다. 손으로 움켜쥘 때 누룩반죽이 손가락 사이로 나온 뒤라야 비로소 적당하다】간을 적당하게 맞춘다.

가지【물가지를 쓸 필요는 없다】나 오이【늙고 단단한 오이나 너무 어린 오이는 쓰지 않는다】중에 온전하고 신선한 것을 가져다 꼭지를 제거하고 깨끗이 닦은 다음 항아리에 넣는다. 이때 한 켜는 오이나 가지를, 한 켜는 누룩즙을 사이사이에 고루 펴 넣는다. 그런 뒤에 기름종이로 항아리주둥이를 덮고 실로 묶은 다음 질그릇동이로 덮고 진흙으로 봉한다.

3일이 지난 뒤에 항아리를 말똥 속에 묻었다가【말똥이 많아 열기가 성하면 수시로 찬물을 뿌려준다】7일이 지난 뒤에 쓴다. 만약 쌀겨불 속에 묻으면 14일이 지나서 쓴다. 《증보산림경제》[45]

以楮葉或桑葉裹之. 生黃白衣, 待其自乾, 取出, 更曬用】擣爲末, 用竹篩篩之.

每一斗, 以鹽一小盞、炒芝麻屑五合, 和均. 更以水一碗, 和陳久好淸醬一盞, 澆潑麴末, 稀稠得所【汁太稠則醬色不染於瓜、茄之屬. 以手掬之, 汁從指間出, 然後方合度】, 鹹淡適宜.

將茄子【不必用水茄子】、黃瓜子【老硬及太嫩者不用】完鮮者, 去蔕拭淨, 入缸內, 一層瓜、茄, 一層麴汁, 相間鋪均, 用油紙紮口, 蓋以瓦盆泥封.

三日後, 埋缸於馬糞中【馬糞多而熱氣盛, 則時時以冷水灑[13]潑之】, 經七日用. 若埋稻糠火內, 則二七日用.《增補山林經濟》

45《增補山林經濟》卷8〈治膳〉上 "醬諸品" '造汁醬麴法'(《農書》4, 84~88쪽).
[13] 灑 : 저본에는 "濕". 오사카본·규장각본·고대본에 근거하여 수정.

전주(全州)의 방법 : 작은 덩이의 누룩을 빻아 가루 낸 뒤, 좋은 간장을 섞어서 농도가 적당하도록 한다. 가지나 오이를 닦고 물기를 말린다. 물기가 없도록 해서 층층이 항아리에 담아 밀봉하는 법은 이전의 방법대로 한다. 이를 말똥 속에 묻고 3일마다 따뜻한 물을 끼얹는다. 이와 같이 하면서 9일이 지나야 꺼내어 쓴다. 먹을 때 꿀을 1~2술 넣으면 맛이 좋다.《증보산림경제》46

여름철에 즙장 만드는 법은 아주 좋은 간장 1사발을 체로 걸러 찌꺼기를 제거하고, 밀기울 0.4승과 섞는 것이다. 따로 어린 호과(胡瓜, 오이)를 깨끗이 씻고 면포로 만든 수건으로 닦아 물기를 말린다. 이를 간장과 밀기울 섞은 즙장에 섞고 항아리에 넣은 다음 주둥이를 묶고 진흙으로 봉한다. 이 항아리를 말똥 속에 묻고【더러는 푸른 풀 더미 속에 묻기도 한다】14일이 지난 뒤에 쓴다.《증보산림경제》47

또 다른 방법 : 좋은 품질의 말장(末醬)【안 말장은 장을 빚는 누룩의 이름이다. 아래의 '온배지류(醞醅之類)'에 상세히 보인다48】을 빻아 가루 낸 뒤 체로 친 다. 좋은 간장 1사발, 맥아(엿기름)가루 0.05승【맥아가 많으면 맛이 달아서 좋지 않다】까지 하여 이

全州方 : 小團麴子擣爲末, 好醬打調得所. 茄、瓜拭乾, 令無水氣, 層層下缸, 如前法, 馬糞中埋之, 每三日, 以溫水澆之. 如此九日, 方出用. 臨食, 入蜜一兩匙, 味佳. 同上

夏節造汁醬法, 上好淸醬一碗, 篩去滓, 小麥麩四合和合. 另用嫩胡瓜淨洗, 以布巾拭乾, 與醬麩相和入缸, 紮口泥封. 埋馬糞中【或埋靑草堆中】, 二七日用. 同上

又方 : 好品末醬⑭【案 末醬, 釀醬麴名, 詳見下"醞醅類"】擣爲末, 篩過, 好淸醬一碗、麥芽末半合【麥芽多則味甜不佳】三味打

---

46 《增補山林經濟》卷8〈治膳〉上 "醬諸品" '造汁醬麴法'(《農書》4, 87쪽).
47 《增補山林經濟》卷8〈治膳〉上 "醬諸品" '夏節汁醬法'(《農書》4, 88쪽).
48 말장은……보인다 : 장을 빚는 누룩[釀醬麴]이란 메주를 말한다. 실제로는 '미료지류(味料之類)'에 나온다.
⑭ 末醬 : 저본에는 없음. 오사카본·규장각본·고대본·《增補山林經濟·治膳·醬諸品》에 근거하여 보충.

3가지 재료를 고루 버무려서 조금 뻑뻑하게 만든다. 어린 오이·가지·동아【동아는 껍질과 속을 제거하고 흰 과육만 취하여 손바닥크기의 덩어리로 자른다】를 깨끗이 씻고 면포로 닦아 물기를 말린다. 이전의 3가지 재료와 같이 항아리에 쟁여넣고 덮개를 봉하는 방법은 이전의 방법대로 한다.

푸른 풀을 많이 베어 땅 위에 쌓고, 그 가운데를 헤쳐놓은 다음 항아리를 풀 속에 두고, 다시 풀로 두텁게 덮으면 저절로 쪄져서 익는다. 매일 오시(午時, 오전 11시~오후 1시)에 풀더미 위에 찬물을 끼얹어 뿌린 뒤, 마른 거적으로 1층을 더 덮어 놓는다. 14일이 지난 뒤에 꺼낸다. 사용할 때 여름의 더운 날씨라면 맛이 쉽게 변하므로, 항아리를 찬물이 담긴 동이 안에 두고 그때그때 꺼내 써야 한다. 《증보산림경제》49

즙장 대용품 만드는 법 : 어린 가지나 오이의 배

均稍稠. 將嫩胡瓜子⑮、茄子、冬瓜子【去皮及瓢, 只取白肉, 切作掌大塊】淨洗, 以布拭乾, 同前三味, 裝入缸內封蓋, 如前法.

多刈靑草, 積於地上, 排開中心, 安缸於草中, 復以草厚蓋之, 則自然烝⑯熟. 每日午時, 以冷水澆潑草堆上, 加覆以藁薦之層, 二七日出. 用時, 當夏熱, 易致味變, 須安缸於冷水盆中, 旋旋取用. 同上

假汁醬法 : 茄、瓜嫩者, 十

사진26 즙장 대용품

---

49 《增補山林經濟》, 위와 같은 곳.
⑮ 子 : 저본에는 없음. 오사카본·규장각본·고대본에 근거하여 보충.
⑯ 烝 : 저본에는 "成", 오사카본·규장각본·고대본에 근거하여 수정.

를 십자로 갈라 끓는 물에 잠시 데치고, 꺼내서 닦아 물기가 없게 한다. 생파·생강·생마늘·천초 등의 양념을 가늘게 썬 다음, 십자로 갈라 놓은 가지와 오이 뱃속에 채워 넣는다. 가지나 오이 1두마다 간장 1사발, 참기름 5홉을 섞은 다음 달여서 가지나 오이에 부으면 그 맛이 진짜 즙장보다 낫고, 또한 여름철에 먹기에 알맞다. 다만 오래 둘 수는 없다.《삼산방(三山方)50)》51

13) 장강순(醬薑筍, 간장절임생강순) 만들기(장강순방)

3년 이상 오래 묵은 좋은 간장에 고기를 넣고 달구어 익힌 다음 자기항아리에 저장한다. 생강의 어린 순을 깨끗이 씻고 거칠게 자른 다음 참깨·만초(蠻椒, 고추) 등의 양념과 같이 볶아 간장에 넣는다. 이어 간장을 달일 때 넣었던 고기를 다시 꺼내서 작은 가락으로 썬다. 여기에 볶은 참깻가루를 섞어 장 속에 넣고 고루 휘저어 먹으면 식욕을 돋우는 데 가장 좋다.《옹치잡지》52

14) 장만초(醬蠻椒, 간장절임만초) 만들기(장만초방)

붉게 익은 만초자(蠻椒子, 고추)를 따서 꼭지에 가까운 주변을 0.01~0.02적 정도 썰어낸 뒤, 씨를 털어낸다. 두부·파·산초·고기를 흐물흐물하게 다진 다음 고추 껍질 안에 채워 넣은 뒤, 졸인 간장 안에

字剖其腹, 滾湯內暫瀹, 取出拭乾, 勿令有水氣. 以生蔥、生薑、生蒜、川椒等物料, 細切, 衘納十字中. 每茄、瓜一斗, 淸醬一碗, 麻油五合, 交煎注之, 其味勝於眞者, 且宜夏月. 但不可久住.《三山方》

醬薑筍方

三年陳久好淸醬, 入肉料煉熟, 貯磁缸中. 將生薑嫩芽, 淨洗麤切, 同炒芝麻、蠻椒等物料, 投醬中. 更取煉醬時所入肉料, 切作小條子, 拌炒芝麻屑, 投醬中, 攪均食之, 最能醒胃.《饔饎雜志》

醬蠻椒方

紅熟蠻椒子摘取, 切去近蒂邊一二分許, 抖擻去仁. 將豆腐、蔥、椒、肉料, 剁爛, 塡實蠻椒子皮內, 投煉

사진27 장만초(고기를 쓰지 않은 경우)

넣어 상에 올린다. 간혹 어리고 작은 호과자(胡瓜子, 오이) 안에 양념을 다시 넣어도 좋다.《옹치잡지》[53]

熟醬內, 供之. 或更入嫩小胡瓜子亦佳.《饔饎雜志》

15) 장사삼(醬沙參, 간장절임사삼) 만들기(장사삼방)

사삼뿌리를 끓는 물에 넣고 약간 데쳐서 쓴맛을 제거하고 껍질을 벗긴다. 산초·생강·볶은 참깨 등의 양념과 같이 졸인 간장 속에 넣어 먹는다. 도라지도 이와 같이 한다.《옹치잡지》[54]

醬沙參方

沙參根入沸湯中, 略煤去苦味, 去皮. 同椒, 薑, 炒芝麻等物料, 投煉熟醬中食之. 桔梗亦倣此.《饔饎雜志》

16) 장자총(醬紫蔥, 간장절임자총) 만들기(장자총방)

자총(紫蔥)은 곧 본초서(本草書)에서 말한 '수정총(水晶蔥)'이다. 5~6월에 뿌리를 캐서 바깥 껍질을 벗기고 얇은 편으로 썬 다음 졸인 간장 속에 넣어 먹는다. 그러면 식욕을 돋우고 자총의 냄새를 쫓는 데 가장 좋다.《옹치잡지》[55]

醬紫蔥方

紫蔥, 卽本草所謂"水晶蔥". 五六月採根, 剝去外皮, 切作薄片, 投煉熟醬中啖之, 最能開胃辟臭.《饔饎雜志》

---

53 출전 확인 안 됨.
54 출전 확인 안 됨.
55 출전 확인 안 됨.

17) 초강(醋薑, 식초절임생강) 만들기(초강방)

8월에 어린 생강을 가져다가 볶은 소금으로 하룻밤을 절인다. 생강을 절였던 원래의 소금물에 식초를 넣고 생강과 같이 삶아 수 차례 끓인다. 식으면 병에 넣은 다음 댓잎으로 입구를 덮고 묶은 뒤 진흙으로 봉한다. 《구선신은서》[56]

醋薑方

八月取嫩薑, 炒鹽淹一宿. 用原滷, 入釀醋, 同煮數沸, 候冷入瓶, 箬葉扎口泥封. 《臞仙神隱書》

18) 초산(醋蒜, 식초절임마늘) 만들기(초산방)

어리고 흰 마늘을 0.1척 크기로 썬다. 마늘 10근마다 볶은 소금 4냥을 쓰고, 식초 1사발마다 물 2사발의 비율로 섞어 항아리 안에 마늘을 담근다. 《중궤록》[57]

醋蒜方

用嫩白蒜荣切寸段. 每十斤, 用炒鹽四兩, 每醋一碗, 水二碗, 浸荣於甕內. 《中饋錄》

식초에 담근 마늘 중 깨끗한 마늘쪽 1근을 석회 끓인 물에 데친 다음 볕에 말린다. 이를 소금 0.3냥으로 하룻밤 절였다가 걸러내서 다시 볕에 말린다. 소금 0.7냥을 볶아서 말리고, 처음에 마늘을 담갔던 식초를 볶은 소금에 넣고 1~2번 끓을 때까지 달인다. 식으면 볕에 말린 마늘과 함께 항아리에 넣고 진흙으로 봉한다. 해가 지나도 상하지 않는다. 《군방보》[58]

醋蒜淨蒜瓣一斤, 用石灰湯焯過, 晾乾, 用鹽三錢醃一宿, 漉出再晾乾. 用鹽七錢炒乾, 以頭醋投入炒鹽內, 煎一二沸, 候冷, 入罐泥封. 經年不壞. 《群芳譜》

19) 초과(醋瓜, 식초절임오이) 만들기(초과방)

작은 오이를 2편으로 가르고 또 가로로 썰어 얇

醋瓜方

稍瓜分二片, 又橫切作薄

---

56 출전 확인 안 됨.
57 《說郛》卷95上〈中饋錄〉"製蔬" '蒜荣'(《文淵閣四庫全書》881, 409~410쪽).
58 《廣群芳譜》卷13〈蔬譜〉"蒜", 317쪽.

은 편으로 만든 다음 소금을 치지 않고 볕에 말린
다. 이를 생강채·설탕·식초와 고루 섞은 다음 깨끗
한 단지 안에 넣어 10여 일이 지나면 먹을 수 있다.
《군방보》[59]

片, 淡曬. 薑絲、糖、醋拌
均, 納淨罈內, 十數日卽可
用.《群芳譜》

20) 산과(蒜瓜, 마늘절임오이) 만들기(산과방)

【안】 중국 사람들이 말하는 산과(蒜瓜), 산가(蒜茄)
는 대개 마늘을 진흙처럼 곱게 빻아 오이나 가지를
담그는 것을 가리킬 따름이다. 하지만 우리나라 사
람들 같은 경우는 개장(芥醬)과 과채(瓜菜)를 산(蒜, 반
찬)이라고 불러 이름과 실제가 명백하다. 어떤 이가
"옛사람들이 자(鮓)를 선(膳)이라 했는데, 이는 선(膳)
이 형주(荊州)[60]의 자어(鮓魚)인 것과 같다."[61]라 한 것
이 이것이다. 선(膳)과 산(蒜)은 음이 서로 비슷하므
로, 와전되어 산(蒜)이 되었으나 뜻은 역시 통한다】

가을에 작은 황과(오이) 1근을 석회와 백반 끓인
물에 데친 다음 널어서 물기를 말린 뒤, 소금 0.5냥
에 하룻밤을 절인다. 또 소금 0.5냥, 껍질 벗긴 마늘
쪽 3냥을 진흙처럼 곱게 빻은 다음 오이와 고루 섞
어 물속에 부어 넣고 절인다. 여기에 좋은 술과 식
초를 뭉근하게 달여서 부어준 다음 시원한 곳에 내
놓고 차갑게 한다. 동아나 가지도 방법이 같다.《중
궤록》[62]

蒜瓜方

【案】 華人所謂蒜瓜、蒜茄,
蓋指擣蒜爲泥, 以釀瓜、茄
耳. 若東人, 呼芥醬、瓜菜
爲蒜, 則名實爽矣. 或曰
"古人稱鮓爲膳, 如膳荊州
之鮓魚"是也. 膳與蒜, 音
相似, 故轉訛爲蒜, 亦通】

秋間小黃瓜一斤, 石灰、白
礬湯焯過, 控乾, 鹽半兩
醃一宿. 又鹽半兩、剝大蒜
瓣三兩, 擣爲泥, 與瓜拌
均, 傾入醃, 下水中, 熬好
酒醋浸, 着涼處頓冷. 冬
瓜、茄子, 同法.《中饋錄》

---

59 《廣群芳譜》卷17〈蔬譜〉"稍瓜", 397쪽.
60 형주(荊州) : 지금의 중국 호북성(湖北省) 형주시(荊州市) 일대.
61 옛사람들이……같다 : 출전 확인 안 됨.
62 《說郛》卷95上〈中饋錄〉"製蔬" '蒜瓜'(《文淵閣四庫全書》881, 408쪽).

늦가을에 작은 황과를 따서 식초물에 데친다. 마늘 사용은 산가법(蒜茄法, 산가방)과 같이 한다. 【안 산가법은 아래를 보라】《거가필용》[63]

深秋摘小黃瓜, 醋水焯. 用蒜, 如蒜茄法. 【案 蒜茄法見下】《居家必用》

21) 산동과(蒜冬瓜, 마늘절임동아) 만들기(산동과방)

큰 동과를 가려 껍질과 속을 제거하고 손가락 1개 너비로 자른다. 이를 백반과 석회 달인 물에 데친 다음 걸러내어 널어서 물기를 말린다. 동아 1근마다 소금 2냥, 마늘쪽 3냥을 잘게 찧은 다음 동아와 함께 자기그릇에 쟁여넣고 뭉근하게 달인 좋은 식초를 첨가하여 담근다.《중궤록》[64]

蒜冬瓜方

揀大者, 去皮瓤, 切如一指闊. 以白礬、石灰煎湯焯過, 漉出控乾. 每斤, 用鹽二兩、蒜瓣三兩, 擣碎, 同冬瓜裝入磁器, 添以熬過好醋, 浸之.《中饋錄》

22) 산가(蒜茄, 마늘절임가지) 만들기(산가방)

늦가을에 작은 가지를 따서 꼭지를 제거하고 가른 뒤 깨끗이 닦는다. 일반 식초 1사발, 물 1사발을 섞어 뭉근하게 달인다. 여기에 가지를 데치고, 널어서 물기를 말린다. 가지는 곱게 찧은 마늘에 소금과 섞은 다음 식혀 놓은 식초물과 고루 섞어 자기단지 안에 넣는다.《거가필용》[65]

蒜茄方

深秋摘小茄兒, 擘去蒂, 揩淨. 用常醋一碗、水一碗, 合和煎微沸. 將茄兒焯過, 控乾, 擣碎蒜, 并鹽和, 冷定醋水拌均, 納磁罈中.《居家必用》

23) 산매(蒜梅, 마늘절임매실) 만들기(산매방)

푸르고 단단한 매실 2근, 마늘 1근(통마늘의 껍질을 벗겨도 된다)을 깨끗하게 볶은 소금 3냥과 양을 헤아려 따른 물에 넣고 팔팔 끓여 달였다가 식혀서

蒜梅方

靑硬梅子二斤、大蒜一斤(或囊剝), 淨炒鹽三兩, 酌量水, 煎湯停冷, 浸之. 候

---

63 《居家必用》己集〈取乾藥菜法〉"蔬食" '蒜黃瓜法'(《居家必用事類全集》, 252쪽).
64 《說郛》卷95上〈中饋錄〉"製蔬" '蒜冬瓜'(《文淵閣四庫全書》, 881, 411쪽).
65 《居家必用》己集〈飲食類〉"蔬食" '蒜茄兒法'(《居家必用事類全集》, 252쪽).

사진28 산매 만들기

담근다. 50일이 지난 뒤에 소금물의 색이 변하려 하 五十日後, 滷水將變色, 傾
면 소금물을 기울여 따라낸 다음 다시 그 물을 달 出再煎其水, 停冷, 浸之.
이고 식혀서 담근다. 병에 넣어 두었다가 7개월이 지 入瓶至七月後食, 梅無酸
난 뒤에 먹으면, 매실에는 신맛이 없고 마늘에는 매 味, 蒜無葷氣也.《中饋錄》
운 기운이 없다.《중궤록》66

24) 개말가(芥末茄, 겨자가루절임가지) 만들기(개말가방) 芥末茄方

  작고 어린 가지를 가락으로 썬 뒤 씻을 필요 없이 小嫩茄切作條, 不須洗曬
볕에 말린다. 솥 안에 기름을 많이 두르고, 소금을 乾. 多着油鍋內, 加鹽炒
넣고, 이를 볶은 다음 자기동이에 넣고 펼쳐 놓는 熟, 入磁盆中攤開. 候冷,
다. 식으면 마른 겨자가루를 고루 뿌려 섞은 뒤, 자 用乾芥末均糝拌, 磁器收
기그릇에 저장해둔다.《거가필용》67 貯.《居家必用》

25) 개자장숭(芥子醬菘, 겨자장절임배추) 만들기(개자 芥子醬菘方
   장숭방)

  【안 겨자장 담그는 법은 아래의 '미료지류(味料之 【案 芥子醬法, 見下"味料
類)'를 보라. 민간에서는 개자장숭을 '배추산[白菜蒜, 類". 俗呼"白菜蒜"】
배추선]'이라 한다】

  서리 맞은 배추를 깨끗이 씻어 0.2척 크기 정도 取經霜菘菜淨洗, 切二寸
로 자른다. 생기를 머금은 채로 뜨거운 솥 안에 이 許, 乘其生氣, 納熱釜中,
를 넣고 참기름에 잠깐 동안 빠르게 볶은 뒤 꺼낸 用麻油急炒少時, 取出,
다. 식으면 자기항아리에 넣는다. 여기에 겨자장을 候冷, 納磁缸中, 以芥⑲
붓고 아가리를 단단히 봉하여 공기가 통하지 않도록 醬灌之, 堅封口, 勿泄氣

---

66 《說郛》卷95上〈中饋錄〉"製蔬"'蒜梅'(《文淵閣四庫全書》881, 412쪽).
67 《居家必用》己集〈飮食類〉"蔬食"'芥末茄兒'(《居家必用事類全集》, 253쪽).
⑲ 芥 : 저본에는 "菜", 《增補山林經濟·治膳·菜蔬諸品》에는 "醋醬菜". 오사카본·규장각본·고대본에 근거
  하여 수정.

한다【또는 동과산(冬瓜蒜)⁶⁸ 속에 넣어도 좋다】.《증
보산림경제》⁶⁹

【或納冬瓜蒜中亦佳⑳】.
《增補山林經濟》

26) 개자장과(芥子醬瓜, 겨자장절임오이) 만들기(개자
장과방)

芥子醬瓜方

늙은 호과(胡瓜, 오이)를 취하여 껍질과 속을 깎고
파내서 다만 흰 과육만 취한 다음 칼로 채를 썬다.
이를 소금과 섞어 잠깐 절였다가 소금물을 짜내고
자기항아리에 넣는다. 겨자장을 붓는 등의 과정은
이전의 법과 같다.《증보산림경제》⁷⁰

取老胡瓜, 削去皮瓢, 只取
白肉, 刀切作絲. 和鹽少㉑
頃, 絞去滷水, 入磁缸內,
以芥子醬灌之, 如前法.
《增補山林經濟》

27) 개자장동과(芥子醬冬瓜, 겨자장절임동아) 만들기
(개자장동과방)

芥子醬冬瓜方

늙은 동아를 껍질과 속을 깎고 파내서 다만 껍질
주위의 흰 과육만 취하여 엽전크기의 편으로 썰되,
두께 0.02척 정도가 되도록 한다. 여기에 소금을 살
짝 넣고 고루 섞어 잠깐 절였다 물로 소금을 씻어내
고 닦아 말린 다음 솥 안에 참기름을 두르고 볶는
다. 식으면 꺼내어 자기항아리에 안에 저장한다. 여
기에 겨자장을 붓고 아가리를 묶어 공기가 통하지
않도록 한다.《증보산림경제》⁷¹

老冬瓜, 削去皮瓢, 只取近
皮邊白肉. 切作錢大片, 厚
可二分許, 略以鹽拌均,
少㉒頃, 以水洗去鹽, 拭
乾, 鍋內下麻油炒之. 候
冷, 取出, 貯磁缸中, 以芥
子醬灌之, 扎口, 勿泄氣.
《增補山林經濟》

---

68 동과산(冬瓜蒜) : 위 '산동과(蒜冬瓜)'를 말하는 듯하다.
69 《增補山林經濟》卷8〈治膳〉上 "菾" '菾芥法'(《農書》4, 52쪽).
70 《增補山林經濟》卷8〈治膳〉上 "黃苽" '黃苽芥菜法'(《農書》4, 55쪽).
71 《增補山林經濟》卷8〈治膳〉上 "冬苽蒜法"(《農書》4, 50쪽).
⑳ 或……佳 : 저본에는 없음. 오사카본·규장각본·고대본에 근거하여 보충.
㉑ 少 : 저본에는 "小". 규장각본·고대본에 근거하여 수정.
㉒ 少 ; 저본에는 "小". 규장각본·고대본에 근거하여 수정.

28) 혜즙동과(醯汁冬瓜, 혜즙절임동아) 만들기(혜즙   醯汁冬瓜方
  동과방)

  서리가 내린 뒤에 큰 동아를 취하여 꼭지 주위로   霜後取大冬瓜, 環蔕四面,
4면을 각각 0.1척 정도 도려내되, 도려낸 부분의 껍   各一寸許剜出, 勿傷皮. 復
질을 상하지 않게 한다. 다시 칼로 속과 씨를 파내   以刀空去瓤與仁, 將醯汁
고 혜즙(醯汁, 액젓) 1큰사발을 달여서 동아의 뱃속에   一大碗煉過, 傾入冬瓜腹
부어넣는다. 여기에 다시 생강·산초·볶은 참깨 등   中. 更入薑、椒、炒芝麻等
의 양념을 넣는다. 도려낸 꼭지껍질을 다시 가져와   物料. 還以所剜出蔕皮, 依
옛 흔적에 따라 뚜껑처럼 덮고서 꼬챙이로 꽂아 고   舊痕蓋合, 以簽簽定. 放頓
정시킨다. 차지도 따뜻하지도 않은 곳에 내놓고 혜   不寒不溫處, 待醯汁透盡
즙이 동아살에 다 스며들면 칼로 썰어 상에 올리는   冬瓜肉中, 刀切供之, 大小
데, 크기는 마음대로 한다.《옹치잡지》[72]   隨意.《饔饎雜志》

사진29 혜즙동과 만들기

---

[72] 출전 확인 안 됨.

6. 김치[菹菜, 저채]

菹菜

1) 총론

저(菹)는 《석명(釋名)》에 "저(菹)는 조(阻, 격리시키다)이다. 생으로 담가 차고 따뜻한 사이에 격리시켜 흐물흐물해지지 않도록 한다."[1]라 했다. 대개 엄채(醃菜, 담근 채소), 저채(菹菜, 김치), 제채(虀菜, 절인 채소)는 한 종류이지만 이름이 다른 경우이다.

다만 저(菹)는 한 번 익으면 먹을 수 있고, 엄채는 다시 가져다가 데친 뒤에 먹어야 한다. 제(虀)는 잘게 썰고, 저는 뿌리와 잎을 모두 통째로 담근다【《후청록(候鯖錄)》에 "잘게 썬 것을 제(虀)라 하고, 온전한 것을 저(菹)라 한다."[2]라 했다】. 이것이 이들이 다른 까닭이다. 우리나라 사람들은 저채를 '침채(沈菜)'라 한다. 《옹치잡지》[3]

總論

菹, 《釋名》云: "菹, 阻也. 生釀之, 使阻于寒溫之間, 不得爛也." 蓋醃菜也, 菹菜也, 虀菜也, 一類而二名者也.

但菹則一熟可供, 醃菜則更須芼煠而后食. 虀則細切, 菹則全根葉而釀之【《候鯖錄》云: "細切曰虀, 全物曰菹"】, 此其所以異也. 東人呼爲"沈菜". 《饔饎雜志》

2) 무김치(나복저) 담그기(나복저방)

무를 소금에 절여 김치 담그는 법 : 첫서리가 내린 뒤에 뿌리와 잎이 붙은 채로 무를 거두어 깨끗이 씻는다. 따로 고추[蠻椒子], 그리고 고추의 어린 줄기

蘿葍菹方

蘿葍鹹菹法 : 初霜後, 收蘿葍根、葉洗淨. 另將蠻椒子及嫩莖葉【霜冷時預刈

---

1 저(菹)는……한다 : 《釋名》 卷4 〈釋言語〉 "釋飮食" (《文淵閣四庫全書》 221, 402쪽).
2 잘게……한다 : 출전 확인 안 됨.
3 출전 확인 안 됨.

와 잎【서리가 내려 추울 때 미리 베어 소금에 절여 두었다가 쓴다】·어리고 푸른 호과(오이)【6~7월에 소금에 절였다가 사용할 때 물에 담가 소금기를 뺀 것】·가을갓의 줄기와 잎【역시 기한에 앞서 절여 저장했다가 쓴다】·동아【껍질을 벗기지 않고 어린아이 손바닥크기로 자른 것】·천초【씨를 제거한 것】·파【수염뿌리를 제거한 것】·부추 등의 종류를 뿌리와 잎이 붙어 있는 무와 함께 층층이 항아리에 쟁여 넣는다.

마늘을 갈아서 즙을 낸 다음 그 위에 끼얹어 뿌린다. 이어 감천수에 소금을 섞은 다음 항아리에 부어 재료들이 잠기도록 담는다. 그 뒤 항아리아가리를 봉하고 땅속에 묻어 공기가 통하지 않게 하면 봄이 되어도 새것과 같다. 미나리줄기나 어린 가지를 함께 담아도 맛이 빼어나다.《증보산림경제》4

무 싱겁게 김치 담그는 법 : 늦가을과 초겨울에 날씨가 추워지면 손가락 2~3개 두께의 어린 무를 뽑아서 껍질을 긁어내고 잎을 잘라낸 뒤 깨끗이 씻어 항아리에 넣는다. 감천수를 팔팔 끓였다가 식으면 소금을 섞는다. 소금물을 맑게 가라앉혀 찌꺼기를 걸러낸 다음 무가 든 항아리에 맑은 소금물만 부어 재료들이 잠기도록 담고 볏짚으로 항아리를 싸서 땅에 묻는다.

取, 鹽醃待用】、嫩靑胡瓜【六七月鹽醃, 至是水浸退鹹】、秋芥莖葉【亦先期醃藏待用】、冬瓜子【勿去皮, 切如小兒掌大】、川椒【去目】、蔥【去根鬚】、韭之類, 同蘿蔔根葉, 層層裝入于甕.

磨大蒜取汁, 澆潑其上①, 用甘泉水調鹽灌淹, 封口埋地中, 不泄氣, 則至春如新. 與芹莖及嫩茄子同沈亦佳.《增補山林經濟》

蘿蔔淡葅法 : 秋末冬初, 待天氣寒冷, 收嫩根蘿蔔②二三指大者, 刮去皮去葉, 淨洗入甕. 甘泉水煎百沸, 候冷調鹽, 澄淸濾滓, 灌淹之, 稻藁裹甕埋地.

---

4 《增補山林經濟》卷8〈治膳〉上 "蘿蔔凍沈葅法" '沈蘿蔔鹹葅法'(《農書》4, 58쪽).
① 上 : 저본에는 없음. 오사카본·규장각본·고대본에 근거하여 보충.
② 法……蔔 : 저본에는 없음. 오사카본·규장각본·고대본에 근거하여 보충.

여기에 어린 오이·부드러운 가지·적로근(滴露根, 지상으로 드러난 송이)·송이·생강【껍질을 벗기고 썬 것·총백·녹각채·천초【씨를 제거한 것·고추[蠻椒] 따위를 추가로 함께 담그면 더욱 맛이 좋다.《증보 산림경제》[5]

無와 황아(黃芽, 누런 무싹) 김치 담그는 방법 : 1월 에 땅광[6] 속에 저장한 무를 꺼내고 그 위에 자란 황 아를 칼로 자른다. 아울러 무를 삐진[飛削][7] 다음 생 파·고추로 싱겁게 김치를 담가 먹으면 먹는 사람으 로 하여금 갑자기 봄기운을 느끼게 한다.《증보산림 경제》[8]

更將嫩瓜子、軟茄子、滴露 根、松茸、生薑【去皮切】、 蔥白、鹿角菜、川椒【去目】、 蠻椒之屬同沈則尤佳. 同 上

蘿葍、黃芽葅方 : 正月取土 窖中所藏蘿葍根, 剪取黃 芽, 竝飛削蘿葍根, 生蔥、 蠻椒子作淡葅食之, 令人頓 生春意. 同上

사진30 무와 황아 김치

5 《增補山林經濟》卷8〈治膳〉上 "蘿葍凍沈葅法"(《農書》4, 57쪽).
6 땅광 : 뜰이나 집채 아래에 땅을 파서 만든 광.
7 삐진[飛削] : 무를 한 손에 들고 잘 드는 칼로 얇고 비스듬하게 자르는 법.
8 《增補山林經濟》卷8〈治膳〉上 "蘿葍凍沈葅法" '蘿葍黃芽葅'(《農書》4, 59쪽).

사진31 젓갈 무김치

젓갈 무김치 담그는 법 : 서리가 내린 뒤에 무를 잎이 붙은 채로 취하여【늙은 잎은 떼내고 어린 잎만 쓴다】깨끗이 씻는다. 뿌리 1개마다 세로로 갈라 3~4편으로 만든 다음 이를 깨끗한 동이 안에 넣고 약간의 소금을 뿌려둔다. 3일이 지난 뒤 비로소 호과자(오이)【미리 6~7월에 소금에 절였다가 사용할 때 물에 담가 소금기를 빼서 쓴다】·가지【꼭지를 제거한 것】·동아【껍질과 속을 제거하고 편으로 썬 것】·배추【뿌리 및 바깥쪽줄기를 제거한 것】·갓【뿌리와 잎 및 바깥쪽줄기를 제거한 것】및 여러 종류의 양념과 같이 단지 안에 쟁여넣는다.

양념으로는 조기젓갈【비늘 및 머리와 꼬리를 제거하고 비스듬히 편으로 썬 것】·전복【날것을 편으로 썬 것】·소라살【편으로 썬 것】·작은 낙지【0.1척

醃菹法 : 霜後取蘿菔根連葉【去老葉, 只取嫩葉】, 淨洗. 每一根, 竪剖作三四片, 放淨盆內, 略用鹽糝. 過三日, 始同胡瓜子【預於六七月鹽醃, 至是水浸退鹹用】、茄子【去蔕】、冬瓜子【去皮瓤, 切作片】、菘菜【去根及莖皮】、芥菜【去根葉及莖皮】及諸種物料, 裝③入罈內.

料用石首魚醢【去鱗及頭尾, 斜切作片】、鰒魚肉【生者切作片】、海螺肉【切作

③ 裝 : 저본에는 "將". 오사카본·규장각본·고대본에 근거하여 수정.

길이로 썬 것]·석결명(石決明, 굴)[9]【생으로 쓴다】·
녹각채【몇 촌 길이로 썬 것】·생강【껍질을 제거하
고 썬 것】·천초【씨를 제거한 것】·고추[南椒]【0.1척
길이로 썬 것】를 쓴다. 이때 채소 한 켜, 양념 한 켜
로 층층이 쟁여넣는다.

다 넣으면 감천수에 혜즙을 타서 간이 맞으면 단
지에 부어서 담근다. 기름종이로 단지주둥이를 덮
고 묶은 뒤 짚으로 싸고 땅속에 깊이 묻음으로써 김
치가 얼어서 손상되지 않도록 한다. 21일 뒤에 익는
다.《옹치잡지》[10]

소금을 넣지 않고 무김치 담그는 법 : 무를 거둬
서 깨끗이 씻고 항아리에 가득 채우고서 맑은 물을
붓는다. 이대로 3~4일이 지나면 흰 거품이 일어 넘
치는데, 이때 다시 맑은 물을 부어두었다가 익으면
쓴다.《삼산방》[11]

3) 배추김치(菘菹, 숭저) 담그기(숭저방)

배추는 첫서리가 막 내린 뒤에 곧바로 배추를 거
두어 일반적인 방법[12]에 따라 싱거운 김치를 담근
다. 이를 항아리에 저장하고 뚜껑을 덮은 뒤, 땅속
에 묻어 공기가 통하지 않게 한다. 봄이 되어 열어보

片]、小八梢魚【寸切】、石決
明【生用】、鹿角菜【切作數
寸長】、生薑【去皮切】、川椒
【去目】、南椒【寸切】、一層
菜, 一層物料, 層層裝入.
訖, 用甘泉水, 調醯汁, 鹹
淡得所, 灌淹之. 油紙紮
口, 稻穰裹着, 深埋地中,
勿令凍損. 三七日熟.《饔
饎雜志》

無鹽菹法 : 菜菔根淨洗,
貯缸滿, 注淸水, 三四日,
白泡涌溢, 又注淸水, 待熟
用.《三山方》

菘菹方

菘纔經初霜卽收, 依常法
作淡菹, 貯甕封蓋, 埋地
中, 勿令泄氣. 至春發之,
則其色如新, 味亦淸爽.

---

9 석결명(石決明) : 본래는 전복을 가리키나, 여기서는 '굴'을 뜻한다. 뒤에 나오는 '9) 석화김치 담그기'에서
   우리나라에서는 석화(굴)를 석결명으로 부른다고 했다.
10 출전 확인 안 됨.
11 출전 확인 안 됨.
12 일반적인 방법 :《증보산림경제》에는 끓인 물에 소금을 타서 식힌 다음 채소를 넣은 항아리에 부어주는
    방법이 소개되어 있다.

사진32 배추김치

면 그 색이 새것과 같고 맛도 맑고 시원하다.《증보
산림경제》13

《增補山林經濟》

4) 오이김치(胡瓜菹, 호과저) 담그기(호과저방)

싱거운 오이김치 담그는 법 : 늙은 오이를 취하여
꼭지를 제거하고 깨끗이 씻는다. 칼로 오이의 배를
가른 다음 고춧가루·파·마늘 같은 양념을 넣는다.
팔팔 끓인 물에 소금을 타서 뜨거운 채로 항아리에
부은 뒤【오이는 먼저 항아리 안에 넣는다】, 단단히
아가리를 봉한다. 다음날이면 먹을 수 있다.《증보
산림경제》14

경기도 용인(龍仁)의 오이김치 담그는 법 : 늙지 않
은 오이[青瓜子] 100개를 가져다가 꼭지를 제거하고

胡瓜菹方

黃瓜淡菹法 : 取老瓜去蔕
洗淨, 以刀刺④瓜腹, 入蠻
椒屑、蔥、蒜之屬, 用百沸
湯調鹽, 乘熱灌之【瓜先
入缸內】, 堅封口. 翌日可
食.《增補山林經濟》

龍⑤仁瓜菹法 : 未老靑瓜
子百箇, 摘去蔕, 揀去皮傷

---

13 《增補山林經濟》卷8 〈治膳〉上 "菘" '沈菹法'(《農書》4, 52쪽).

14 《增補山林經濟》卷8 〈治膳〉上 "黃苽" '黃苽淡菹法'(《農書》4, 53쪽).

④ 刺 : 오사카본·규장각본·고대본에는 "劃".

⑤ 龍 : 저본에는 "新". 오사카본·규장각본·고대본·《增補山林經濟·治膳·黃苽》에 근거하여 수정.

껍질이 상한 오이도 가려 버린 다음 깨끗이 씻어 항아리에 넣는다. 감천수에 소금을 타되, 간이 싱거워야 한다. 이를 항아리에 부어넣는다. 다음날 오이를 꺼내 위에 있는 것은 반대로 아래로 가게 하고, 아래에 있는 것은 반대로 위에 두는데, 이때 반드시 껍질이 상한 것을 세심하게 가려내야 한다. 또 다음날 다시 이와 같이 아래위 위치를 반대로 뒤집어준다. 이렇게 6~7번 하면 맛이 좋다.

者, 洗淨入缸. 用甘泉水和鹽, 要淡, 傾入缸內. 明日取瓜出, 令在上者反居下, 在下者反居上, 而必細心揀去皮傷者. 又明日復如此, 前後反轉, 六七次則味佳.

사진33 오이김치 담그기

겨울을 날 수 있는 김치를 담고 싶은 경우 보리베기가 끝나면 오이를 심고, 7월에 열매를 맺으면 8월에 따서 소금에 매우 짜게 절여 담는다. 사용할 때는 오이를 2조각으로 잘라서 물에 담가 소금기를 빼고 쓴다.《증보산림경제》[15]

欲作經冬葅, 待刈麥後, 種瓜, 七月結子, 八月摘取, 鹽醃令極鹹. 用時, 割瓜兩頭, 水浸退鹹用. 同上

---

15 《增補山林經濟》卷8〈治膳〉上 "黃苽" '黃苽淡葅法'(《農書》4, 53~54쪽).

5) 가지김치(茄葅, 가저) 담그기(가저방)

겨울철에 가지김치 담그는 법 : 가지는 첫서리를 맞으면 맛이 뛰어나니, 곧바로 따서 꼭지를 제거하고 작은 항아리에 넣는다. 팔팔 끓인 물에 소금을 타서 간을 맞추고, 식으면 항아리에 부어넣는다. 수마석(水磨石, 반질반질한 누름돌)으로 가지를 누르고 수숫잎으로 덮어 항아리아가리를 봉한 다음 항아리뚜껑을 덮은 뒤, 땅속에 묻는다. 12월이 되면 가지김치를 꺼내서 찢은 뒤, 꿀물을 끼얹어 먹으면 맛이 맑고 빼어나다. 가지김치에 붉은색을 내고 싶으면 맨드라미꽃[鷄冠花]을 넣는다.《증보산림경제》16

또 다른 법 : 먼저 토란대를 0.3척 길이로 자르고 소금을 뿌려서 반나절 동안 절였다가 소금물을 짜낸다. 다시 소금을 뿌렸다가 다시 소금물을 짜내서 그 숨을 죽인 뒤에 다시 소금에 담근다. 가지는 꼭지를 떼내고 깨끗이 닦아 작은 항아리 속에 넣는다.

여기에 앞에서 절여 저장했던 토란줄기를 덮고, 맨드라미꽃을 많이 넣는다. 물은 전혀 넣지 않는다.【조리 방법에서 비록 "물은 전혀 넣지 않는다."라 했지만 이럴 리는 없는 듯하니, 시험해 보아야 한다】그늘진 곳에 두었다가 겨울이 되면 따뜻한 곳으로 옮긴다. 가지가 익었을 때 꺼내 보면 색이 붉어 아낄 만하다. 가지를 찢은 뒤 꿀을 끼얹어 먹는다.《증보산림경제》17

茄葅方

冬月作茄葅法 : 茄子初經霜則味美, 卽摘下去蔕, 入小甕內, 用百沸湯調鹽, 令鹹淡得宜, 候冷, 灌入甕內. 以水磨石壓之, 覆以⑥蜀黍葉封甕口, 蓋盆, 埋地中. 待臘月, 取出裂之, 澆蜜食之, 味淸美. 如欲色紅, 入鷄冠花.《增補山林經濟》

又法 : 先取芋莖切作三寸長, 糝鹽半日, 絞去滷水. 又糝又絞, 殺其生氣, 然後更以鹽淹. 將茄子去蔕拭淨, 納小甕中.

以前醃藏芋莖覆之, 多取鷄冠花納之. 全不加水.【方雖云"全不加水", 恐無是理, 當試之】置陰處, 凍節則置溫處. 旣熟取出, 色紅可愛. 裂茄, 澆蜜食之. 同上

---

16 《增補山林經濟》卷8〈治膳〉上 "菜蔬諸品" '沈冬月茄葅法'(《農書》4, 48쪽).
17 《增補山林經濟》卷8〈治膳〉上 "菜蔬諸品" '沈冬月茄葅法'(《農書》4, 49쪽).
⑥ 以 : 저본에는 "入". 오사카본·규장각본·고대본에 근거하여 수정.

여름철에 가지김치 담그는 법 : 온전하고 신선한 물가지를 가려 꼭지를 떼고 항아리에 넣는다. 팔팔 끓는 물에 약간 싱겁게 소금을 타서 식힌다. 마늘을 갈아서 즙을 낸 다음 가지에 고루 섞는다. 여기에 소금물을 부어 가지가 잠기도록 담은 뒤, 항아리아 가리를 며칠 묶어두었다가 먹는다. 간혹 칼로 가지의 배를 가른 다음 파·마늘 같은 양념을 넣는데, 이렇게 하면 가지물이 두루 스며 나와서 가지의 본래 맛을 잃게 될 것이다.《증보산림경제》[18]

夏月作茄菹法 : 水茄子揀完鮮者, 去蔕入缸. 用白沸湯調鹽稍淡, 放冷. 大蒜磨取汁, 和均, 灌淹之, 令水浸過茄上, 紮口數日, 食之. 或以刀劃開茄腹, 入蔥、蒜之類, 如此則茄水漏滲, 失其本味矣. 同上

6) 미나리김치(芹菹, 근제) 담그기(근저방)

2~3월 미나리에 꽃잎이 돋아날 때 김치를 만들 수 있다. 도홍경(陶弘景)[19]《본초경집주(本草經集註)[20]》[21]

芹菹方[7]

二三月芹作英時, 可作菹. 陶氏《本草註》

미나리는 어린 배추, 연한 무와 같이 소금에 버무려 김치를 담그면 맛이 좋다. 말린 파를 썰어서 같이 담는다.[22]《증보산림경제》[23]

同嫩菘、軟蘿蔔作鹹菹, 味佳. 切干蔥同沈.《增補山林經濟》

---

18 《增補山林經濟》卷8〈治膳〉上 "菜蔬諸品" '夏月沈茄菹法'(《農書》4, 49쪽).

19 도홍경(陶弘景) : 456~536. 중국 남조 양(梁)나라의 의약학자·본초학자. 자는 통명(通明), 호는 화양은거(華陽隱居). 남제의 하급귀족의 집에서 태어나, 고전이나 의약학을 비롯한 여러 과학 분야를 공부하여 박학하였다. 저서로《진고(眞誥)》·《등진은결(登眞隱訣)》등이 있다.

20 본초경집주(本草經集註) : 중국 양나라의 학자 도홍경이 5세기 말경에 편찬한, 중국 최고의 본초서인《신농본초경(神農本草經)》를 증보하여 주(註)를 단 의학서. 총 7권. 총론인 서례(序例)와 약물 365종을 상·중·하 3품으로 나눠 실었다.

21 출전 확인 안 됨.

22 말린……담는다 :《증보산림경제》에는 '실파를 더 넣는다(加細蔥)'라 했다.

23 《增補山林經濟》卷8〈治膳〉上 "芹"(《農書》4, 63쪽).

⑦ 芹菹方 : 원문의 '근저방(芹菹方)'부터 '강아저방(薑芽菹方)'까지는 연세대본에만 온전히 전해지고, 오사카본에는 일부분이 누락되어 있으며, 고대본에는 모두 누락되어 있다.

사진34 미나리김치

7) 산갓김치(산개저) 담그기(산개저방)

품질이 우수한 갓을 골라 깨끗이 씻고 자기그릇에 담는다. 여기에 뜨거운 물【손을 넣었을 때 데지 않을 정도까지 데운다】을 붓고 뚜껑을 덮어 온돌방에 놓은 뒤, 옷이나 이불로 덮어둔다. 30분이 지난 뒤에 꺼내면 그 색이 약간 누르스름해지는데, 이를 초간장에 무쳐 먹는다. 무를 얇게 저며 어린 총백과 함께 담그면 매운맛이 조금 줄어들어 먹을 때 맛이 더욱 빼어나다. 《산림경제보》[24]

山芥葅方

擇芥精好者, 淨洗, 盛於磁器, 以熱水【以入手不爛傷爲度】注之而合其蓋, 置於溫堗, 以衣被覆之. 一食頃取出, 則其色漸黃, 和醋醬食之. 蘿蔔根薄削, 與芽蔥白同淹, 則辛味少減, 食之尤佳. 《山林經濟補》

8) 부들김치(향포저) 담그기(향포저방)

향포(香蒲, 부들)는 초봄에 난 어린 순을 먹으면 달고 연하여 맛이 매우 뛰어나므로, 절임이나 김치로도 만들 수 있다. 양생(養生)에 관해 논한 책에 "부들순으로 김치를 담그면 맛이 아주 좋다."[25]라 했다. 《지봉유설(芝峯類說)[26]》[27]

香蒲葅方

香蒲, 春初生嫩茸啖之, 甘脆大美, 可爲鮓, 亦可爲葅. 養生書云:"蒲筍作葅, 甚佳."《芝峯類說》

9) 석화김치(석화저) 담그기(석화저방)

【안 우리나라 민간에서 석결명(石決明)이라 부르는 것은 석화(石花)이다】

석화를 깨끗이 씻어 소금을 친다. 또 순무와 총백을 가늘고 얇게 편으로 썰어 소금을 친다. 소금이

石花葅方

【案 東俗呼石決明, 爲石花】

石花淨洗加鹽. 又取蔓菁、蔥白, 切作細薄片加鹽. 待

---

24 출전 확인 안 됨 ;《山林經濟》卷2〈治膳〉上 "蔬菜" '山芥沈菜'(《農書》2, 294쪽) ;《增補山林經濟》卷8〈治膳〉上 "山芥葅方"(《農書》4, 61쪽).

25 부들순으로……좋다 : 출전 확인 안 됨.

26 지봉유설(芝峯類說) : 1614년(광해군 6)에 이수광(李睟光, 1563~1628)이 편찬한 한국 최초의 백과사전적인 저술.

27 출전 확인 안 됨 ;《增補山林經濟》卷8〈治膳〉上 "菜蔬諸品" '香蒲'(《農書》4, 61쪽).

다 스며들면 소금물을 기울여서 쏟아내고 삶아서 항아리에 담는다. 소금물이 미지근해지면 이 물에 석화와 순무·총백을 섞는데, 이때 반드시 석화와 소금물의 양을 적당히 맞춰야 한다. 이 항아리를 따뜻한 곳에 두고 옷이나 이불로 덮어둔 뒤, 하룻밤이 지난 뒤에 먹는다.《증보산림경제》[28]

鹽盡透入, 傾出鹹汁, 煮之, 貯於缸中. 候其微溫, 用淹石花、菁蔥, 而必使石花與滷汁多少適宜. 置[8]于溫處, 覆以衣被, 經宿食之.《增補山林經濟》

10) 전복김치(복저) 담그기(복저방)

유자껍질과 생배를 가늘게 썬다. 말린 전복살은 젖은 면포로 싸서 하룻동안 두었다가 꺼내어 칼로 전복의 배를 도려내고 주머니를 만든다. 이어서 가늘게 썬 유자껍질과 배를 그 뱃속에 채우고 싱거운 소금물에 담아 김치를 만든다. 익은 뒤에 먹으면 신선의 풍미가 느껴진다.《약천집(藥泉集)[29]》[30]

鰒菹方

柚子皮、生梨細切. 乾鰒肉, 濕布巾裹置一日, 取出, 以刀剜腹作囊. 以所切柚梨實其中, 用淡鹽水沈作菹. 旣熟食之, 有神仙風味.《藥泉集》

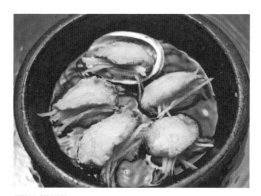

사진35 전복김치

28 《增補山林經濟》卷8〈治膳〉上 "魚肉"(《農書》4, 48쪽).
29 약천집(藥泉集) : 조선 후기의 문신 남구만(南九萬, 1629~1711)의 시문집. 34권 17책.
30 《藥泉集》卷2〈詠柚詩〉(한국고전번역원DB).
[8] 置 : 저본에는 없음. 오사카본에 근거하여 보충.

11) 생강싹김치(강아저) 담그기(강아저방)

먼저 순무나 무를 잘 드는 칼로 아주 얇게 삐진 다음 어린 파와 함께 싱거운 김치를 담근다.[31] 여기에 생강싹을 투입한다. 김치가 익기를 기다렸다가 먹으면, 맑고 강렬한 맛이 비할 데가 없다.《증보산림경제》[32]

薑芽菹方

先用蔓菁或蘿蔔根, 以利刀薄薄飛削, 同嫩蔥作淡菹, 以薑芽投之. 待熟食之, 淸洌無比.《增補山林經濟[9]》

---

31 먼저……담근다 : 이렇게 담은 김치를《증보산림경제》에서 "민간에서는 나박김치라 한다(俗云나박침치)"라 했다.

32 《增補山林經濟》卷8〈治膳〉上 "山芥菹方"(《農書》4, 61~62쪽).

[9] 增補山林經濟 : 저본에는 "藥泉集". 오사카본·《增補山林經濟·治膳·山芥菹方》에 근거하여 수정.

7. 자잡채(煮煠菜, 삶거나 데친 채소)   煮煠菜

1) 총론

자(煮)는 채소를 삶아서 국을 만드는 것이고, 잡(煠)은 채소를 데쳐서 나물을 만드는 것이다. '흐물흐물하게 삶고 익도록 데쳐[爛煮熟煠, 난자숙잡] 막힌 것을 소통시키고 혈액을 돌게 한다[疏壅導血, 소옹도혈]', 이것이 채소를 요리하는 8자비결이다. 맛이 진한 생선으로 채소 본연의 맛을 빼앗지 말고, 누린내 나는 고기로 채소의 본성을 어지럽히지 말라. 만약 그렇지 않으면 쇄삭(灑削)[1]처럼 값어치 없거나 위포(胃脯)[2]처럼 잘 팔리기만 하는 음식일 따름이다. 그런 음식만 있다면 소식(蘇軾)이 말한 '맛은 땅의 정수를 머금고, 향기는 서리와 이슬 가득하네.'[3]라고 읊은 음식은 어디에서 볼 수 있겠는가?《옹치잡지》[4]

總論

煮者, 煮[1]之爲羹也 ; 煠者, 煠之爲茹也. "爛煮熟煠, 疏壅導血", 此製蔬八字訣也. 勿以濃鮮奪其味, 勿以臊腥亂其性. 苟非然者, 卽灑削·胃脯之餐耳. 坡老所謂"味含土膏, 氣飽霜露"者, 于何處見焉?《饔饎雜志》

---

1 쇄삭(灑削) : 흐르는 물에 칼을 가는 일.《사기(史記)》〈화식열전(貨殖列傳)〉에 "칼 가는 일은 보잘것 없는 일이다.(灑削, 薄伎也)"라는 내용이 보인다.

2 위포(胃脯) : 양의 밥통을 삶아 말린 것.《사기(史記)》〈화식열전(貨殖列傳)〉에 "태관(太官)은 10월이 되면 끓는 물에 양의 위(胃)를 넣고 끓인 뒤 말초(末椒, 후춧가루)와 강분(薑粉, 생강가루)을 넣고 말려 포(脯)를 만들었다. 위포는 판매가 쉬워 많은 부를 축적하였다."라 했다.

3 맛은……가득하네 :《東坡全集》卷30〈撷菜〉"時題"(《文淵閣四庫全書》1107, 426쪽).

4 출전 확인 안 됨.

[1] 煮 : 저본에는 없음. 오사카본에 근거하여 보충.

2) 삼취갱(三脆羹, 3가지 부드러운 재료 넣은 국) 끓이기 (삼취갱방)

어린 죽순과 작은 표고버섯[蕈], 구기자나물을 기름에 볶아 국을 끓이는데, 후추를 더하면 더욱 좋다. 조밀부(趙密夫)[5]가 이 국을 매우 좋아했다. 또한 삼취갱의 재료를 고명으로 얹은 떡국을 끓여 부모님을 봉양했는데, 이를 '삼취면(三脆麵)'이라 이름했다. 버섯[蕈, 심]은 또한 '고(菰)'라고도 한다. 《산가청공》[6]

三脆[2]羹方

嫩筍、小蕈、枸杞菜, 油炒作羹, 加胡椒尤佳. 趙密夫酷嗜此, 或作湯餅以奉親, 名"三脆[3]麵". 蕈亦名"菰". 《山家淸供》

3) 죽순 삶기(자순방)

죽순을 채취할 때는 죽순이 바람을 쐬어서는 안 되고, 또 이것에 물을 묻혀서도 안 된다. 죽순은 껍질째 끓는 물에 데쳐서 오랫동안 삶아야 한다【죽순을 삶을 때 실제로 24시간이면 이미 익는데, 행여 맹물에 닿으면 24시간을 다시 삶는다】.《순보》[7]

煮筍方

採筍, 勿令見風, 又不宜見水. 含殼沸湯淪之, 煮宜久【煮筍, 實可一周時已熟, 或見生水, 還重煮一周時】.《筍譜》

죽순은 생으로 먹으면 안 되니, 생으로 먹으면 반드시 사람을 상하게 하기 때문이다. 쓴 죽순[苦筍]은 가장 오래 삶아야 한다. 단 죽순[甘筍]은 삶아낸 뒤에 껍질을 벗긴다. 죽순 삶은 즙을 맑게 하여 국이나 나물을 만들면 맛이 온전해지고 맛도 더해진다.《순보》[8]

筍不可生, 生必損人. 苦筍最宜久. 甘筍出湯後去殼. 澄煮筍汁爲羹茹, 味全加美. 同上

---

5 조밀부(趙密夫) : ?~?. 중국 남송의 관리. 호 죽계(竹溪). 이종(理宗) 소정(紹定) 2년(1229)에 진사에 급제하였다. 이밖에 정보는 자세하지 않다.

6 《山家淸供》卷下〈山家三脆〉(《叢書集成初編》1473, 14~15쪽).

7 《筍譜》〈三之食〉(《文淵閣四庫全書》845, 196쪽).

8 《筍譜》, 위와 같은 곳.

[2] 脆 : 저본에는 "脫".《山家淸供·山家三脆》에 근거하여 수정.

[3] 脆 : 저본에는 "脫".《山家淸供·山家三脆》에 근거하여 수정.

채취한 지 1일 된 죽순을 '언(蔫)'이라 하고, 2일 된 죽순을 '어(菸)'라 한다. 바람을 쐬면 죽순뿌리에 바람이 닿아 단단해지고, 물에 넣으면 죽순살에 스며들어 딱딱해진다. 껍질을 벗기고 삶으면 본연의 맛을 잃고, 생으로 칼날을 대면 부드러움을 잃는다. 《순보》9

探筍一日曰"蔫", 二日曰 "菸". 見風則觸本堅, 入水 則浸肉硬, 脫殼煮則失味, 生著刃則失柔. 同上

갓 딴 죽순 삶는 법 : 죽순을 끓는 물로 삶으면 잘 익으면서 부드러운 맛이 더욱 빼어나다. 만약 죽순이 시들었을 경우에는 박핫잎을 조금 넣고 함께 삶으면 죽순이 싱싱해진다. 고기와 함께 삶으면 박하를 쓰지 않아도 그 죽순이 또한 신선하다. 《구선신은서》10

煮新筍法 : 以沸湯煮則熟, 而脆味尤美. 若蔫者, 少入 薄荷, 同煎則不蔫. 與肉同 煮, 不用薄荷, 其筍亦鮮. 《臞仙神隱書》

맛이 아린 죽순[籤筍]은 박하에 소금을 조금 넣고 함께 삶으면 맛이 순해진다.

다른 방법 : 잿물에 삶으면 맛이 순해진다. 《구선신은서》11

籤筍, 以薄荷入鹽少許, 同 煮則解④.

一法 : 以灰汁煮則解⑤. 同上

4) 버섯 삶기(자심방)

신선한 표고버섯을 깨끗이 씻어 물에 넣고 삶다가 살짝 익은 뒤라야 좋은 술과 함께 삶는다. 간혹

· 煮蕈方

鮮蕈淨洗, 納水煮少熟, 乃 以好酒同煮. 或佐以臨漳

---

9 《筍譜》, 위와 같은 곳.

10 《臞仙神隱書》〈三月〉"修饌"'煮新筍'(《四庫全書存目叢書》260, 50쪽);《山林經濟》卷2〈治膳〉"蔬菜"(《農書》2, 289쪽).

11 출전 확인 안 됨;《山林經濟》, 위와 같은 곳.

④ 解 : 저본에는 "鮮". 오사카본·《山林經濟·治膳·蔬菜》에 근거하여 수정.

⑤ 解 : 저본에는 "鮮". 오사카본·《山林經濟·治膳·蔬菜》에 근거하여 수정.

임장(臨漳)¹²에서 나는 녹죽순(綠竹筍)¹³을 곁들여 먹
으면 더욱 맛있다.《산가청공》¹⁴

綠竹筍尤佳.《山家淸供》

5) 옥삼근갱(玉糝根羹, 쌀가루 뿌린 무국) 끓이기(옥삼근
갱방)

玉糝根羹方

소식(蘇軾)이 하룻밤은 소철(蘇轍)¹⁵과 술을 마셨
다. 분위기가 한창 무르익자 무를 다져 흐물흐물하
게 삶았는데, 다른 양념은 쓰지 않고 다만 흰쌀만
갈아서 뿌렸다. 이것을 먹고는 갑자기 젓가락을 놓
고 안석을 어루만지며 "만약 천축(天竺, 인도)의 수타
(酥酡, 유가공식품)가 아니라면 속세에는 결코 이런 맛
이 없을 것이다."라 했다.《산가청공》¹⁶

東坡一夕與子由飮, 酣甚,
搥蘆菔爛煮, 不用它料, 只
研白米爲糝. 食之, 忽放箸
撫几, 曰：“若非天竺酥酡,
人間決無此味.”《山家淸
供》

사진36 옥삼근갱

---

12 임장(臨漳) : 중국 하북성(河北省) 한단(邯鄲)에 있는 현(縣).
13 녹죽순(綠竹筍) : 짧고 굵으며 녹색인 죽순. 평균 중량이 약 700g정도로 먹을 수 있는 부분이 다른 죽순
에 비해 많다.
14 《山家淸供》卷下〈酒煮玉蕈〉(《叢書集成初編》1473, 19쪽).
15 소철(蘇轍) : 1039~1112. 중국 북송 때의 문학가. 자는 자유(子由), 호는 영빈(潁濱). 소순(蘇洵)의 아들
이며 소식(蘇軾)의 동생이다. 당송팔대가의 한 명으로 손꼽힌다.
16 《山家淸供》卷上〈玉糝羹〉(《叢書集成初編》1473, 6쪽).

지난번에 여당서원(驪塘書院)[17]에서 묵을 때, 매끼 식사를 마친 뒤에 반드시 채탕(菜湯)을 내놓았다. 채탕의 푸르고 흰 채소는 매우 좋아할 만했다. 밥을 먹고나서 제호(醍醐)나 감로(甘露)를 먹는다 해도 여기에는 쉽게 미치지 못한다. 요리사에게 물어보니, 바로 채소와 무를 가늘게 썰어 우물물로 흐물흐물해질 때까지 삶은 요리로, 애초에 다른 특별한 방법은 없다고 했다.

나중에 소식의 시를 읽어보니, 역시 순무나 무만 쓸 따름이었다. 소식의 시에 다음과 같이 읊었다.

"누가 남악(南嶽)의 노인을 아는가?

동파의 국 만든 이라네.

국 가운데 있는 무

아직 새벽이슬 맑게 머금고 있지.

귀공자에게 말하지 말라.

그가 고기 비린내 싫어한다는 것을."[18]

지금 강서(江西) 지방에서 이 방법을 많이 쓴다. 《산가청공》[19]

6) 압각갱(鴨脚羹, 아욱국) 끓이기(압각갱방)

아욱은 해를 향하므로 성질이 따뜻하다. 국 끓이는 방법은 호채(壺菜)[20]로 끓인 국과 같다. 《빈풍(豳

嘗客驪塘書院, 每食後, 必出菜湯, 靑白極可愛, 飯後得之醍醐、甘露, 未易及此. 詢庖者, 正用菜與萊菔細切, 以井水煮之爛爲度, 初無它法.

後讀坡詩, 亦只用蔓菁、萊菔而已. 詩云 :

"誰知南嶽老,

解作東坡羹.

中有蘆服根,

尙含曉露淸.

勿語貴公子,

從渠厭羶腥."

今江西多此法. 同上

鴨脚羹方

葵傾陽, 故性溫. 其法與壺⑥菜同. 《豳風》〈七⑦月〉

---

17 여당서원(驪塘書院) : 중국 강서성(江西省) 경내에 있던 서원.

18 누가……것을 : 《東坡全集》 卷25 〈狄韶州煮蔓菁蘆菔羹〉(《文淵閣四庫全書》 1107, 365).

19 《山家淸供》 卷上 〈驪塘羹〉(《叢書集成初編》 1473, 11쪽).

20 호채(壺菜) : 미상. 《시경(詩經)》〈빈풍(豳風)〉 "칠월(七月)"편의 "8월에는 박을 타고(八月斷壺)"에 대한 주석에서 "호(壺)는 박[瓠]이다.(壺, 瓠也.)"라고 한 것에 근거해 보면 박잎으로 추정된다. 《十三經注疏整理本》 5, 589쪽 참고.

風)〉〈칠월(七月)〉의 삶은 채소가 바로 이것이다.[21]

백거이(白居易)의 시에 "녹봉으로 받은 쌀은 노루 어금니같이 생긴 벼이고, 텃밭의 채소는 오리발같이 생긴[鴨脚] 아욱이다."[22]라 한데서 이름을 붙였다. 《산가청공》[23]

아욱을 먹을 때는 반드시 마늘을 써야 하며, 마늘이 없으면 먹어서는 안 된다. 《군방보》[24]

7) 벽간갱(碧澗羹, 미나리국) 끓이기(벽간갱방)

근(芹)은 미나리[楚葵]이다. 2가지 종류가 있는데, 적근(荻芹)[25]은 뿌리를 취하고, 적근(赤芹)[26]은 잎과 줄기를 취하며 모두 먹을 수 있다. 2~3월에 꽃몽우리가 돋을 때 따서 끓는 물에 넣었다가 꺼낸다. 식초에 겨자를 갈아 넣은 다음 소금과 회향을 넣고 미나리를 담가두면 김치를 만들 수 있다. 데치고서 국을 끓이면 맑고 향기로운 냄새로 인해 마치 푸른 계곡[碧澗]에 있는 듯하다. 그래서 두보(杜甫)의 시에 '향기

所煮者是也.

白居易詩"祿米釁牙稻, 園蔬鴨脚葵", 因名. 《山家淸供》

食葵須用蒜, 無蒜勿食. 《群芳譜》

碧澗羹方

芹, 楚葵也. 有二種, 荻芹取根, 赤芹取葉與莖, 俱可食. 二三月作英時采之, 入湯取出, 以苦酒研芥子, 入鹽與茴香漬之, 可作菹. 惟瀹而羹之, 既淸而馨, 猶碧澗然, 故杜甫有"香芹碧澗羹"之句. 《山家淸供》

---

21 빈풍(豳風)……이것이다 : 《시경》〈빈풍〉 "칠월"편의 "칠월에는 아욱과 콩을 삶고(七月亨葵及菽)"라고 한 구절을 가리킨다.

22 녹봉으로……아욱이다 : 《白山詩集》卷16〈官舍閑題〉(《文淵閣四庫全書》1081, 226쪽).

23 《山家淸供》卷下〈鴨脚羹〉(《叢書集成初編》1473, 19쪽).

24 《廣群芳譜》卷14〈蔬譜〉"葵", 345쪽.

25 적근(荻芹) : 미나리의 한 종류로, 주로 뿌리를 취해 먹는데 백색이다.

26 적근(赤芹) : 자근(紫芹). 역시 미나리의 한 종류로, 주로 줄기와 잎을 취해 먹는다. 그늘진 기슭이나 비탈이나 물 가까운 돌 옆에서 난다. 모양은 적작약(赤芍藥)과 비슷하고 잎은 짙은 녹색이며 등은 매우 붉고 줄기는 교맥(蕎麥: 메밀)과 비슷하다.

⑥ 《山家淸供·鴨脚羹》에는 "羹"

⑦ 七 : 저본에는 "九". 일반적인 용례에 근거하여 수정.

사진37 벽간갱

사진38 냉이 삶기

로운 미나리로 푸른 계곡의 국[碧澗羹] 끓였네.'²⁷라는
구절이 있는 것이다.《산가청공》²⁸

8) 냉이 삶기(자제방)

    냉이 1~2승 정도를 깨끗이 씻고 가린 다음 일은
쌀 0.3승과 함께 찬물 3승에 넣는다. 생강은 껍질을
벗기지 말고 손가락 2개 두께의 크기로 두드려서 솥
안에 같이 넣는다. 생유(生油, 깨를 볶지 않고 짠 기름) 1
현각(蜆殼, 조개껍질)을 넣되, 국의 표면에만 붓고 냉이
에는 닿지 않게 하는데, 닿으면 생기름의 증기 때문
에 먹을 수가 없다. 소금이나 식초를 넣어서는 안 된
다. 만약 이 맛을 알게 된다면 뭍과 바다의 모든 진
미를 모두 하찮게 여길 수 있을 것이다. 국을 적당
한 물건으로 덮으면 잘 익으며, 국이 매우 흐물흐물
해야 좋다. 소식(蘇軾)《척독(尺牘)²⁹》³⁰

煮薺方

取薺一二升許, 淨擇, 入淘
了⑧米三合, 冷水三升. 生
薑不去皮, 搯兩指大, 同入
釜中. 澆生油一蜆殼, 當於
羹面上, 不得觸, 觸則生油
氣不可食. 不得入鹽、醋.
若知此味, 則陸海八珍, 皆
可鄙厭也. 羹以物覆則易
熟, 而羹極爛乃佳也. 東
坡《尺牘》

---

27 향기로운……끓였네:《集千家註杜工部詩集》卷2〈陪鄭廣文遊何將軍山林十首〉《文淵閣四庫全書》1069,
690쪽).
28 《山家淸供》卷上〈碧澗羹〉《叢書集成初編》1473, 3쪽).
⑧ 了 : 저본에는 "子".《廣群芳譜·蔬譜·薺》에 근거하여 수정.

사진39 설하갱

9) 갓 삶기(자개방)

갓뿌리를 푹 삶아서 단지나 항아리 안에 넣고 담는데, 윗부분에 편으로 썬 무를 덮었다가 1~2일 안에 먹으면 매우 맛있다. 겨울채소가 봄을 나면서 길게 자란 심을 막 끓어오르는 물에 살짝 익히면 채소 중에서 제일이다. 《군방보》31

10) 설하갱(雪霞羹, 목부용꽃32국) 끓이기(설하갱방)

목부용꽃을 따서 심과 꽃받침을 제거하고 끓는 물에 데쳐서 두부와 같이 삶는다. 목부용의 붉은 기운과 두부의 흰 기운이 뒤섞이면 '눈이 그친 뒤의 노을[雪霽之霞]'처럼 황홀하다고 하여 '설하갱(雪霞羹)'이라

煮芥方

芥根煮熟, 閉之罈罐中, 上蓋以蘿菔片, 一二日內食之甚美. 冬荣經春長心, 嫩湯微熟, 菜中佳品. 《群芳譜》

雪[9]霞羹方

采芙蓉花去心、蔕, 湯瀹之, 同豆腐煮. 紅白交錯, 恍如雪霽之霞, 名"雪霞羹". 加胡椒、葍亦可. 《山

---

29 척독(尺牘) : 송나라 문인 소식(蘇軾)이 교류하던 벗들에게 보낸 짤막한 편지로, 《소동파척독(蘇東坡尺牘)》에 실려 있다.

30 출전 확인 안 됨 ; 《廣群芳譜》 卷15 〈蔬譜〉 "薺", 357쪽.

31 《廣群芳譜》 卷14 〈蔬譜〉 "芥", 338쪽.

32 목부용꽃 : 무궁화과(無窮花科)에 딸린 갈잎 떨기나무의 꽃. 키 1~2m이고 전체(全體)에 짧은 털이 있음. 초가을에 잎겨드랑이에서 꽃꼭지가 나와 흰 빛 또는 연붉은색의 다섯잎꽃이 핀다. 여기에서는 연붉은색 꽃을 가리킨다.

⑨ 雪 : 저본에는 "雲". 《山家淸供·雪霞羹》에 근거하여 수정.

이름한다. 후추와 원추리를 더해도 좋다. 《산가청공》[33]

소식(蘇軾)의 두부 만드는 법 : 두부를 파와 기름에 볶는다. 술로 작은 비자나무열매 10~20개를 갈아서 볶은 두부에 넣은 뒤, 간장양념도 섞어서 함께 끓인다.

또 다른 방법 : 술로만 끓여도 모두 도움이 된다. 《산가청공》[34]

11) 소채(巢菜) 삶기(자소채방)

소식의 '옛사람의 풍모가 있는 소곡(巢谷)[35]의 채소[36]라는 시가 있는데, 이 채소는 곧 누에콩의 잎이다. 촉(蜀) 지방 사람들은 그것을 '소채(巢菜)'라고 한다. 어린 잎이 여릴 때 잎을 따서 나물을 만들 수 있다. 소채를 잘 가리고 깨끗이 씻어 참기름으로 푹 볶은 뒤라야 소금과 간장을 넣고 삶는다. 봄이 다 지나 어린 잎이 쇠면 잎을 먹을 수 없다. 소식이 읊은 "소금 간한 메주에 술을 좀 타고, 오렌지껍질채·생강채·파채를 고명으로 얹네."라고 한 것은 바로 이 요리법이다. 《산가청공》[37]

《家淸供》

東坡製豆腐法 : 豆腐蔥、油炒, 用酒研小榧子一二十枚, 和醬料同煮.

又方 : 純以酒煮, 俱有益. 同上

煮巢菜方

東坡有'巢故人元修菜'詩, 卽蠶豆也. 蜀人謂之"巢菜", 苗葉嫩時, 可采以爲茹. 擇洗, 用眞麻油熟炒, 乃下鹽醬煮之. 春盡苗葉老, 則不可食. 坡所謂"點酒下鹽豉, 縷橙芼薑蔥"者, 正庖法也. 《山家淸供》

---

33 《山家淸供》卷下〈雪霞羹〉(《叢書集成初編》1473, 18쪽).

34 《山家淸供》卷下〈東坡豆腐〉(《叢書集成初編》1473, 20쪽).

35 소곡(巢谷) : 1025?~1098?. 중국 북송(北宋) 미산(眉山) 사람. 자는 원수(元修). 과거에 급제하지 못했으나 학식과 기예가 뛰어난 사람이었다. 소식과 교류하였고 소철의 《소곡전(巢谷傳)》에 잘 묘사되어 있다. 소식은 그를 예스러운 사람이라 평했다.

36 옛사람의……채소 : 《東坡全集》卷13에 '元脩菜'라는 제목으로 실려 있다.

37 《山家淸供》卷上〈元修菜〉(《叢書集成初編》1473, 9쪽).

12) 국화싹 삶기(자국묘방)

국화에는 2가지가 있는데, 줄기가 붉고 향기가 좋으며 맛이 단 국화라야 그 잎으로 국을 끓일 수 있다. 줄기가 푸르고 큰 국화는 국을 끓일 수 없다. 봄에 어린 잎을 따서 씻고 데친 다음 기름으로 약간 볶아서 익으면 생강과 소금을 넣고 국을 끓인다. 마음을 맑게 하고 눈을 밝게 해준다. 여기에 구기자를 더하면 더욱 빼어날 것이다. 《산가청공》[38]

여린 잎을 끓는 물에 데친 다음 녹두가루를 입혀서 살짝 지진 뒤, 다른 채소와 함께 식초 섞은 간장을 끼얹어 먹으면 맑은 향기가 입을 상쾌하게 한다. 《옹치잡지》[39]

煮菊苗方

菊有二種, 莖紫氣香而味甘, 其葉乃可羹, 莖靑而大者非也. 春采苗葉洗焯, 用油略炒熟, 下薑鹽作羹. 可淸心明目. 加枸杞, 尤妙矣. 《山家淸供[10]》

嫩葉沸湯焯過, 拖綠豆粉微煎, 伴他菜沃醬醋食之, 淸香爽口. 《饔饎雜志[11]》

사진40 국화싹국(아랫줄 오른쪽)

사진41 마를 곁들인 자국묘

---

38 《山家淸供》卷上〈紫英菊〉(《叢書集成初編》1473, 9쪽).
39 출전 확인 안 됨.
[10] 山家淸供 : 저본에는 없음. 오사카본에 근거하여 보충.
[11] 饔饎雜志 : 저본에는 없음. 오사카본에 근거하여 보충.

이슬 맺힌 감국꽃을 취해 녹두가루를 입히고 끓는 물에 데친다. 석이·잣을 찧어 여기에 고루 섞은 뒤, 식초 섞은 간장과 함께 상에 올린다.[40]

甘菊花帶露滴取, 拖綠豆粉沸湯焯過, 擣石耳、海松子仁拌均, 用醋醬供之.

13) 삼화채(三和菜, 3가지 채소국) 끓이기(삼화채방)

담박한 식초 1/3, 술 1/3, 물 1/3에 소금과 감초를 섞어서 간이 맞도록 끓인다. 여기에 채소싹채와 귤껍질채 각각 조금을 넣고 백지(白芷) 작은 편 1~2개를 채소 위에 뿌린다. 다시 끓이되 뚜껑을 열지 말고, 다 익으면 먹는다. 《중궤록》[41]

三和菜方

淡醋一分、酒一分、水一分⑫、鹽、甘草調和, 其味得所, 煎滾, 下菜苗絲、橘皮絲各少許, 白芷一二小片糝菜上, 重湯頓, 勿令開, 至熟食之.《中饋錄》

14) 가지 삶기(자가방)

박쥐가지[蝙蝠茄][42] 만드는 법 : 여린 가지를 4쪽으로 갈라서 끓는 물에 삶다가 살짝 익으면 좋은 간장을 위에 바른다. 가지에 짠맛이 조금 배면 꺼내서 산촛가루와 참기름을 더 바르고 대그릇에 넣어 향이 나도록 찐다. 이때 대그릇 안에 두꺼운 밀가루반죽으로 만든 오목한 받침대를 깔고 그 안에 참기름을 담아둔다. 《군방보》[43]

煮茄方

蝙蝠茄法 : 嫩茄切四瓣, 滾湯煮將熟, 掭好醬上, 俟稍鹹取出, 加椒末、麻油, 入籠蒸香, 籠內托以厚麪餠盛油.《群芳譜》

가지 졸이는 법 : 씨가 아직 생기지 않은 가지【씨가 생기면 좋지 않다】를 대나무칼이나 뼈칼로 4쪽

焦茄子法 : 用子未成者【子成則不好也】, 以竹刀、骨刀

40 출전 미기재.
41 《說郛》卷95上〈中饋錄〉"製蔬" '三和菜'(《文淵閣四庫全書》881, 409쪽).
42 박쥐가지[蝙蝠茄] : 가지의 한 종류로, 상강(霜降) 때 나는, 크기가 자잘한 흑색의 여린 가지.
43 《廣群芳譜》卷17〈蔬譜〉"茄子", 411쪽.
⑫ 一分 : 저본에는 없음. 오사카본·《說郛·中饋錄·製蔬·三和菜》에 근거하여 보충.

으로 가른다【쇠칼을 쓰면 가지 표면이 검게 변한다】. 이를 끓는 물에 데쳐 비린내를 제거한다. 가늘게 썬 총백을 기름에 볶아 향기롭게 한다. 간장과 가늘게 썬 총백과 가지를 함께 넣고 졸여 익으면 산초와 생강가루를 넣는다. 《식경(食經)44》45

四破之【用鐵刀則渝黑也】, 湯煤去腥氣. 細切蔥白, 熬油香. 醬淸、擘蔥白與茄子, 共下焦令熟, 下椒薑末. 《食經》

15) 동과갱(冬瓜羹, 동아국) 끓이기(동과갱방)

동아의 거친 껍질과 속을 제거하고 밤크기로 썬다. 여기에 고기【하얀 기름이 붙은 소고기를 삶는 것이 좋다】와 찬물을 넣고 쌀새우젓[白蝦醢汁]46을 섞어 간이 맞춰지면 달여서 국을 만든다. 《증보산림경제》47

冬瓜羹方

去粗皮及瓤, 切如栗子大, 入肉料【牛肉帶白脂煮佳】, 冷水, 調白蝦醢汁, 鹹淡得所, 煮爲羹. 《增補山林經濟》

16) 토란 삶기(자우방)

토란을 생강과 함께 삶은 뒤, 물을 갈아서 다시 삶아야 먹을 수 있다. 《일화본초(日華本草)48》49

煮芋方

芋以薑同煮過, 換水再煮, 方可食. 《日華本草》

토란을 생선과 섞어서 삶아 먹으면 기운을 잘 내려주고, 속을 편하게 하며, 허한 기운을 보(補)해준다. 《일화본초》50

和魚煮食, 甚下氣, 調中補虛. 同上

---

44 식경(食經) : 미상. 이씨(李氏)·최호(崔浩)·축훤(竺暄)·회남왕(淮南王)·신농(神農)·마완(馬琬) 등의 인물이 썼다고 전해지는 《식경》이 전한다.

45 출전 확인 안 됨 ; 《齊民要術》 卷9 〈素食〉 第87 (《齊民要術校釋》, 655쪽).

46 쌀새우젓[白蝦醢汁] : 몸빛이 불그레하고 투명한데, 마르면 흰빛이라서 쌀새우라 불리는 새우로 담근 젓. 쌀새우는 300~400m 깊이의 바다에서 산다. 미하(米蝦)·세하(細蝦)라고도 한다.

47 《增補山林經濟》 卷8 〈治膳〉 上 "冬苽蒜方" '冬苽羹方' (《農書》 4, 52쪽).

48 일화본초(日華本草) : 저작연대 및 저자 미상의 일화자(日華子)가 편찬한 본초서. 산일되어 전해지지 않으나 600여 종의 약물을 수록한 것으로 추정된다.

49 출전 확인 안 됨.

50 출전 확인 안 됨.

토란을 삶을 때 잿물에 삶으면 익어도 생기가 돈다.《물류상감지(物類相感志)[51]》[52]

煮芋, 以灰煮之則蘇.《物類相感志》

토란을 삶을 때 소금을 조금 뿌려주면 삶을 때 들러붙지 않는다.《군방보》[53]

煮芋, 微糝以鹽, 則煮不糊糊.《群芳譜》

우해(芋荄, 토란의 곁뿌리)는 매우 무성해서 반드시 껍질을 떼어내고 데친 다음 이를 볕에 말린 뒤에 삶아 먹어야 맛이 매우 달고 좋다.

【안】 우해는 토란 옆면에 햇뿌리가 돋아난 것이다. 삶을 때는 반드시 솥을 덮고 열지 말아야 하는데, 그렇지 않으면 혀가 아려서 먹을 수가 없다】《군방보》[54]

芋荄繁, 宜剝取焯, 曬乾煮食, 味極甘美.

【案】芋荄卽芋魁傍新芽萌出者, 煮時須蓋鐺勿開見, 不然則味蔥不可食也】同上

토란은 껍질을 벗기고 달구어진 쟁개비(냄비의 일종)에 넣는다. 기름을 조금 넣고 잠시 볶은 다음 간장물을 넣고 삶으면 쉽게 문드러진다. 여기에 닭고기를 섞어 고깃국을 끓인다. 싹이 난 어린 줄기를 고기와 같이 국을 끓이면 맛이 뛰어나다. 어린 잎은 간장물에 데쳐서 찌면 밥을 싸서 먹을 수 있다.《증보산림경제》[55]

芋去皮投熱銚, 少下油炒少時, 下醬水煮之易爛, 和鷄肉作臛. 住芽生嫩莖, 同肉料煮爲羹則味美[13]. 嫩葉醬水煠烝, 可裹飯而茹[14].《增補山林經濟》

---

51 물류상감지(物類相感志) : 중국 송(宋)나라 문인 소식(蘇軾)이 신체·의복·음식·기물·약품·질병·문방·채소·금어(禽魚)·잡저(雜著) 등에 대해 정리하여 기록한 백과사전적인 책으로, 총 18권이다.
52 《物類相感志》〈飮食〉(《叢書集成初編》1344, 8쪽).
53 《廣群芳譜》卷16〈蔬譜〉"芋", 380쪽.
54 《廣群芳譜》, 위와 같은 곳.
55 《增補山林經濟》卷8〈治膳〉上"芋"(《農書》4, 61쪽).
⑬ 則味美 : 저본에는 없음. 오사카본에 근거하여 보충.
⑭ 茹 : 저본에는 "茄". 오사카본에 근거하여 수정.

사진42 고구마잎 국(아랫줄 오른쪽)

17) 고구마잎 삶기(자저엽방)

고구마잎은 성질이 평하고 맛이 싱겁다. 국 끓이는 방법은 명아주잎국이나 콩잎국과 같다. 남쪽 지방 사람들은 고구마잎으로 임산부를 몸조리시킨다. 만약 볕에 말려 국을 끓이면 맛이 산에서 나는 미역[山藿]과 같다. 김씨(金氏)《감저보(甘藷譜)56》57

고구마잎을 푹 쪄서 밥을 싸 먹으면 향기와 맛이 곰취에 대적할 만하다.《종저보(種藷譜)58》59

煮藷葉方

甘藷葉性平味淡. 作羹, 與藜·藿同. 南人以救療産婦. 若乾曝作羹, 味與山藿同. 金氏《甘藷譜》

甘藷葉烝熟, 裹飯而茹, 香美可敵熊[15]蔬.《種藷譜》

---

56 감저보(甘藷譜) : 한국 최초로 고구마 재배법에 대해 저술한 책. 고구마 재배법, 구황작물 이용법, 목양법(牧養法), 수장과실법(收藏果實法), 조국(造麴), 양주(釀酒), 식기(食忌), 조장(造醬) 등으로 구성되어 있다. 저자를 강필리(姜必履)라고 주장하는 설도 있으나, 표지의 제목이 지워져 있고 서문과 발문도 없어 저자와 편찬연대를 분명하게 알 수 없다. 원문의 김씨(金氏) 역시 미상이지만《종저보(種藷譜)》에 따로 나온 것을 보면 강필리 본과 별개로 김씨 본이 있을 것으로 생각된다.《감저종식법(甘藷種植法)》이라고도 한다.

57 출전 확인 안 됨;《種藷譜》〈功用〉第12 "案"《農書》36, 480쪽).

58 종저보(種藷譜) : 1834년(순조 34)에 서유구(徐有榘)가 고구마 재배와 그 이용에 관하여 기술한 책. 내용은 서원(叙源)·전종(傳種)·종후(種候)·토의(土宜)·경치(耕治)·종재(種栽)·옹절(壅節)·이삽(移揷)·전등(剪藤)·수채(收採)·제조(製造)·공용(功用)·구황(救荒)·여조(麗藻)의 14항목으로 이루어져 있다.《감저보(甘藷譜)》·《감저신보(甘藷新譜)》등을 참고로 편찬하였다.

59 《種藷譜》〈功用〉第12 "又"《農書》36, 480쪽).

[15] 熊 : 저본에는 없음. 오사카본·《種藷譜·功用·又》에 근거하여 보충.

18) 와순채(萵筍菜, 상추꽃대나물) 만들기(와순채방)

상추는 4월에 꽃대가 3~4척 정도 자랐을 때, 꽃대의 껍질을 벗기고 날로 먹으면 맛이 맑고 부드럽다. 술지게미에 절여 먹어도 좋다. 강동 지방 사람들은 상추꽃대를 소금에 절여 볕에 말렸다가 견실하게 눌러서 방물(方物)⁶⁰로 쓰는데, 이것을 '와순(萵筍)'이라 한다. 《군방보》⁶¹

상추는 껍질과 잎을 떼고 0.1척 길이로 썰어 끓는 물에 데친다. 여기에 생강·소금·숙유(熟油, 깨를 볶아 짠 기름)·식초를 섞어 담그면 상당히 달고 부드럽다. 《산가청공》⁶²

어린 상추꽃대를 물에 푹 삶아 익힌 다음 껍질을 벗기고 0.1척 정도 길이로 썬다. 달군 솥에 기름간장을 부어 상추꽃대를 데쳤다가, 석이·마고(蘑菰, 표고버섯의 일종)·표고·잣을 찧고 고루 섞어 다시 볶아준다. 《증보산림경제》⁶³

19) 동호채(茼蒿菜, 쑥갓나물) 만들기(동호채방)

줄기와 잎이 붙은 채로 끓는 물에 데쳐서 간장 섞은 식초를 끼얹어 먹는다【안 겨자 섞은 간장을 끼

萵筍菜方

萵苣四月抽薹高三四尺, 剝皮生食, 味清脆, 糟食亦佳. 江東人鹽曬壓實, 以備方物, 謂之"萵筍". 《群芳譜》

萵苣去皮葉, 寸切, 瀹以沸湯, 擣薑、鹽、熟油、醋拌漬之, 頗甘脆. 《山家清供⑯》

嫩薹水煮熟, 去皮, 切一寸許, 熱釜下油醬煠熟, 擣石耳、蘑菰、香蕈、海松子仁拌均, 更炒. 《增補山林經濟》

茼蒿菜方

連莖葉沸湯焯過, 澆醬醋食之【案 澆以芥子醬, 味

---

60 방물(方物) : 임금에게 올리는 지방 특산물.
61 《廣群芳譜》卷16〈蔬譜〉"萵苣", 392쪽.
62 《山家清供》卷下〈脆琅玕〉(《叢書集成篇》1473, 21쪽)
63 《增補山林經濟》卷8〈治膳〉上 "萵苣"(《農書》4, 62쪽).
⑯ 山家清供 : 저본에는 없음. 《山家清供·脆琅玕》에 근거하여 보충.

얹으면 맛이 더욱 맵고 향기롭다. 동노(東魯, 산동)의 왕정(王禎)[64]이 "채소 가운데 독특한 맛이 있는 것이다."[65]라 한 말은 참으로 그렇다】.《증보산림경제》[66]

尤辛香. 東魯 王氏所謂"菜中之有異味者", 信矣】.《增補山林經濟》

20) 황화채(黃花菜, 넘나물) 만들기(황화채방)

황화채(黃花菜)【곧 훤초화(萱草花, 원추리꽃)이며, 민간에서는 '광채(廣菜)'[67]라 한다】가 6~7월에 꽃이 한창 필 때, 꽃술을 제거하고 깨끗한 물에 약간 끓여 1번 끓어오르면 식초를 섞어 먹는다. 입안에 들어가면 선계(仙界)의 맛이 느껴진다. 부드럽고 매끄러우며 탁 트이면서 담박하여 그 맛이 송이보다 뛰어나니, 채소 중에 으뜸이다.

黃花菜方
黃花菜【卽萱草花, 俗名"廣菜"】六七月間花方盛, 去花鬚, 淨水微煎一沸, 和醋食之. 入口覺有仙味, 柔滑疏淡, 味勝松茸, 菜中第一也.

사진43 황화채

---

64 왕정(王禎) : ?~?. 중국 원나라의 농학자. 자는 백선(伯善). 13세기 후반에서 14세기 전반에 활동하였다. 중국에서 처음으로 남·북 중국의 종합적인 농업기술서를 펴냈는데, 1313년에 22권으로 나온 《왕정농서(王禎農書)》로서 농작법과 재배법, 농기구에 관한 이론을 자세히 서술하여 그림 273폭과 함께 실었다.
65 채소……것이다 :《王禎農書》〈百穀譜集之五〉"蔬屬" '同蒿', 120쪽.
66 《增補山林經濟》卷8〈治膳〉上 "艾芥菜"(《農書》4, 64쪽).
67 광채(廣菜) : 원추리의 잎이나 꽃으로 무쳐먹는 나물.

사진44 구기채(윗줄 왼쪽 2번째)

【안】 꽃을 딸 때는 꽃받침을 제거해서는 안 된다. 《본초강목(本草綱目)》에 "지금 동쪽 지방 사람들은 그 꽃받침을 딴 뒤 말려서 파는데, 이를 황화채(黃花菜)라 이름한다."68라 했다】《월사집(月沙集)69》70

초봄에 여린 싹을 삶아서 국을 끓인다. 데쳐서 초간장을 끼얹어 먹어도 된다.《증보산림경제》71

21) 구기채(枸杞菜, 구기자나물) 만들기(구기채방)

구기자싹을 양고기와 섞어 국을 끓이면 사람을 이롭게 하여 풍(風)을 제거하고 눈을 밝게 한다.《약성본초(藥性本草)72》73

【案】 採花, 勿去跗.《本草綱目》云 : "今東人採其花跗, 乾而貨之, 名爲黃花菜."】《月沙集》

春初嫩芽可煮作羹, 亦可煠熟澆醋醬食.《增補山林經濟》

枸杞菜方

枸杞苗和羊肉作羹, 益人除風明目.《藥性本草》

---

68 지금……이름한다 :《本草綱目》卷16〈草部〉"萱草", 1036쪽.

69 월사집(月沙集) : 조선 인조 때의 학자 이정구(李廷龜, 1564~1635)의 문집.

70 출전 확인 안 됨 ;《增補山林經濟》卷8〈治膳〉上"黃花菜"(《農書》4, 65쪽).

71 《增補山林經濟》卷8〈治膳〉上"黃花菜"(《農書》4, 65쪽).

72 약성본초(藥性本草) : 중국 당(唐)나라의 진권(甄權)이 약품의 성미(性味)와 약재의 배합비율, 주병(主病)의 효과를 상세하게 논한 의서.

73 출전 확인 안 됨 ;《本草綱目》卷36〈木部〉"枸杞", 2113쪽.

구기자의 어린 잎과 순[苗頭]을 채취하여 끓는 물에 데치고 참기름을 섞어 먹는다. 4계절 중에 겨울에만 먹는다.《증보도주공서》[74]

嫩葉及苗頭採取, 湯煤以麻油拌食之. 四時惟冬食之.《增補陶朱公書》

22) 목숙채(苜蓿菜, 거여목나물) 만들기(목숙채방)

苜蓿菜方

거여목의 줄기와 잎을 끓는 물에 데친 다음 기름에 볶고 소금간을 한다. 그런 뒤 마음대로 국을 끓이거나 나물로 무쳐 먹는데, 모두 괜찮다.《산가청공》[75]

莖葉湯煤, 油炒鹽, 如意羹茹, 皆可.《山家清供》

싹이 나지 않은 뿌리를 취하여 끓는 물에 데치다가 7/10~8/10 정도 익힌다. 그런 다음 꺼내서 식초 섞은 간장을 끼얹어 먹는다.《증보산림경제》[76]

取未生芽之根, 沸湯煤, 令七八分熟, 取出澆醋醬食.《增補山林經濟》

23) 양제갱(羊蹄羹, 소루쟁이국) 끓이기(양제갱방)

羊蹄羹方

초봄에 갓 난 어린 싹을 따서 청어(靑魚)와 함께 국을 끓이면 맛이 좋다. 가을에는 늙은 잎을 취해다

春初摘新生嫩芽, 同靑魚作膗, 味佳. 秋取老葉, 編

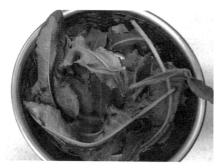
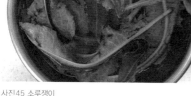

사진45 소루쟁이

---

74 출전 확인 안 됨.
75 《山家清供》卷上〈苜蓿盤〉《叢書集成初編》1473, 3쪽).
76 《增補山林經濟》卷8〈治膳〉上 "苜蓿菜"《農書》4, 64쪽).

가 엮어서 걸어놓고 그늘에서 말려놓는다. 이를 겨울에 끓는 물에 데친 다음 잎의 가운데줄기를 제거하고 물에 하룻밤 담갔다가 물기를 짠다. 여기에 고기를 넣고 국을 끓인다. 또 초겨울에 뿌리를 취해 땅광 속에 심어 놓는다. 1월에 어리고 노랗게 올라온 싹을 따다가 끓는 물에 살짝 데친 다음 물에 하룻밤 담가 신맛을 없앤다. 여기에 고기를 넣어 국을 끓이면 더욱 좋다.《증보산림경제》77

掛陰乾. 冬間沸湯焯過, 去脊莖, 水浸一日, 絞去水, 入肉料作羹. 又於冬初, 取根栽土窖中. 正月間抽嫩黃芽, 沸湯略焯過, 浸水一日, 去酸氣, 入肉料作羹尤佳.《增補山林經濟》

24) 목두채(木頭菜, 두릅나물) 만들기(목두채방)

목두채(木頭菜, 두릅)에는 진짜와 가짜가 있는데, 진짜【나무에 가시가 없는 두릅이 진짜이다】【안 목두채는《관휴지(灌畦志)》에 자세히 보인다78】를 취하여 푹 삶은 다음 물에 한나절 담갔다가 물기를 짜내고 초간장이나 기름 넣은 소금에 먹는다.《증보산림경제》79

木頭菜方

木頭菜有眞假, 取眞者【木無刺者爲眞】【案 木頭菜, 詳見《灌畦志》】, 煮熟, 浸水半日, 絞去水氣, 用醋醬或油鹽供之.《增補山林經濟》

25) 유엽구(柳葉韭, 버들잎부추나물) 만들기(유엽구방)

두보의 시 "밤에 비 내리니 봄 부추 자르네[剪]."80에 대해서 세상 사람들이 밭에서 자르는 것으로 잘못 이해하는 경우가 많다. '전(剪, 자르다)'에 깊은 이치가 있는지를 모르기 때문이다. 대개 채소를 데칠 때는 반드시 뿌리 쪽을 가지런히 한다. 예컨대 염교를

柳葉韭方

杜詩"夜雨剪春韭", 世多誤爲剪之於畦, 不知剪字極有理. 蓋于煤時, 必齊其本. 如烹薤"圓齊玉筯頭"之意. 乃以左手執其末,

---

77 《增補山林經濟》卷8〈治膳〉上 "羊蹄羹"(《農書》4, 64쪽).

78 목두채는……보인다 :《灌畦志》卷2〈蔬類〉"木頭菜".

79 《增補山林經濟》卷8〈治膳〉上 "木頭菜"(《農書》4, 65쪽).

80 밤에……자르네 :《補注杜詩》卷1〈贈衛八處士〉(《文淵閣四庫全書》1069, 61쪽).

삶을 때 "둥글면서 가지런함이 옥젓가락머리라네."[81]
라는 말의 뜻과 같다. 그러므로 왼손으로는 부추의
끝을 잡고 그 뿌리 쪽을 소금 끓인 물에 넣은 다음
그 끝을 조금 잘라서[剪] 손에 닿은 부분은 버리고
다만 그 뿌리 쪽만 데친다. 이어서 신선한 성질을 유
지한 채로 찬물에 넣었다가 꺼내면 매우 부드럽다.
그러나 이때는 반드시 대나무칼로 잘라야 한다.

또 다른 방법 : 어린 버들잎을 조금 따서 같이 데치
면 좋다. 그래서 '유엽구(柳葉韭)'라 한다.《산가청공》[82]

以其本入鹽湯內, 少剪其
末, 棄其觸也, 只煠其本,
帶性投冷水中出之, 甚脆.
然必以竹刀截之.

又方 : 采嫩柳葉少許, 同煠
佳, 故曰"柳葉韭".《山家淸供》

26) 상루여(蔏蔞茹, 물쑥나물) 만들기(상루여방)

상루(蔏蔞, 물쑥)는 지대가 낮은 논에서 자라는데,
강서 지역에서는 이것으로 생선국을 끓인다. 육기(陸
璣)[83]의 《모시초목조수어충소(毛詩草木鳥獸魚蟲疏)》에는
"상루의 잎은 쑥과 같으며 흰색이다. 쪄서 나물을 만
들 수 있다."[84]라 했다. 이는 곧《시경》〈한광(漢廣)〉편
에서 말한 '그 루(蔞, 물쑥)를 벤다.'[85]의 '루'일 것이다.

어린 줄기는 잎을 제거하고 끓는 물에 데친 다음
기름소금과 식초를 뿌려 나물을 만든다. 간혹 고기
를 더하기도 한다. 향기롭고 연하여 참으로 아낄 만
하다.《산가청공》[86]

蔏蔞茹方
蔏蔞生下田, 江西以羹魚.
陸《疏》云 : "葉似艾, 白
色. 可蒸爲茹." 卽《漢廣》
言"刈其蔞"之蔞矣.

嫩莖去葉湯焯, 用油鹽、苦
酒沃之爲茹. 或加以肉, 香
脆良可愛.《山家淸供》

---

81 둥글면서……머리라네 :《杜詩詳註》卷8〈秋日阮隱居致薤三十束〉(《文淵閣四庫全書》1070, 342쪽).
82 《山家淸供》卷上〈柳葉韭〉(《叢書集成初編》1473, 8쪽).
83 육기(陸璣) : ?~?. 중국 삼국시대 오(吳)나라의 학자. 자는 원각(元恪). 중국 고대에 비교적 이른 시기에 생
물학을 연구한 사람 중 한 명이다.《모시(毛詩)》에서 언급한 동식물의 명칭을 풀이하고, 고금의 이명(異
名)에 대하여 상세히 고증하여《모시초목조수충어소(毛詩草木鳥獸魚疏)》2권을 편찬했다.
84 상루의……있다 :《毛詩草木鳥獸蟲魚疏》卷上〈言刈其蔞〉(《文淵閣四庫全書》70, 5쪽).
85 그……벤다 :《詩經》〈周南〉"漢廣"(《十三經注疏整理本》4, 67쪽).)
86 《山家淸供》卷下〈蔏蔞菜〉(《叢書集成初編》1473, 10쪽).

27) 능과채(菱科[87]菜, 마름나물) 만들기(능과채방)

여름과 가을에 채취하여 잎과 뿌리를 제거하고, 오직 능과의 둥근 줄기만 끓는 물에 데쳐서 참기름에 무쳐 먹는다. 술지게미에 담가 먹으면 더욱 빼어나니, 야채 중의 으뜸이다. 《증보도주공서》[88]

菱科菜方

夏秋採之, 去葉去根, 惟梗圓科湯焯, 以麻油拌食之. 糟食更妙, 野菜中第一品也. 《增補陶朱公書》

사진46 마름

28) 순여(蓴茹, 순채나물) 만들기(순여방)

4월에 채취하여 끓는 물에 1번 데친 다음 흐르는 물에 헹군 뒤, 생강·식초와 함께 먹는다. 또한 고깃국을 끓여도 좋다. 《증보도주공서》[89]

蓴茹方

四月採之, 滾水一焯, 落水漂用, 以薑, 醋食之. 亦可作肉羹. 《增補陶朱公書》

29) 결명자(決明, 긴강남차의 종자) 삶기(자결명방)

먼저 결명자를 깨끗이 씻어 술병 안에 넣고 맑은 찻물을 병에 가득 담는다. 이 병을 왕겨 태운 잿불

煮決明方

先淨洗, 入酒瓶內, 以淸茶水貯瓶滿. 礱[17]糠火煨一

---

87 능과(菱科) : 마름과에 속하는 일년생 초본식물.
88 출전 확인 안 됨 ; 《遵生八牋》 卷12 〈飮饌服食牋〉 中 "野蔬類" '菱科'(《遵生八牋校注》, 443쪽).
89 출전 확인 안 됨 ; 《遵生八牋》 卷12 〈飮饌服食牋〉 中 "野蔬類" '蓴菜'(《遵生八牋校注》, 443쪽).
[17] 礱 : 저본에는 "礱". 오사카본·《雲林遺事·飮食》에 근거하여 수정.

에 1번 달군 다음 병을 꺼낸다. 찻물은 갈아주고 결
명자는 그대로 담가두면 또 우러나 쓰임에 매우 알
맞다.《운림일사(雲林逸事)》⁹⁰

番, 取出, 換水浸之, 切用.
《雲林逸事》

30) 개람(芥藍, 믯갓)⁹¹ 삶기(자개람방)

개람의 줄기와 잎에 참기름을 넣고 삶는다. 일반
적인 채소 삶는 법과 같이 해서 먹는다. 그 국물도
같이 마시면 쌓인 담을 풀어줄 수 있다.《농정전서
(農政全書)⁹²》⁹³

煮芥藍方

芥藍莖葉, 用芝麻油煮,
如常煮菜法食之, 并飲其
汁, 能散積痰.《農政全書》

31) 감포여(甘蒲茹, 부들나물) 만들기(감포여방)

초봄에 어린 잎이 나서 물 위로 나올 때, 그 중심
이 땅속으로 들어간 흰 부들뿌리가 있는 잎 중에서
크기가 숟가락자루만 한 것을 채취한다. 이를 생으
로 먹으면 달고 연하다. 감(酣)에 담가 먹는다【안 감
(酣)은 초(酢, 식초)의 잘못인 듯하다⁹⁴】. 죽순을 먹는
법과 같이 해도 맛이 좋다. 이것은《주례(周禮)》에서

甘蒲茹方

春初生嫩葉, 出水時, 取其
中心入地白蒻, 大如匕柄
者, 生噉之, 甘脆, 以酣浸
食【案 酣疑酢之誤¹⁸】, 如
食筍法亦美.《周禮》所謂
'蒲菹¹⁹'也. 亦可煤食㷤

90 《雲林遺事》〈飲食〉(《叢書集成初編》3447, 5쪽).

91 개람(芥藍, 믯갓) : 갓[芥]의 한 종류이다. 잎의 색이 남색이므로 남쪽 지방 사람들이 개람(芥藍)이라고
불렀고, 북쪽 지방 사람들은 벽람(擘藍)이라고 불렀다. 잎은 배춧잎보다 크고 뿌리는 갓보다 크며, 그 싹
과 잎, 뿌리와 심은 모두 채소로 삼고 씨는 기름을 짤 수 있다. 또한 사시사철 심어 먹는데, 잎은 김치를
담그거나 말린 나물을 만들고, 뿌리는 껍질을 벗긴 뒤 쪄서 먹거나 장에 담가두었다가 먹는다.

92 농정전서(農政全書) : 중국 명(明)나라 서광계(徐光啓, 1562~1633)가 지은, 중국 농학서(農學書)를 집대
성한 책. 중국 한(漢)나라 이후 특히 발달하기 시작한 농학자의 여러 설을 총괄·분류하고 그 아래에 자
기의 의견을 첨부하여 집대성했다. 농본(農本)·전제(田制)·농사(農事)·수리(水利)·농기(農器)·수예(樹
藝)·잠상(蠶桑) 등 12문(門)으로 되어 있다. 서광계가 죽은 뒤 1639년 진자룡(陳子龍)에 의해 소주(蘇州)
에서 간행되었다.《임원경제지》의 주된 인용자료 중 하나이다.

93 《農政全書》卷40〈種植〉"雜種" '芥藍'(《農政全書校注》, 1123쪽).

94 감(酣)은……듯하다 : 서유구의 안설처럼《농정전서교주》에 "醋"로 교감되어 있다.

⑱ 案……誤 : 저본에는 없음. 오사카본에 근거하여 보충.

⑲ 菹 : 저본에는 "俎",《農政全書·種植·雜種》에 근거하여 수정.

말한 '포저(蒲菹, 부들김치)'이다.[95] 또한 데쳐 먹거나 쪄서 먹을 수 있다.《농정전서》[96]

食.《農政全書》

32) 납두채(臘豆菜, 12월의 콩과 채소) 삶기(자납두채방)

12월[臘月] 매우 추운 날에 절인 채소[97]를 볕에 반 정도 말린 다음 작게 자른다. 대두(메주콩)를 양에 관계없이 쓰며, 흑대두(서리태)를 쓰면 더 빼어나다. 비율은 대략 콩 6/12, 채소 4/12, 흙설탕 1/12, 술 1/12로 하여 솥 안에 함께 넣는다. 여기에 채소 절였던 소금물을 넣되, 콩보다 손가락 두께의 반 정도 낮게 넣어 푹 삶는다. 이대로 2시간을 두었다가 국자로 뒤집어준 다음 다시 푹 삶는다. 이를 꺼내고 땅 위에 펼쳐서 완전히 식으면 단지에 거두어두고 먹을 수 있다. 한 해가 지나도 상하지 않으며, 또한 사람에게 매우 유익하다. 간혹 화초(花椒)와 회향을 안에 다시 더하면 더욱 좋다.《다능집》[98]

煮臘豆菜方

臘月極凍日, 以醃菜曬半乾切碎[20]. 用大豆不拘多小, 黑者更妙. 大約六分豆、四分菜、一分紅糖、一分酒, 合入鍋內. 菜滷放些, 比豆低半指, 煮熟. 停一時, 用杓翻轉, 再煮透, 取出鋪地上[21], 冷透收罈內, 可吃. 一年不壞, 且大有益於人. 或再加入花椒、茴香在內, 尤佳.《多能集》

33) 소금 넣고 콩 삶기(자염두방)

민간에서 "콩 1승에 소금 1종지, 물은 콩에 비해 엽전 1개 두께만큼 낮게 넣는다."라 했다. 이는 콩을 삶는 빼어난 비법이다. 짜게 먹는 사람은 소금을 1큰종지, 싱겁게 먹는 사람은 소금을 1작은종지

煮鹽豆方

俗云 : "一升豆兒一鍾鹽, 水比豆兒低一錢." 此煮豆妙法也. 好鹹者, 鹽用一大鍾 ; 好淡者, 鹽用一小

---

95 《주례(周禮)》에서……포저(蒲菹)이다. :《周禮》卷6〈天官冢宰〉下 "醢人"《十三經注疏整理本》7, 165쪽).
96 《農政全書》卷40〈種植〉"雜種" '蒲'(《農政全書校注》, 1124쪽).
97 채소 : 어떤 종류인지 확실치 않으나 땅광 등에 미리 저장해 둔 채소 중 하나를 가리키는 듯하다.
98 《多能集》〈煮臘菜臘豆法〉(《傳家寶》1, 278쪽).
[20] 碎 : 저본에는 "曬".《多能集·煮臘菜臘豆法》에는 근거하여 수정.
[21] 上 : 저본에는 없음.《多能集·煮臘菜臘豆法》에 근거하여 보충.

쓴다. 소금은 콩이 중간에 뜬 부분에 넣고 푹 삶다가 뒤집어서 다시 푹 삶은 뒤, 볕에 말려 단지 안에 거둔다. 오직 12월에 콩을 삶아야 오래 저장할 수 있다. 다른 때 삶으면 삶자마자 바로 먹어야 한다. 간혹 참기름을 넣고 함께 삶는다. 《다능집》[99]

소금 넣고 콩 볶는 법 : 앞의 '소금 넣고 콩 삶는 법'과 같다. 다만 소금을 타서 만든 소금물로 삶았다가 푹 익으면 볕에 말려 다시 부드러워지도록 볶는다【안 볶는 방법은 납초미(臘炒米, 12월에 볶은 쌀) 볶는 법과 같다. 《인제지》에 상세히 보인다[100]】. 《다능집》[101]

콩 데치는 법 : 콩을 물에 담가 불린 다음 끓는 물에 데쳐 익힌다. 여기에 간장·기름·식초·산촛가루를 더하여 섞어 먹으면 가장 맛이 빼어나다. 《다능집》[102]

鍾. 鹽放于[22]中間浮面, 煮熟翻轉再煮透, 曬乾收罈內. 惟臘月煮豆, 可以久留, 他時隨煮卽吃. 或放香油同煮. 《多能集[23]》

炒鹽豆法 : 如前[24]煮法. 但以鹽和成鹽水煮, 俟煮熟, 曬乾再炒脆【案 炒法與臘炒米炒法同. 詳見《仁濟志》】. 同上

焯[25]豆法 : 豆以水浸肥, 以滾水焯熟, 加醬、油、醋、椒末, 拌食最妙. 同上[26]

---

99 《多能集》〈煮鹽豆法〉(《傳家寶》1, 278~279쪽).
100 인제지에……보인다 : 《인제지》에서 해당 내용을 확인하지 못했다.
101 《多能集》〈炒鹽豆法〉(《傳家寶》1, 279쪽).
102 《多能集》〈焯豆法〉(《傳家寶》1, 279쪽).
[22] 于 : 저본에는 "了". 《多能集·煮鹽豆法》에는 근거하여 수정.
[23] 多能集 : 저본에는 없음. 《多能集·煮鹽豆法》에 근거하여 보충.
[24] 前 : 저본에는 "煎". 《多能集·炒鹽豆法》에 근거하여 수정.
[25] 焯 : 저본에는 "醋". 《多能集·焯豆法》에 근거하여 수정.
[26] 同上 : 저본에는 없음. 《多能集·炒鹽豆法》에 근거하여 보충.

8. 외증채(煨烝菜, 굽거나 찐 채소)

煨烝菜

1) 총론

구운 푸성귀나 찐 채소는 산가(山家, 산에 사는 가정)의 담박한 반찬이다. 눈 깜짝할 사이에 마련하여 힘들이지 않고도 조리하여 익힐 수 있다. 명찬(明瓚)[1]의 토란이나 여여경(呂餘慶)[2]의 박과 같은 뒤에야 비로소 천연의 진미를 얻을 수 있는 것이다. 그러나 날것과 익은 것은 불기운의 조절에 달렸고, 부드러운 맛과 거친 맛은 손맛에 달렸으며, 풍로(風爐, 화로의 일종)와 흡발[歙鉢, 흡주(歙州)[3] 지역에서 나는 사발의 일종]에는 스스로 빼어난 비결이 있다. 그러므로 이 또한 평범한 요리사나 민간의 음식이 따라할 수 있는 맛이 아니다. 《옹치잡지》[4]

總論

煨薪、烝菜、山家眞率之饌也. 可辦咄嗟, 無勞調飪, 若懶殘之芋、餘慶之壺, 而後始得天然之珍味. 然生熟系於火候, 酥澁視諸手法, 風爐、歙鉢自有妙訣, 亦非庸庖、俗飣之所能喻也.《饔饎雜志》

---

1 명찬(明瓚) : ?~?. 중국 당나라의 승려. 다른 스님들은 경영에 애썼는데, 명찬만 느긋하게 지내며 항상 대중들이 먹다 남긴 음식을 먹기를 좋아해 나찬(懶瓚) 또는 나잔(懶殘)이라 불렀다. 시호는 대명선사(大明禪師)이고, 탑이 남악(南嶽)에 남아 있다. 저서로《남악나찬화상가(南嶽懶瓚和尙歌)》가 있다.

2 여여경(呂餘慶) : 927~976. 중국 북송(北宋)의 관리. 본명은 여윤(呂胤), 자는 여경(餘慶). 병부시랑(兵部侍郞)·상서좌승(尙書左丞) 등을 역임했다.

3 흡주(歙州) : 휘주(徽州). 안휘성(安徽省) 남부와 신안강(新安江) 상류 지역에 위치해 있었다. 환남(皖南) 산지에 속하여 북쪽으로 황산(黃山), 동남쪽으로 천목산(天目山) 등 많은 산으로 둘러싸여 있어 건축(建築)·조각(雕刻)·회화(繪畫)·전각(篆刻)·분경(盆景)·편직(編織)·서판(書版)·이학(理學)·의학(醫學) 등 다방면에서 발전된 문화를 자랑하였다.

4 출전 확인 안 됨.

2) 외죽순(煨竹筍, 죽순구이) 만들기(외죽순방)

죽순을 잿불 속에서 구운 뒤에 오미(五味, 여러 양념)를 넣으면 더욱 빼어나다. 《순보》[5]

초여름에 죽순이 한창일 때, 바닥의 댓잎을 쓸어내고 대나무숲 가에 가서 잿불에 구워 익히면, 그 맛이 매우 신선하다. 대개 죽순은 달고 신선한 맛을 귀하게 여기니, 고기를 곁들여서는 안 된다. 《산가청공》[6]

산속의 죽순은 진실로 채소 가운데 기이한 물건이라, 포로 만들거나 국을 끓이면 모두 본래의 맛을 잃어버리게 되니, 잿불에 구워서 껍질을 벗겨 먹어야 가장 좋다. 잿불에 구워 익혀서 먹으면 이루 말할 수 없을 정도로 맛있다. 《한정록(閑情錄)[7]》[8]

3) 와순자(萵筍炙, 와순구이) 만들기(와순자방)

와순(萵筍, 줄기상추)은 본초서(本草書)에 "가을이 지난 뒤에는 그 맛이 부평[苹]보다 나아서 도가(道家)에서는 하얀 포로 만들어 먹는다."[9]라 했다. 요즘은 큼직하게 썰어서 소금·술·향료에 잠시 담갔다가 기름기가 많은 양의 비계로 싸서 강한 불에 푹 구운

煨竹筍方

煻灰中煨後, 入五味尤佳.
《筍譜》

夏初竹筍盛時, 掃葉就竹邊煨熟, 其味甚鮮. 大凡筍貴甘鮮, 不當與肉爲侶.
《山家淸供》

山中竹筍, 寔蔬菜奇品, 作脯作羹, 皆失眞性, 煨剝最良. 煨熟啖之, 美不可言.
《閑情錄》

萵筍炙方

萵筍, 《本草》:"秋後, 其味勝苹[1], 道家羞爲白脯." 今作大臠, 用鹽、酒、香料淹少頃, 取羊漫脂包裹, 猛火炙熟, 去脂擘食."《山

---

5 《筍譜》〈三之食〉(《文淵閣四庫全書》845, 196쪽).
6 《山家淸供》卷下〈傍林鮮〉(《叢書集成初編》1473, 7쪽).
7 한정록(閑情錄): 조선 중기의 문인 허균(許筠, 1569~1618)의 편서. 17권 4책. 중국의 은거자들과 농사법에 관한 자료를 수록했다.
8 출전 확인 안 됨;《增補山林經濟》卷8〈治膳〉上 "竹笋"(《農書》4, 45쪽).
9 가을이……먹는다: 출전 확인 안 됨.
[1] 苹:《山家淸供·炙饡》에는 "羊".

뒤, 비계를 제거하고 찧어서 먹는다.[10] 《산가청공》[11]

家淸供》

4) 송이자(松茸炙, 송이구이) 만들기(송이자방)

송이를 참기름과 좋은 간장에 담갔다가 숯불에 구워 반쯤 익혀 먹는데, 채소 중에서 선품(仙品, 신선이 먹는 식품)이다. 밀이 익을 즈음에 잡목 아래에 나는 가짜 송이도 소나무 기운이 있어서 먹을 만하다. 《증보산림경제》[12]

松茸炙方

松茸蘸香油、美醬, 炭火炙之, 至半熟食之, 菜中仙品. 小麥熟時, 雜木下生假松茸, 亦有松氣, 可食. 《增補山林經濟》

묘향산(妙香山)[13]과 개골산(皆骨山)의 여러 승려들은 매년 가을 8월이 되면 각각 기름간장과 밀가루를 들고 깊은 계곡에 들어가서 송이【어린 송이버섯의 맛이 더욱 좋다】를 채취한다. 이 송이의 기둥을 세로방향에서 십자로 가른 뒤, 밀가루와 기름간장을 채워 넣고[14] 띠풀을 얽어 묶으면 그 모양이 《예기(禮記)》〈내칙(內則)〉에서 말한 '대(敦)'·'모(牟)'[15]와 같다. 이것을 진흙으로 싼 뒤, 섶나무를 쌓아 불살라서 푹 익었을 때 찧으면, 향기가 온 계곡에 가득하며 맛은 천하에서 으뜸이다. 《어우야담(於于野談)》[16]

妙香、皆骨諸山僧, 每秋八月, 各齎油醬、麰麵, 入深谷採松茸【童芝尤美】, 十字剖莖, 裝入眞麵、油醬, 編茅束之, 如《禮》所謂 "敦"、"牟②". 裏以塗泥, 積薪燃之, 待其爛熟擘之, 香滿一壑, 味絕天下. 《於于野談》

---

10 본초서(本草書)에……먹는다 : 해당 기사는 《산가청공》의 〈구운노루[炙麞]〉에 대한 내용을 와순(萵筍, 줄기상추)에 대한 내용인 것처럼 인용하였다.

11 《山家淸供》卷下 〈炙麞〉(《叢書集成初編》1473, 21쪽).

12 《增補山林經濟》卷8 〈治膳〉上 "醬諸品" '松茸'(《農書》4, 66쪽).

13 묘향산(妙香山) : 평안북도 영변군·희천군과 평안남도 덕천군에 걸쳐 있는 산. 해발 1,909m.

14 밀가루와……넣고 : 밀가루를 기름간장에 개서 넣었을 것이다.

15 대(敦)·모(牟) : 옛날에 기장을 담아두던 그릇. 《예기》〈내칙〉에서 자식이 함부로 쓰면 안 되는 부모의 물건을 예로 들면서 기장을 담아두던 이 두 용기를 언급했다. 대(敦)는 원래 술잔이고 모(牟)는 원래는 흙으로 구운 솥이었는데 나중에는 곡식을 담는 그릇으로 사용되었다고 한다. 《十三經注疏整理本》14, 972쪽 참조.

16 《於于野譚》〈學藝編〉, 186~187쪽.

② 牟 : 저본에는 "牡".《於于野譚·學藝編》에 근거하여 수정.

사진47 총자

5) 총자(蔥炙, 파구이) 만들기(총자방)

입춘이 지난 뒤에 땅광 안에서 기른 여린 황총(黃蔥, 노랗게 새로 난 파)을 가져다가 수염뿌리를 제거하고 데친 다음 대나무꼬챙이로 꿴다. 이를 칼등으로 가볍게 찧어 평평하게 눌러준 다음 기름간장에 밀가루를 반죽하여 두껍게 바른 뒤, 숯불에 푹 굽고 좋은 술을 탄 식초를 끼얹어 담아낸다. 여름과 가을에 만든 총자는 맛이 떨어진다.《증보산림경제》[17]

蔥炙方

立春後, 取窖中養芽嫩黃蔥, 去根鬚煿過, 竹籤貫之, 以刀背輕擣按平, 油醬溲麪麪厚塗之, 炭火炙熟, 澆好酒醋供之. 夏秋作者味遜.《增補山林經濟》

6) 산대자(蒜薹炙, 마늘종구이) 만들기(산대자방)

5월에 부드러운 마늘종[蒜薹, 산대]을 채취하여 끓는 물에 약간 데쳤다가 넣어서 물기를 말린다. 칼로 몇 촌 정도를 썰어서 대나무꼬챙이에 꿴 다음 기름간장에 밀가루를 반죽하여 바른 뒤, 푹 구워 먹는다. 소고기를 길쭉한 가락으로 썰어서 마늘종과 번갈아 꼬챙이에 꿰면 맛이 더욱 뛰어나다【다른 방법

蒜薹炙方

五月取軟蒜薹, 沸湯略煿, 控乾. 刀切數寸許, 竹籤穿過, 油醬溲麪麪塗之, 炙熟食之. 牛肉切作條, 相間貫串尤美【一云煿過了, 水浸一宿, 去臭後用】.

---

17 《增補山林經濟》卷8〈治膳〉上 "醬諸品" '蔥'(《農書》4, 58쪽).

으로는 마늘종을 데친 다음 물에 하룻밤 담가서 냄새를 제거한 뒤에 쓴다고 한다】. 목숙(苜蓿, 거여목)의 줄기와 목두채(木頭菜, 두릅나물)는 모두 이 방법을 본떠서 만들 수 있다. 《증보산림경제》[18]

苜蓿莖、木頭菜, 皆可倣此法造 ③. 《增補山林經濟》

7) 삼자(蔘炙, 더덕구이)·길자(桔炙, 도라지구이) 만들기 (삼길자방)

더덕과 도라지 2가지 채소는 껍질을 긁어서 벗기고 절구에 문드러지게 찧은 다음 물에 담근다. 이때 수시로 물을 갈아주어 쓴맛을 제거한다. 그런 다음 푹 쪄낸다. 간장·참기름·후추·천초·생강·파 등을 서로 섞은 다음 더덕이나 도라지에 손으로 문드러지게 주물러 묻혀서 깨끗한 그릇에 저장해두고 하룻밤 묵힌다. 이를 다시 얇게 펴서 볕에 말린다. 쓸 때는 이를 조금씩 가져다 참기름을 바르고, 살짝 구워서 먹는다. 《증보산림경제》[19]

蔘、桔炙方

沙蔘、桔梗兩菜, 刮去皮, 臼中擣爛, 浸水, 時時換水去苦味. 然後烝熟取出, 以淸醬、香油、胡椒、川椒、薑、蔥等相合, 以手揉爛, 淨器收貯經宿, 復薄布曬乾. 臨用, 取少許, 塗香油, 乍炙而食之. 《增補山林經濟》

8) 남과자(南瓜炙, 호박구이) 만들기(남과자방)

늙고 누런 호박을 잘 저장하면 이듬해 봄 3월까지 둘 수 있다. 솔잎에 새순이 돋아날 때, 이 호박을 손가락 1개 두께의 가락으로 썬다. 이를 솔잎 순이 난 가지로 꿴 다음 참기름과 간장을 바른 뒤, 화롯불에 푹 구우면 달고 향기로운 맛이 비할 데가 없

南瓜炙方

老黃南瓜, 善藏則可留至春三月. 松葉抽筍時, 取南瓜切作一指大條, 以松筍穿過, 蘸油香、醬淸、爐火炙熟, 甘香尠倫. 《饔饎雜

---

18 《增補山林經濟》卷8〈治膳〉上 "蒜薹炙法"(《農書》4, 60~61쪽).
19 《增補山林經濟》卷8〈治膳〉上 "沙蔘桔梗佐飯法"(《農書》4, 66~67쪽).
③ 苜蓿……法造:《增補山林經濟·治膳·蒜薹炙法》에는 없음. 저본에 서유구의 안설(案說)로 표기되어 있지 않지만 안설로 추정된다.

사진48 남과자

다. 《옹치잡지》[20]

志》

9) 설암채(雪盦菜, 눈 덮힌 봄채소의구이) 만들기(설암채방)

겨울을 난 봄채소의 심(心)에 잎을 약간 남겨두고 쓴다. 그루마다 2단으로 잘라서 주발 안에 넣고, 유병(乳餠)[21]을 두껍게 편으로 썰어 채소 위에 가득 덮는다. 화초가루를 손으로 주물러 부순 뒤, 그 위에 뿌려준다. 화초는 많을 필요가 없다. 맑은 술에 소금을 조금 넣고 채소를 넣은 주발에 가득 부은 뒤, 대그릇에 엎어 찐다. 채소가 푹 익으면 먹는다. 《운림일사》[22]

雪盦菜方

用春菜心少留葉, 每科作二段, 入碗內, 以乳餠厚切片, 蓋滿菜上. 以花椒末於手心揉碎, 糝上, 椒不須多. 以純酒入鹽少許, 澆滿碗中, 上籠蒸, 菜熟爛啖之.《雲林逸事》

10) 호증(壺烝, 박찜) 만들기(호증방)

박 1~2개에서 껍질과 털을 제거하고 사방 0.2척 길이의 편으로 썬다. 이를 문드러지게 쪄서 먹으면

壺烝方

瓠一二枚去皮毛, 截作二寸方片, 爛蒸以餐之, 神

---

20 출전 확인 안 됨.

21 유병(乳餠) : 중국 운남성 서북 지역의 민족들이 항상 먹는 일종의 내락(奶酪, 치즈)이다. 소나 산양의 젖으로 만들며, 그 중 산양의 젖으로 만든 것이 가장 질이 좋다.

22 《雲林遺事》〈飮食〉(《淸閟閣全集》 3447, 5쪽).

정신이 맑아지고 기운이 상쾌해진다.《산가청공》[23]

　박은 달고 늙지 않은 것을 채취하여 껍질과 속을 제거하고 끓는 물에 데쳐서 물기를 짜낸다. 길이 0.1척 정도, 너비 0.04척 정도로 썰고 여기에 기름과 소금을 섞어 먹는다. 색과 맛이 모두 매우 맑고 아취가 있다.《증보산림경제》[24]

11) 숭증(菘烝, 배추찜) 만들기(숭증방)
　어린 배추를 줄기와 잎이 붙은 채로 끓는 물에 데친다. 다시 생강·산초·총백·고기 등의 양념과 함께 푹 쪄서 상에 올린다. 말린 새우살을 더하면 더욱 맛이 좋다.《증보산림경제》[25]

12) 만청증(蔓菁烝, 순무찜) 만들기(만청증방)
　순무의 뿌리와 잎을 깨끗이 씻은 다음 기름간장을 넣고 일반적인 방법대로 찐다. 여기에 생선살을 넣으면 어울리지 않는 곳이 없다. 말린 새우가루를 뿌리면 더욱 맛이 좋다. 이 찜을 항상 먹으면 풍토병을 예방할 수 있다.《증보산림경제》[26]

清氣爽.《山家清供》

瓠取甘而未老者, 去皮瓤, 沸湯煠過, 絞去水氣. 切長一寸許、廣四分許, 和油鹽食. 色味俱極清雅[4].《增補山林經濟》

菘烝方
嫩菘連莖葉, 沸湯煠過. 更同薑、椒、葱白、肉料, 烝熟薦之. 加乾蝦肉尤美.《增補山林經濟》

蔓菁烝方
取根葉淨洗, 以油醬烝之如常法. 加魚肉, 無所不宜. 糝以乾蝦屑則尤美. 此菜常服, 能防土疾.《增補山林經濟》

23 《山家清供》卷下〈藍田玉〉(《叢書集成初編》1473, 4쪽).
24 《增補山林經濟》卷8〈治膳〉上 "匏"(《農書》4, 63쪽).
25 《增補山林經濟》卷8〈治膳〉上 "菘"(《農書》4, 52쪽).
26 《增補山林經濟》卷8〈治膳〉上 "蔓菁蒸"(《農書》4, 57쪽).
[4] 色……雅 :《增補山林經濟·治膳·匏》에는 없음.

13) 산행증궐(山行烝蕨, 산에 가서 만드는 고사리찜) 만들기(산행증궐방)

산에 갈 때 솥이나 쟁개비를 휴대하지 않았다면 넓고 얇은 돌 6조각을 가져다가 땅에 수직으로 배열하여 돌상자모양을 만든다. 그러고는 살찐 고사리를 꺾어다가 돌상자 안에 쌓아 가득 쟁여넣는다. 따로 암꿩【암꿩이 없으면 암탉을 쓴다】은 내장과 털을 제거하고 깨끗이 씻은 다음 고사리 안에 거꾸로 꽂고 돌로 덮어 고정시킨다. 밖에는 황토로 두껍게 봉하여 느슨한 틈도 없도록 한다. 그 위에 마른 섶나무를 많이 쌓고 불을 붙여 2~4시간이 지나면 꺼낸다. 식은 뒤에 식초와 간장을 끼얹어 먹으면 맛이 매우 빼어나다.《증보산림경제》[27]

14) 소가(燒茄, 가지구이) 만들기(소가방)

마른 솥 안에서 가지를 볶는다. 이때 기름 3냥마다 꼭지를 딴 가지 10개를 넣어 뚜껑을 덮고 볶는다. 가지가 진흙처럼 부드러워지면 여기에 소금·간장 등의 양념과 참깨·은행을 갈아 만든 반죽을 넣고 섞는다. 마늘을 넣으면 더 좋다.《군방보》[28]

山行烝蕨方

山行不携鼎銚, 則取石廣而薄者六片, 就地竪排, 作石函樣. 卽折取肥蕨, 排裝石函中令滿. 另將雌雉【無則用雌鷄】去腸毛淨洗, 倒挿於蕨中, 以石蓋定. 外以黃泥厚封之, 令無卸隙. 多積乾柴於其上, 用火燒之, 過一二時辰, 取出, 候冷, 澆醋醬食之, 味極佳.《增補山林經濟》

燒茄方

燒茄乾鍋內, 每油三兩, 擺去蔕茄十箇, 盆蓋燒, 候軟如泥, 入鹽·醬料物, 麻·杏泥拌. 入蒜尤佳.《群芳譜》

---

27 《增補山林經濟》卷8〈治膳〉上 "遊山蒸蕨方"(《農書》4, 69쪽).
28 《廣群芳譜》卷17〈蔬譜〉 "茄子", 411~412쪽.

9. 유전채(油煎菜, 기름에 지진 채소)

油煎菜

1) 총론

소식가(素食家, 채식가)들에게는 채소를 기름에 지지거나 볶는 방법이 따로 있으니, 향료들을 섞고 넣어 맛이 풍부하다. 이는 대개 은거한 선비의 깨끗한 음식 중에서 진귀하면서도 검소한 자리를 차지할 수 있는 음식이다. 우리나라 사람들은 이를 자반[佐盤][1]이라고 부른다. 자반이란 밥상 위의 밥을 돕는 것을 말한다. 《옹치잡지》[2]

總論

素食家有油煎、油炒之法, 香料雜施, 饒有滋味. 蓋山臞淸供中, 能居珍儉之間者也. 東人呼爲佐盤, 佐盤者, 佐助盤湌之謂也. 《饔饎雜志》

2) 전천초(煎川椒, 천초지짐) 만들기(전천초방)

찹쌀을 빻아 가루 낸 뒤, 간장과 물에 반죽한 다음 베보자기로 싸고 솥 안에 매달아서 찐다. 이를 꺼내어 떡판 위에 놓고 나무떡메로 오랫동안 휘젓기도 하고 갈아주기도 하기를 반복한다. 천촛가루를 뿌려주고 오랫동안 고루 쳐준 다음 납작하게 펴서 얇은 떡을 만든다. 칼로 쌍륙(雙陸)[3] 주사위의 크기로 잘라서 볕에 바싹 말린다【혹은 뜨거운 온돌방에

煎川椒方

糯米擣爲粉, 以淸醬溲爲劑, 裹以布袱, 懸烝於鼎內. 取出置案上, 用木杵且攪且磨良久. 以川椒屑灑之, 打均良久, 捍開作薄餅. 刀切作雙陸骰子大, 曬令極燥【或鋪熱堗乾】. 鐵

---

1 자반[佐盤] : 밥의 반찬으로, 밥맛을 돋구는 맛있는 찬을 가리키는 말. 주로 소금에 절이거나 기름에 튀기거나 간장에 조려 오래 저장할 수 있는 식품이다.

2 출전 확인 안 됨.

3 쌍륙(雙陸) : 두 사람 또는 두 편이 15개씩의 말을 가지고 2개의 주사위를 굴려 사위(목적한 끗수)대로 판 위에 말을 써서 먼저 나가면 이기는 놀이.

깔아서 말린다】. 쇠쟁개비 안에서 참기름으로 지져 동그랗게 부풀어 오르면 매우 연하고 맛있다. 혹은 찹쌀반죽으로 눈을 제거한 온전한 천초 1알을 감싸서 작은 공의 모양으로 빚은 뒤, 참기름에 지져도 된다. 《증보산림경제》[4]

鎗內, 以麻油煎之, 團團脹起, 味極脆美. 或以糯劑包去目完川椒一粒, 捏作小毬子, 油煎亦得. 《增補山林經濟》

3) 수행인(酥杏仁, 행인지짐) 만들기(수행인방)

행인은 파첨, 그리고 쌍인(雙仁, 알맹이가 둘인 씨)을 제거한 다음 따뜻한 물에 여러 날 담갔다가 꺼낸다. 참기름에 색이 변할 때까지 볶은 뒤, 식혀서 먹으면 매우 연하고 맛있다. 푹 졸인 간장에 넣어 먹으면 좋은 자반이 된다.[5] 《증보산림경제》[6]

酥杏仁方

杏仁去皮尖及雙仁, 溫水浸數日, 取出. 以香油煠燋, 色變爲度, 候冷食, 極脆美. 投煉熟清醬食之, 爲好佐盤. 《增補山林經濟》

4) 수호도(酥胡桃, 호두지짐) 만들기(수호도방)

호두를 끓는 물에 담갔다가 껍질을 벗기고 간장 안에 넣는다. 얼마 뒤에 건져내 달궈진 쟁개비에 넣고, 색이 변할 때까지 참기름에 볶는다. 식게 두었다가 저장해둔다. 《증보산림경제》[7]

酥胡桃方

胡桃湯浸去皮, 投醬清內. 移時撈起, 入熱鎗中, 以芝麻油煠燋, 色變爲度, 放冷收貯. 《增補山林經濟》

5) 흑두초(黑豆炒, 콩자반) 만들기(흑두초방)

서리태 10승을 솥에 넣고 삶은 다음 물이 차갑게 식어 다 스며들도록 그대로 솥 안에 둔다. 다시마

黑豆炒方

黑大豆一斗入鍋煮, 冷水浥盡, 仍放在鍋內. 海帶一把

---

4 《增補山林經濟》卷8〈治膳〉上 "煎川椒法"(《農書》4, 68쪽).
5 행인은……된다 : 《增補山林經濟·治膳·酥杏仁法》에는 "임산부는 먹기를 금한다(孕婦忌食)."라는 내용이 더 있다.
6 《增補山林經濟》卷8〈治膳〉上 "酥杏仁法"(《農書》4, 67쪽).
7 출전 확인 안 됨.

1줌[把]을 몇 촌 길이로 잘라서 깨끗이 씻고, 생강채와 굴껍질채 각각 약간, 간장 1사발, 참기름 1사발, 벌꿀 1작은잔을 서리태와 함께 솥에 넣고 고루 휘저어 중간 불로 졸인다. 다시마가 푹 익고 간장과 기름이 고(膏)와 같이 끈적끈적해지면 꺼낸다. 여기에 볶은 참깨·잣가루·후춧가루를 뿌려 자기항아리에 저장해둔다. 《옹치잡지》8

截作數寸長洗淨, 同薑絲·橘絲各少許, 淸醬一碗, 香油一碗, 蜂蜜一小盞, 下鍋攪均, 文武火熬之. 待海帶糜爛, 醬油粘濃如膏, 取出, 糝炒芝麻, 海松子屑, 胡椒屑, 磁缸收貯.《饔饎雜志》

6) 마방전(麻房煎, 들깨지짐) 만들기(마방전방)

후추나 들깨를 씨방[房]이 달린 채로 따서 깨끗이 씻은 다음 들기름에 지진다. 참기름으로 지져도 괜찮다. 《옹치잡지》9

麻房煎方

胡椒或白蘇連房摘下, 淨洗, 用白蘇油煎之. 麻油亦可①.《饔饎雜志》

7) 송초전(松椒煎, 잣후추지짐) 만들기(송초전방)

다시마를 물에 담갔다가 얼마 뒤에 건져내서 물기를 짜낸다. 이를 찢어서 길이가 몇 촌 정도 되는 작고 좁은 가락으로 만든다. 다시마 1가락마다 후추 1알, 잣【껍질을 벗긴다】1알을 싸서 묶은 다음 달구어놓은 쟁개비 안에서 끓는 기름에 지진다.《옹치잡지》10

松椒煎方

海帶水浸, 移時控起, 絞去水, 扯作小狹條長可數寸許, 每一條, 包胡椒一粒、海松子【去皮】一粒而紐結之, 熱銚內滾油煎之.《饔饎雜志》

---

8 출전 확인 안 됨.
9 출전 확인 안 됨.
10 출전 확인 안 됨.
① 胡椒……亦可 : 저본에는 아래 '송초전방(松椒煎方)'의 내용이 '마방전방(麻房煎方)' 제목 아래에 기재되어 있고, '송초전방' 제목이 없다. 오사카본에 근거하여 수정하였다.

사진49 송초전(윗줄 왼쪽 1번째) 사진50 남초초(둘째 줄 왼쪽 1번째)

8) 남초초(南椒炒, 고춧잎볶음) 만들기(남초초방)

7월에 남초(고추)의 줄기와 잎을 취하여 깨끗이 씻고 데친 다음 건져서 물기를 짜낸다. 이를 다시 솥에 넣고 좋은 간장과 참기름에 반쯤 익도록 볶다가 참깨·표고·석이·생강채·귤껍질채·총백·회향·시라·후춧가루를 넣고 기름을 더하여 다시 푹 볶는다. 식게 두었다가 저장해둔다.《옹치잡지》[11]

9) 해대전(海帶煎, 다시마지짐) 만들기(해대전방)

다시마를 물에 담가 하룻밤 묵힌 다음 건져낸다. 이를 칼로 몇 촌 길이로 자른 뒤 달구어진 쟁개비 안에 넣고 다시마가 누렇고 향기가 나면서 거품처럼 부풀어오를 때까지 끓는 기름에 지진다. 이를 꺼내어 볶은 참깨를 뿌리고, 식게 두었다가 먹으면 매우 연하고 맛있다. 이를 민간에서는 '탈각(奪角, 뒤각)'이라 한다. 기름으로는 참기름이든 들기름이든 안 될

南椒炒方

七月取南椒莖葉, 洗淨焯過, 控起, 絞去水. 復入鍋, 用美醬、香油炒半熟, 入芝麻、香蕈、石耳、薑絲、橘絲、蔥白、茴香、蒔蘿、胡椒屑, 添油更炒熟, 放冷收貯.《饔饎雜志》

海帶煎方

海帶水浸一宿, 控起, 裁刀剪作數寸長, 熱銚內滾油煎之, 以黃香泡起爲度. 糝以炒芝麻, 放冷食之, 極脆美. 俗稱"奪角". 油用麻油、荏油無所不可.《饔饎雜志》

---

11 출전 확인 안 됨.

것이 없다. 《옹치잡지》[12]

10) 녹각초(鹿角炒, 청각지짐) 만들기(녹각초방)

말린 청각(靑角)【[안] 우리나라 민간에서는 녹각채(鹿角菜)를 청각이라고 한다】을 0.03척 길이로 썰어서 물에 담근다. 물기가 충분히 배어 부풀어오르면 꺼내어 물기를 짜내고, 달군 솥 안에 투입하여 참기름으로 볶는다. 청각에 기름이 다 스며들면 푹 졸인 간장과 참기름을 다시 떨어뜨려가며 바로바로 볶는다. 볶을 때 생강과 파, 고추를 넣어 고루 섞고, 다 익으면 후춧가루를 뿌려서 상에 올린다. 《증보산림경제》[13]

11) 박금(餺金, 황금색죽순구이) 만들기(박금방)

신선하고 어린 죽순을 가져다 세료물(細料物)[14]과 함께 밀가루 약간을 섞은 다음 기름을 발라 불에 구우면 황금색과 같다. 달고 부드러워 아낄 만하다.

도제(道濟)[15]의 《순소(筍疏)[16]》에서는 "쟁반에서 기름 발라 황금색 되도록 불에 굽고, 노구솥에서 쌀 섞어 백옥같이 삶는다."[17]라 했다. 《산가청공》[18]

鹿角炒方

乾靑角【案 東俗呼鹿角菜爲靑角】切三分長, 浸水. 候脹潤, 取起絞去水氣, 投熱釜中, 以香油炒之. 待油透入盡, 更以煉熟醬及香油, 旋滴旋炒. 炒時入薑、蔥、蠻椒拌均, 旣熟糝以胡椒屑供之.《增補山林經濟》

餺金方

筍取鮮嫩者, 以料物和薄麵, 拖油餺, 如黃金色, 甘脆可愛.

濟顚《筍疏》云："拖油盤內餺黃金, 和米鑣中煮白玉."《山家淸供》

---

12 출전 확인 안 됨.

13 《增補山林經濟》卷8〈治膳〉上 "靑角佐飯法"(《農書》4, 67쪽).

14 세료물(細料物) : 천연 식물 향신료를 곱게 갈아 놓은 조미료. 권4에서 채상(菜蔬)을 만들 때는 진피(陳皮)·사인(砂仁)·홍두(紅豆)·행인(杏仁)·감초(甘草)·시라(蒔蘿)·회향(茴香)·화초(花椒) 등의 재료를 곱게 갈아서 썼다.

15 도제(道濟) : 1148~1209. 중국 남송의 고승(高僧). 원명은 이수연(李修緣), 호는 호은(湖隱). 중국 선종의 제50조이며 제공활불(濟公活佛)·제전화상(濟顚和尙)이라 불린다. 저서로 《전봉어록(鐫峰語錄)》이 있다.

16 순소(筍疏) : 도제(道濟)가 지은 죽순 전문서로 보이나 미상.

17 쟁반에서……삶는다 : 《說郛》卷74上〈山家淸供〉"餺金煮玉"(《文淵閣四庫全書》880, 164쪽).

18 《山家淸供》卷上〈餺金煮玉〉(《叢書集成初編》1473, 8쪽).

사진51 통신병(윗줄 왼쪽)

12) 통신병(通神餠, 생강지짐) 만들기(통신병방)

생강은 얇게 썰고 파는 가늘게 썬다. 생강과 파
는 각각 밀가루를 조금 섞는다. 약간의 감초[國老]를
곱게 가루 낸 뒤 밀가루에 섞으면 아마 나쁘지는 않
을 것이다. 기름을 약간 넣고 지져서 먹으면 추위를
끊을 수 있다. 주희(朱熹)의 《논어집주(論語集註)》에서
"생강은 신명을 통하게 한다[通神明]."라 했으므로 이
와 같은 이름을 붙였다. 《산가청공》[19]

通神餠方

薑薄切, 蔥細切, 各以和稀
麵, 宜以少國老細末和入
麵, 庶不惡. 入淺油煠, 能
已寒. 朱氏《論語註》云"薑
通神明", 故名. 《山家淸
供》

13) 가전육(假煎肉, 가짜고기전) 만들기(가전육방)

박과 밀기울을 두드려 얇은 모양으로 만든 다
음 각각 양념을 한다. 밀기울은 기름으로 지지고 박
은 비계로 지져 놓는다. 그러고 나서야 비로소 파를
기름에 볶은 뒤, 볶은 파에 술을 넣고 지진 박과 밀

假煎肉方

瓠與[2]麩薄批, 各和以料,
煎麩以油, 煎瓠以脂, 乃熬
蔥油, 入酒共炒熟. 《山家
淸供》

---

19 《山家淸供》卷下〈通神餠〉(《叢書集成初編》1473, 14쪽).
[2] 與 : 저본에는 "子". 《山家淸供·假煎肉》에 근거하여 수정.

기울을 넣어 같이 푹 볶는다. 《산가청공》[20]

14) 수황우(酥黃芋, 수황토란지짐) 만들기(수황우방)

토란을 삶는 데는 여러 가지 방법이 있는데, 유독 수황(酥黃)은 사람들이 얻기가 힘들다. 토란을 익혀 편으로 썬 다음, 비자(榧子)와 행인을 갈아서 간장을 섞고 토란에 바른다. 이를 밀가루에 묻혀서 지진다. 《산가청공》[21]

酥黃芋方

煮芋有數法, 獨酥黃, 世罕得之. 熟芋截片, 研榧子、杏仁和醬, 拖麵煎之. 《山家淸供》

---

20 《山家淸供》卷下〈假煎肉〉《叢書集成初編》1473, 16쪽).
21 《山家淸供》卷下〈酥黃獨〉《叢書集成初編》1473, 18쪽).

10. 수채(酥菜)

酥菜

1) 총론

수채(酥菜)는 두채(荳菜, 콩류)를 갈아서 졸이거나, 눌러 짜서 덩어리를 만들거나, 그릇에 담아 굳힌 것이다. 모양이 수락(酥酪, 치즈)의 겉면과 같기 때문에 '수채'라 하니, 모양을 본뜬 것이다. 또는 맛이 달고 부드럽고 촉촉해서, 맛이 수락과 같기 때문에 이렇게 불렀다고 한다. 이 또한 뜻이 통한다.《옹치잡지》[1]

2) 두부 만들기(두부방)

두부는 흑두(서리태)·황두(메주콩)·백두(白豆, 흰 강낭콩)·홍두(紅豆, 팥)·완두·녹두의 종류로 모두 만들 수가 있다. 콩을 물에 담갔다가 맷돌에 간 다음 찌꺼기를 걸러내고 삶아서 만든다. 이때 간수나 산반(山礬)[2]잎사귀, 맛이 신 장수(漿水)나 식초를 넣어 응고시킨 뒤, 가마솥에 거두어둔다. 또는 항아리에 넣어 석고(石膏)[3]가루로 응고시켜 거둔다. 대체로 맛이

總論

酥菜, 磨荳菜而熬之, 或壓榨爲塊, 或貯器凝定. 形如酥酪之皮, 故曰"酥菜", 象形也. 或曰甘膩而澤, 味同酥酪, 故名, 亦通.《饔饌雜志[1]》

豆腐方

豆腐, 黑豆、黃豆、白豆、紅豆、豌豆、綠豆之類, 皆可爲之. 水浸, 磑磨濾滓, 煎之. 以鹽滷汁或山礬葉或酸漿、醋澱, 就釜收之. 又有入缸內, 以石膏末收者. 大抵得鹹、苦、酸、辛之物,

---

1 출전 확인 안 됨.
2 산반(山礬) : 주로 중국 장강(長江) 이남 지역에 분포하는 노린재나무과 상록관목으로, 뿌리·꽃·잎 모두 약으로 쓰이는데 효능이 각기 다르다. 맛은 맵고 쓰며, 성질은 평하다.
3 석고(石膏) : 황산염류 광물로 광택이 있는 흰색의 무거운 섬유상 결정덩어리. 부수면 쉽게 미세한 결정성 가루가 된다. 성질은 차며, 맛은 맵고, 독이 없다.
[1] 饔饌雜志 : 저본에는 없음. 오사카본에 근거하여 보충.

사진52 두부구이(윗줄 왼쪽)

짜고, 쓰고, 시고, 매운 재료를 콩물에 넣으면 모두
두부로 응고시켜 거두어들일 수 있다.《본초강목》[4]

皆可收斂耳.《本草綱目[2]》

두부(豆腐)는 한나라의 회남왕(淮南王) 유안(劉安)[5]
이 처음으로 만들었다. 흑두·황두·백두에 관계없이
물에 담갔다가 맷돌에 갈아서 찌꺼기를 걸러내고 달
여서 만든다. 간수를 넣어 솥에서 거둔 다음 포대에
담는다. 버드나무를 깎아 품대(品帶)[6] 모양과 같은 틀

豆腐, 漢 淮南王 劉安始
造. 無問黑、黃、白豆, 水
浸, 磑磨濾去滓, 煎成. 以
鹽滷汁就釜收之, 盛貯布
袋. 削柳爲規如品帶形,

---

4 《本草綱目》卷25〈穀部〉"豆腐", 1532쪽.
5 유안(劉安) : B.C. 179~B.C. 122. 한 고조 유방(劉邦)의 손자로, 회남왕(淮南王)에 봉해졌다. 빈객들과 교
   유하며《회남자(淮南子)》를 저술했다.
6 품대(品帶) : 벼슬아치들이 품계에 따라 허리에 차는 띠.

사진53 품대
[2] 本草綱目 : 저본에는 없음.《本草綱目·穀部·豆腐》에 근거하여 보충

을 만들고, 포대를 그 안에 넣는다. 판 2개로 위아래를 받쳐주고 눌러주면 저절로 둥근 덩어리가 완성된다. 이를 잘 잘라서 국을 끓이기도 하고, 편으로 잘라 굽거나, 꼬챙이에 끼우고 국물을 더하여 연포(軟泡)[7]를 만들기도 하는데, 모두 좋다. 《고사십이집》[8]

納布帒于中. 兩板壓其上下, 則自成圓塊. 或細切煮羹, 或作片燔炙, 或穿串加汁以爲軟泡, 皆佳. 《攷事十二集》

3) 행주두부(行廚豆腐, 여행 중의 간편한 두부)[9] 만들기 (행주두부방)

行廚豆腐方

메주콩을 깨끗이 말리고 찧어서 가루 낸다. 묽은 죽처럼 되도록 물을 섞은 다음 고운베로 찌꺼기를 걸러낸 뒤, 끓는 물에 삶아낸다. 여기에 간수를 넣고 거두어들여 식게 놔둔다. 굳으면 잘라서 쓴다. 더러는 보자기로 감싼 다음 산초·간장을 넣어 삶기도 한다. 이 방법은 여행 중이라도 쓸 수 있다. 《산림경제보》[10]

大豆乾淨, 搗爲末. 水和如稀糊, 細布濾去滓, 沸湯煮出. 入鹽滷收之, 放冷. 待凝定切用. 或裹袱, 入于椒、淸醬烹了, 此法可施路次. 《山林經濟補》

4) 청포[靑泡, 묵] 만들기(청포방)

靑泡方

청포는 녹두로 만들며, 두부 만드는 법과 같다. 다만 포대에 담거나 누르지 않고 나무그릇에 저장해두었다가 굳힌 뒤에 잘라서 쓴다. 가늘게 잘라서 채로 썬 뒤, 식초와 간장을 섞어 먹으면 매우 좋다. 《고사십이집》[11]

靑泡以綠豆製造, 如豆腐之法. 但不帒不壓, 收貯木器, 凝成後, 切而用之. 細切作菜, 和醋、醬食之甚佳. 《攷事十二集》

---

7 연포(軟泡) : 가늘게 썬 두부를 꼬챙이에 꿰어서 번철(燔鐵)에 지져내고 여기에 닭국물 같은 것을 넣어 끓인 것.

8 《攷事十二集》卷11〈戌集五六〉"豆腐造法"(《保晚齋叢書》10, 476~477쪽)

9 행주두부(行廚豆腐, 여행 중의 간편한 두부) : 오사카본에는 이 기사 전체가 아래 기사 "앵유어방(鸎乳魚方)"의 뒤에 있다. 서유구는 이에 "두부방 다음으로 행주두부방을 옮겨 붙여야 한다(腐方下移下行廚腐方付)"라는 두주(頭註)를 기록해 두었다. 또 행주두부 기사에는 "두부방 다음으로 옮겨 붙여라(移付豆腐下)"라는 두주를 기록해 두었다.

10 출전 확인 안 됨.

11 《攷事十二集》卷11〈戌集五六〉"靑泡造法"(《保晚齋叢書》10, 477쪽).

청포는 반드시 녹두로 만들어야 좋다. 치자물을 들이면 부드러운 황색을 띠면서 밝고 맑아서 매우 아낄 만하다. 메주콩으로 만들 때는 빛깔과 맛이 모두 떨어진다. 흉년에는 산골 사람들이 도토리를 주워다가 갈아서 가루 내고 맑게 가라앉혀 거른 뒤, 졸여서 청포를 만든다. 빛깔이 자주빛을 띠고 맛이 담백하여 또한 허기를 달래기에 충분하다. 《옹치잡지》[12]

青泡須用綠豆造乃佳. 用梔子水設色, 則嫩黃而明亮, 極可愛. 或用黃豆造者, 色味俱劣也. 儉歲山氓拾橡子, 磨粉澄濾, 熬作靑泡. 色紫味淡, 亦足住飢. 《饔饎雜志》

5) 경지교(瓊枝膠, 우묵) 만들기(경지교방)

석화채(石花菜) 【안 《본초강목》에 "석화채는 일명 '경지(瓊枝)'이다. 중국 남쪽 바닷가의 모래와 돌 틈에서 난다. 높이는 0.2~0.3척이며, 모양은 산호(珊瑚)와 같다. 붉은색과 흰색 2가지 종류가 있으며 가지에는 자잘한 톱니모양이 있다. 끓인 물로 행궈 모래가루를 제거하고 생강과 식초를 끼얹어 먹으면 매우 부드럽다. 오래 담가두면 성질이 변하여 끈적하게 굳는다."[13]라 했다. 우리나라 민간에서는 이를 '우무채(盂蕪菜, 우뭇가사리)'라 부른다】를 여름에 깨끗이 씻어 볕에 말린 다음 다시 물에 담갔다가 볕에 말린다. 이와 같이 10일 동안 반복하면 흰색을 띤다.

이를 물에 끓여서 석화채는 건져낸 뒤 식히면 칡으로 쑨 죽처럼 굳지만 끈적거리지는 않는다. 이를 생강과 식초와 함께 먹으면 더위를 물리칠 수 있다.

瓊枝膠方

石花菜【案 《本草綱目》云 : "石花菜, 一名'瓊枝'. 生南海沙石間, 高二三寸, 狀如珊瑚. 有紅、白二色, 枝上有細齒. 以沸湯泡, 去砂屑, 沃以薑、醋食之甚脆. 久浸, 化成膠凍也." 東俗呼爲"盂蕪菜[3]"】, 夏月淨洗曬乾, 復水浸曬乾, 如是十日成白色.

水煮冷定則凝凍如葛糊而不粘. 用薑、醋食之, 能辟暑也. 或用蘇方木煎汁染

---

12 출전 확인 안됨.
13 석화채는……굳는다 : 《本草綱目》 卷28 〈菜部〉 "石花菜", 1707쪽.
③ 蕪菜 : 저본에는 "也". 오사카본에 근거하여 수정.

해발(《왜한삼재도회》)

더러는 소방목(蘇方木)14 달인 물로 물들이기도 하는데, 색이 붉어 아낄 만하다. 승려들이 이를 재료로 소식(素食, 고기반찬 없는 소박한 식단)을 만들면 매우 진귀하다.《화한삼재도회》15

해발(海髮)【안《본초강목》에 "용수채(龍鬚菜)는 중국 동남쪽 바닷가의 돌에서 난다. 무더기지어 살고 가지는 없으며, 잎은 버드나무잎과 같고, 뿌리털은 길이가 1척 남짓 되며 흰색을 띤다. 이를 식초에 담가 먹는다.《박물지》에 '일종의 석발(石髮)이다.'라 한 것은 이것을 가리키는 듯하다."16라 했다. 아마도 용수채가 해발일 것이다】은 길이가 1척 정도이고 푸른색을 띤다. 말리면 검붉은 빛깔을 띠며 흐트러진

之, 色赤可愛. 僧徒用作素食甚珍之.《和漢三才圖會》

海髮【案《本草綱目》云："龍鬚菜, 生東南海邊石上. 叢生無枝, 葉如柳, 根鬚長者尺餘, 白色. 以醋浸食.《博物志》'一種石髮', 似指此物."疑卽此海髮也】, 長尺許, 色靑. 乾則紫黑④色, 如亂髮⑤, 水浸

---

14 소방목(蘇方木) : 콩과 식물인 소목(蘇木)의 나무줄기를 말린 것으로, 잇꽃·꼭두서니와 함께 대표적인 붉은색 염료이다.

15 《和漢三才圖會》卷97〈水草〉"藻類"'石花菜'(《倭漢三才圖會》12, 27쪽).

16 용수채(龍鬚菜)는……듯하다 :《本草綱目》卷28〈菜部〉"龍鬚菜", 1708쪽.

④ 黑 : 저본에는 없음. 오사카본·《倭漢三才圖會·水草·海拔》에 근거하여 수정.

⑤ 亂髮 : 저본에는 "髮亂". 오사카본·《倭漢三才圖會·水草·海拔》에 근거하여 수정.

머리카락 같다. 물에 담갔다가 볕에 여러 차례 말리면 깨끗하고 희게 된다.

屢晒則潔白.

이를 삶으면 석화채처럼 엉긴다. 얕은 그릇에 담고 식혀서 굳힌 다음 가늘게 잘라서 식초와 간장에 섞어 먹는다. 맛이 담백하고 감미롭다. 민간에 전해지기로는 해발을 삶을 때 말을 하면 안 된다고 한다. 만약 농지거리를 내뱉으면 음식이 제대로 되지 않기 때문이라는 것이다. 《화한삼재도회》[17]

煮之則凝凍如石花菜, 盛淺器冷定, 纖裁之, 和醋、醬食之. 味淡甘美. 俗傳煮時勿語, 若吐戲語則不成也. 同上

6) 수정회(水晶膾)[18] 만들기(수정회방)

경지채(瓊芝菜)【안 경지(瓊枝)라고 써야 한다】를 씻어서 모래를 제거하고, 쌀뜨물을 자주 갈아가며 3일 동안 담갔다가, 1~2번 끓어오를 정도로 살짝 삶는다. 이를 동이에 넣어 매우 곱게 간 뒤, 노구솥에 넣고 푹 끓여 찌꺼기를 걸러낸다. 굳으면 실처럼 채로 썰어 쓴다.

이 채를 죽순채·마고채(표고버섯채)·무채·생강채·생채(生菜, 생채소)·향채(香菜, 향신채)의 사이에 춘반(春盤)[19]모양처럼 돌려 담고 식초를 끼얹어 먹는다. 《거가필용》[20]

水晶膾方

瓊芝菜【案 當作瓊枝】洗去沙, 頻換米[6]泔浸三日, 略煮一二沸. 入盆研極細, 下鍋煎化, 濾去滓. 候凝結, 縷切用.

筍絲、蘑菰絲、蘿菖、薑[7]絲、生菜、香菜, 間裝如春盤樣, 用醋澆[8]食[9]. 《居家必用》

---

17 《和漢三才圖會》卷97〈水草〉"藻類"'海菜'(《倭漢三才圖會》12, 26~27쪽).

18 수정회(水晶膾) : 오사카본에는 이 기사 전체가 권4의 마지막 부분에 실려 있다. 서유구는 이에 "경지교방 다음으로 수정회방을 옮겨 붙여야 한다(枝膠下當移下水膾方付)"라는 두주(頭註)를 기록해 두었다. 또 수정회방 기사에는 "경지교방 다음으로 옮겨 붙여라(移付瓊枝膠下)"라는 두주를 기록해 두었다.

19 춘반(春盤) : 입춘에 쟁반에 담아 먹은 음식으로, 궁중에서는 주로 과일, 떡, 여러 종류의 햇나물을 재료로 만들어 풍성하게 담아 진상했다.

20 《居家必用》庚集〈素食〉"水晶膾"(《居家必用事類全集》, 284쪽).

[6] 米 : 저본에는 "朱". 오사카본·《居家必用·素食·水晶膾》에 근거하여 수정.

[7] 薑 : 저본에는 "干". 오사카본에 근거하여 수정.

[8] 澆 : 저본에는 "洗". 오사카본·《居家必用·素食·水晶膾》에 근거하여 수정.

7) 앵유어(罌乳魚, 물고기모양의 양귀비치즈) 만들기 (앵유어방)

앵속(罌粟, 양귀비씨)을 깨끗이 씻어 우유로 간다. 이에 앞서 앵속가루 조금을 질시루 밑에 둔다. 명주자루로 우유를 걸러 내린다. 그리고 맑은 부분을 버리고 걸쭉한 부분을 가마솥에 넣어 조금 끓어오르면 재빨리 담박한 식초를 뿌려 우유가 엉기게 한다. 이어서 엉긴 우유를 자루에 넣고 눌러 덩어리로 만든다. 그런 다음 앵속가루를 넣어두었던 시루 안에 이 우유덩어리를 안치고 푹 쪘다가 홍국(紅麴)물을 조금 뿌려서 다시 살짝 찐다. 이를 꺼내면 생선조각처럼 되기 때문에 '앵유어'라 한다. 《산가청공》[21]

罌⑩乳魚方

罌粟淨洗磨乳, 先以少粉置缸底. 用絹囊濾乳下之, 去淸, 入釜, 稍沸, 亟灑淡醋收聚, 仍入囊壓成塊. 乃以少粉甑內, 下乳烝熟, 略以紅麴水灑, 又少烝. 取出起作魚片, 名"罌乳魚". 《山家淸供》

정조지 권제4 끝

鼎俎志卷第四

---

21 《山家淸供》卷下〈罌乳魚〉(《叢書集成初編》1473, 20쪽).

⑨ 笋絲……澆食:《居家必用·素食·水晶鱠》에는 "如上簇盤, 用醋澆食".

⑩ 罌 : 저본에는 "鸎".《山家淸供·罌乳魚》에 근거하여 수정. 이하 모든 "鸎"은 "罌"으로 고치며 교감기를 달지 않음.

《정조지》 2권 사진 출처

음료(음청지류)

사진1 암향탕(풍석문화재단 음식연구소)

사진2 누영춘(전시 중, 원광대 권정순 교수)

사진3 국화차 만들기(풍석문화재단 음식연구소)

사진4 기국차(풍석문화재단 음식연구소)

사진5 오미자 담그기(평화가 깃든 밥상 정조지 수업, 문성희 대표)

사진6 《정조지》의 다른 음식과 곁들인 오미자 갈수(정조지 수업, 문성희)

사진7 향화숙수(풍석문화재단 음식연구소)

사진8 율추숙수 만들기(임원경제연구소, 정정기)

과줄(과정지류)

사진1 건포도(풍석문화재단 음식연구소)

사진2 밀전리(정조지 수업, 문성희)

사진3 밀전복분자(풍석문화재단 음식연구소)

사진4 밀전우(풍석문화재단 음식연구소)

사진5 밀전오미자(풍석문화재단 음식연구소)

사진6 밀전길경(풍석문화재단 음식연구소)

사진7 밀전동과(풍석문화재단 음식연구소)

사진8 밀전서과 만들기(정조지 수업, 문성희)

사진9 모과환(풍석문화재단 음식연구소)

사진10 당전비(풍석문화재단 음식연구소)

사진11 설화수(풍석문화재단 음식연구소)

사진12 백윤(풍석문화재단 음식연구소)

사진13 목권(국립민속박물관)

사진14 송황다식(풍석문화재단 음식연구소)

사진26 즙장 대용품(풍석문화재단 음식연구소)

사진27 장만초(임원경제연구소)

사진28 산매 만들기(풍석문화재단 음식연구소)

사진29 혜즙동과 만들기(풍석문화재단 음식연구소)

사진30 무와 황아 김치(풍석문화재단 음식연구소)

사진31 젓갈 무김치(풍석문화재단 음식연구소)

사진32 배추김치(임원경제연구소, 최시남)

사진33 오이김치 담그기(풍석문화재단 음식연구소)

사진34 미나리김치(풍석문화재단 음식연구소)

사진35 전복김치(풍석문화재단 음식연구소)

사진36 옥삼근갱(정조지 수업, 문성희)

사진37 벽간갱(정조지 수업, 문성희)

사진38 냉이 삶기(임원경제연구소)

사진39 설하갱(풍석문화재단 음식연구소)

사진40 국화쌱국(임원경제연구소, 최시남)

사진41 마를 곁들인 자국묘 요리(정조지 수업, 문성희)

사진42 고구마잎 국(임원경제연구소, 최시남)

사진43 황화채(풍석문화재단 음식연구소)

사진44 구기채(임원경제연구소, 최시남)

사진45 소루쟁이(임원경제연구소)

사진46 마름(국립수목원)

사진47 총자(임원경제연구소, 최시남)

사진48 남과자(임원경제연구소, 최시남)

사진49 송초전(임원경제연구소, 최시남)

사진50 남초초(임원경제연구소, 최시남)

사진51 통신병(임원경제연구소, 최시남)

사진52 두부구이(임원경제연구소, 최시남)

사진53 품대(국립중앙박물관)

⚜ 임원경제연구소

임원경제연구소는 고전 연구와 번역, 출판을 주요 목적으로 하는 사단법인이다. 문사철수(文史哲數)와 의농공상(醫農工商) 등 다양한 전공 분야의 소장학자 40여 명이 회원 및 번역자로 참여하여, 풍석 서유구의《임원경제지》를 완역하고 있다. 또한 번역 사업을 진행하면서 축적한 노하우와 번역 결과물을 대중과 공유하기 위해 관련 전문가 및 단체들과 교류하고 있다. 연구소에서는 번역 과정과 결과를 통하여 '임원경제학'을 정립하고 우리 문명의 수준을 제고하여 우리 학문과 우리의 삶을 소통시키고자 노력한다. 임원경제학은 시골 살림의 규모와 운영에 관한 모든 것의 학문이며, 경국제세(經國濟世)의 실천적 방책이다.

번역, 교열, 교감, 표점, 감수자 소개

번역

정정기(鄭炡基)

경상북도 장기 출신. 서울대 가정대학 소비자아동학과에서 공부했고, 도올 서원과 한림대 태동고전연구소에서 한학을 익혔다. 서울대 대학원에서 〈성리학적 부부관에 대한 연구〉로 석사를, 〈조선시대 가족의 식색교육 연구〉로 박사를 마쳤다. 음식백과인《정조지》의 역자로서 강의와 원고 작업을 통해 그에 수록된 음식에 대한 소개에 힘쓰며, 부의주를 빚고 가르쳐 집집마다 항아리마다 술이 익어가는 꿈을 실천하고 있다. 임원경제연구소 교열팀장과 번역팀장을 역임했고, 현재는 연구원으로 재직하며, 《섬용지》를 교열했고, 《유예지》·《상택지》·《예규지》·《이운지》를 공역했다.

최시남(崔時南)

강원도 횡성 출신. 성균관대 유학과(儒學科) 학사 및 석사를 마쳤으며 동 대학원 박사과정을 수료했다. 성균관(成均館) 한림원(翰林院)과 도올서원(檮杌書院)에서 한학을 공부했다. 석사논문은 〈유가정치사상연구:《예기》의 예론을 중심으로〉이며 호서대학교에서 강의를 했다. IT회사에서 조선시대 왕실 자료와 문집·지리지 등의 고문헌 디지털화 작업을 했다. 현재 임원경제연구소 팀장으로 근무하며 《섬용지》·《유예지》·《상택지》·《예규지》·《이운지》를 공역했다.

정명현(鄭明炫)

광주광역시 출신. 고려대 유전공학과를 졸업하고, 도올서원과 한림대 태동고전연구소에서 한학을 공부했다. 서울대 대학원 '과학사 및 과학철학 협동과정'에서 전통 과학기술사를 전공하여 석사와 박사를 마쳤다. 석사와 박사 논문은 각각 〈정약전의 《자산어보》에 담긴 해양박물학의 성격〉과 〈서유구의 선진농법 제도화를 통한 국부창출론〉이다. 《임원경제지》 중 《본리지》·《섬용지》·《유예지》·《상택지》·《예규지》·《이운지》를 공역했다. 또 다른 역주서로 《자산어보:우리나라 최초의 해양생물 백과사전》이 있고, 《임원경제지:조선 최대의 실용백과사전》을 민철기 등과 옮기고 썼다. 현재 임원경제연구소 소장으로 《임원경제지》 번역 사업에 참여하고 있다.

민철기(閔喆基)

서울 출신. 연세대 철학과를 졸업하고 도올서원에서 한학을 공부했다. 연세대 대학원 철학과에서 학위논문으로 〈세친(世親)의 훈습개념 연구〉를 써서 석사과정을 마쳤다. 임원경제연구소 번역팀장과 공동소장을 역임했고, 현재는 선임연구원으로 재직하며 《섬용지》를 교감 및 표점했고, 《유예지》·《상택지》·《예규지》·《이운지》를 공역했다.

김현진(金賢珍)

경기도 평택 출신. 공주대 한문교육과를 졸업하고 한림대 태동고전연구소와 한국고전번역원에서 한학을 공부하였으며 성균관대 대학원 한문학과에서 석사과정을 수료했다. 현재 임원경제연구소 연구원으로 근무하며 《섬용지》를 교열했고, 《유예지》·《상택지》·《예규지》·《이운지》를 공역했다.

김수연(金秀娟)

서울 출신. 한국전통문화대 전통조경학과를 졸업하고 한림대 태동고전연구소에서 한학을 공부했다. 현재 임원경제연구소 팀장으로 근무하며《섬용지》를 교감 및 표점했고,《유예지》·《상택지》·《예규지》·《이운지》를 공역했다.

강민우(姜玟佑)

서울 출신. 한남대 사학과를 졸업하고 한림대 태동고전연구소에서 한학을 공부했다. 성균관대 대학원 사학과에서 석사과정을 마쳤고, 박사과정 재학 중이다. 현재 임원경제연구소 연구보조원이다.《섬용지》를 교열했고,《유예지》·《상택지》·《예규지》·《이운지》를 공역했다.

김광명(金光明)

전라북도 정읍 출신. 전주대학교 한문교육과를 졸업하고 한국고전번역원에서 한학을 공부했으며, 성균관대 대학원 고전번역 협동과정에서 석박사통합과정을 수료했다. 현재 임원경제연구소 연구원으로 근무하며,《유예지》·《상택지》·《예규지》·《이운지》를 공역했다.

김용미(金容美)

전라북도 순창 출신. 동국대 철학과를 졸업하고, 한국고전번역원 국역연수원과 일반연구과정에서 한문 번역을 공부했다. 한국고전번역원에서 추진하는 고전 전산화사업에 교정교열위원으로 참여했고,《정원고사(政院故事)》공동번역에 참여했으며, 전통문화연구회에서 추진하고 있는《모시정의(毛詩正義)》공동번역에 참여하고 있으며, 현재 임원경제연구소 연구원으로 근무하며《유예지》·《이운지》를 공역했다.

자료정리

고윤주(高允珠)(숙명여자대학교 경제학과)

감수

권정순(원광대)(권제3 음료)

교감·표점·교열·자료조사

임원경제연구소

📖 풍석문화재단

(재)풍석문화재단은 《임원경제지》 등 풍석 서유구 선생의 저술을 번역 출판하는 것을 토대로 전통문화 콘텐츠의 복원 및 창조적 현대화를 통해 한국의 학술 및 문화 발전에 기여함을 목적으로 설립되었다.

재단은 ①《임원경제지》의 완역 지원 및 간행, ②《풍석고협집》, 《금화지비집》, 《금화경독기》, 《번계시고》, 《완영일록》, 《화영일록》 등 선생의 기타 저술의 번역 및 간행, ③ 풍석학술대회 개최, ④《임원경제지》 기반 대중문화 콘텐츠 공모전, ⑤ 풍석디지털자료관 운영, ⑥《임원경제지》 등 고조리서 기반 전통음식문화의 복원 및 현대화 사업 등을 진행 중이다.

재단은 향후 풍석 서유구 선생의 생애와 사상을 널리 알리기 위한 출판·드라마·웹툰·영화 등 다양한 문화 콘텐츠 개발 사업, 《임원경제지》 기반 전통문화 콘텐츠의 전시 및 체험교육 등을 목적으로 하는 서유구 기념관 건립 등을 추진 중이다.

풍석문화재단 웹사이트 및 주요 연락처

웹사이트

풍석문화재단 홈페이지 : www.pungseok.net

출판브랜드 자연경실 블로그 : https://blog.naver.com/pungseok

풍석디지털자료관 : www.pungseok.com

풍석문화재단 음식연구소 홈페이지 : www.chosunchef.com

주요 연락처

풍석문화재단 사무국

주　　소 : 서울 서초구 방배로19길 18, 남강빌딩 301호

연락처 : 전화 02)6959-9921 팩스 070-7500-2050 이메일 pungseok@naver.com

풍석문화재단 전북지부

연락처 : 전화 063)290-1807 팩스 063)290-1808 이메일 pungseokjb@naver.com

풍석문화재단 음식연구소

주　소 : 전북 전주시 완산구 향교길 104

연락처 : 전화 010-8983-0658 이메일 zunpung@naver.com

조선셰프 서유구(음식연구소 부설 쿠킹클래스)

주　소 : 전북 전주시 완산구 향교길 104

연락처 : 전화 010-8983-0658 이메일 zunpung@naver.com

서유구의 서재 자이열재(풍석 서유구 홍보관)

주　소 : 전북 전주시 완산구 향교길 104

연락처 : 전화 010-3010-2057 이메일 pungseok@naver.com

풍석학술진흥연구조성위원회

(재)풍석문화재단은 《임원경제지》의 완역완간 사업 등의 추진을 총괄하고 예산
집행의 투명성을 기하기 위해 풍석학술진흥연구조성위원회를 두고 있습니다.
풍석학술진흥연구조성위원회는 사업 및 예산계획의 수립 및 연도별 관리, 지출
관리, 사업 수익 관리 등을 담당하며 위원은 아래와 같습니다.

위원장 : 신정수(풍석문화재단 이사장)

위　원 : 서정문(한국고전번역원 고전번역연구소장), 진병춘(풍석문화재단 사무총장)
　　　　안대회(성균관대학교 한문학과 교수), 유대기(활기찬인생 2막 이사장)
　　　　정명현(임원경제연구소장)